아브라함 카이퍼의

칼빈주의 강연

다함
도서출판 **다** 은

1. **다**윗과 아브라**함**의 자손

아브라함과 다윗의 자손으로, 하나님 구원의 언약 안에 있는 택함 받은 하나님 나라 백성을 뜻합니다.

2. 마음과 뜻과 힘을 **다하여** 하나님을 사랑하라

구약의 언약 백성 이스라엘에게 주신 명령(신 6:5)을 인용하여 예수님이 가르쳐 주신 새 계명
(마 22:37, 막 12:30, 눅 10:27)대로 마음과 뜻과 힘을 다해 하나님을 사랑하겠노라는 결단과 고백입니다.

사명선언문
1. 성경을 영원불변하고 정확무오한 하나님의 말씀으로 믿으며, 모든 것의 기준이 되는 유일한 진리로 인정하겠습니다.
2. 수천 년 주님의 교회의 역사 가운데 찬란하게 드러난 하나님의 한결같은 다스림과 빛나는 영광을 드러내겠습니다.
3. 교회에 유익이 되고 성도에 덕을 끼치기 위해, 거룩한 진리를 사랑과 겸손에 담아 말하겠습니다.
4. 하나님 앞에서 부끄럽지 않도록 항상 정직하고 성실하겠습니다.

아브라함 카이퍼의 **칼빈주의 강연**

초판 1쇄 인쇄 2021년 6월 14일
초판 1쇄 발행 2021년 6월 25일
초판 3쇄 발행 2024년 6월 24일

지은이 ㅣ 아브라함 카이퍼
옮긴이 ㅣ 박태현

펴낸이 ㅣ 이웅석
펴낸곳 ㅣ 도서출판 다함
등 록 ㅣ 제 402-2018-000005호
주 소 ㅣ 경기도 군포시 산본로 323번길 20-33, 701-3호(산본동, 대원프라자빌딩)
전 화 ㅣ 031-391-2137
팩 스 ㅣ 050-7593-3175
이메일 ㅣ dahambooks@gmail.com

디자인 ㅣ 디자인집(02 521 1474)

ISBN 979-11-90584-23-4 (04230) ㅣ 979-11-90584-07-4 (세트)

아브라함 카이퍼의

칼빈주의 강연

- 문화 변혁의 기독교 세계관 선언서 -

아브라함 카이퍼 지음

박태현 옮김

다함
도서출판

목차

추천사

국내 독자들은 지금까지 카이퍼의 『칼빈주의 강연』을 영어 번역에서 다시 우리 말로 옮긴 책을 통해 접할 수 있었는데, 유감스럽게도 영어 번역에는 빠진 문장이나 축약된 부분이 더러 있었습니다. 그러나 이제 네덜란드어에서 직접 옮긴 온전한 번역을 우리는 가지게 되었습니다. 이 책에서 카이퍼는 칼빈주의가 포괄적이고 통합적인 세계관임을 드러냅니다. 그의 논의는 단지 칼빈주의에 머물지 않고 기독교 신앙이야말로 삶과 세계를 포괄하는 총체적인 것임을 누구보다 더 잘 드러냅니다. 많은 기독교인들과 특히 젊은이들이 이 책을 통하여 기독교신앙의 보편성과 통합성을 이해하기를 바랍니다.

강영안
(서강대학교 명예교수, 미국 칼빈 신학교 초빙교수)

아브라함 카이퍼의 『칼빈주의 강연』은 법학자의 관점에서도 흥미로운 내용들을 담고 있습니다. 특히 세 번째 강연주제인 '칼빈주의와 정치'에서 설명하는 영역주권과 정부의 역할은 코로나시대에 정부와 교회의 관계, 그리고 법의 역할이 문제되고 있는 오늘날에도 많은 영감을 제공해줍니다. 이번 책의 발간이 개혁주의 법사상의 정립에도 기여하길 기대합니다.

김대인
(이화여자대학교 법학전문대학원 교수)

❖

『칼빈주의 강연』은 성경의 핵심을 가장 잘 드러내는 칼빈주의를 가장 잘 설명하는 책입니다. 삶의 모든 영역이 하나님의 주권 아래 있다는 고백과 삶 전체가 하나님 앞에 서야 한다는 신앙은 그리스도인의 정체성 그 자체입니다. 이 책은 세속화된 사회와 국가주의 위험 앞에서 오히려 빛을 잃어가는 교회에 대한 강력한 도전이자 호소입니다. 그리스도인들이 반드시 새겨 읽어야 할 책입니다.

김병연
(서울대학교 경제학부 교수, 동북아시아 연구센터장)

✣

1898년 프린스턴 대학교 스톤 강좌 시리즈로 행해진 『칼빈주의 강연』은 아브라함 카이퍼의 독특한 칼빈주의 이해의 핵심을 드러냅니다. 신앙고백 위주의 교회 울타리에 한정된 칼빈주의에서 삶의 전 영역에 미치는 하나님의 주권을 선언하는 칼빈주의를 선언하면서 '세계관으로서의 칼빈주의'를 제시합니다. 이것은 신칼빈주의를 선언한 저서입니다. 이 저서는 카이퍼에서 바빙크, 도이어베르트에 이르는 공적 신앙과 기독교 세계관으로서의 영역 주권 사상으로 칼빈주의의 구체적인 모습을 제시합니다. 번역자 박태현 교수는 능숙하게 화란어에서 우리말로 원전의 의미를 전해줍니다. 상세한 각주가 첨가된 새로운 깔끔한 번역본은 여태까지 나온 영어 번역본을 토대로 한 중역 번역본들을 추월하여 생략과 짤림의 미흡성을 메워주어 카이퍼 연구에 보다 정확한 학문적 자료를 제시해줍니다. 번역문도 아름답고 세련된 문장입니다. 이 번역서는 예수 그리스도의 주권이 미치는 시민적 삶의 보편성과 통일성 형성에 이바지하는 공적 신앙으로서의 개혁신앙이 한국교회 안에 자리잡는데 기여할 것입니다. 그리고 이 번역서는 한국사회 안에 기독교 세계관 운동의 방향과 내용에 대한 지침서 역할을 해줄 것입니다.

김영한
(숭실대학교 명예교수, 기독교학술원장, 샬롬나비 상임대표)

❖

위대한 건물, 빼어난 영화를 보거나 감동적인 수업을 듣고 난 후처럼 아브라함 카이퍼의 『칼빈주의 강연』은 떨림을 줍니다. 100여 년 전 인물의 육성이 들리는 듯한 강연문은 우리 시대의 교육을 바라보는 마음을 새롭게 합니다. 인간의 욕망과 죄로 망해가던 세상에 때마다 개혁주의자들은 새 생명의 물길을 열어주었으니, 지금 우리 시대의 문명과 교육을 새롭게 하려면 아브라함 카이퍼의 외침에 귀를 기울여야 할 것입니다.

김정태
(좋은교사운동 공동대표)

❖

아브라함 카이퍼는 칼빈주의를 기독교 세계관으로 표명한 최초의 인물입니다. 1898년 프린스톤 대학교에서 강연한 『칼빈주의 강연』은 성경 진리와 하나님의 주권에 근거한 기독교 세계관의 정수를 확인시켜 줍니다. 이 책은 우리에게 종교, 정치, 학문, 예술, 미래 등의 논의 안에서 기독교 신앙의 가치와 풍성함에 대한 새로운 인식을 선사할 것입니다. 이 유익을 위해서 금번 새롭게 번역된 『칼빈주의 강연』을 꼭 탐독해 보길 기대합니다.

박상봉
(합동신학대학원대학교 역사신학 교수)

❖

아브라함 카이퍼의 『칼빈주의 강연』은 한국에서 수입종교로서의 개신교가 겪고 있는 탈맥락화라는 질병을 치유해주는 핵심적 문서입니다. 여기에서 우리는 기독교세계관, 영역주권, 기독교민주주의, 신칼빈주의, 문화명령 등의 개념적 기원과 함께 새로운 비전의 가능성을 찾아볼 수 있습니다.

백종국

(경상대학교 정치외교학과 명예교수)

❖

아브라함 카이퍼의 공적은 인본주의에서 배태된 예술과 달리 개혁주의적 관점에서 예술의 기초를 세웠다는 점입니다. 저자는 일반은총의 차원에서 세속적인 예술을 인정하나 기본적으로 예술을 '하나님의 호의에 빛나는 증거'로 이해하며, 그렇기에 영원한 실재와 불가분의 관계에 있는 것으로 보았습니다. 삶의 모든 영역에서 그리스도의 주권을 회복하자는 카이퍼의 선지자적 외침은 그리스도인들에게 심기일전의 기회를 줄 뿐만 아니라 방향감각을 잃은 문화예술을 회복하는 데에 큰 도움을 주리라 확신합니다.

서성록

(안동대학교 미술학과 교수)

❖

성경의 경우처럼 중요한 책은 여러번 번역되는 것이 좋습니다. 더 개선되기 때문입니다. 기독교가 현대 문화에도 필요하고 중요하다는 것을 증명하는 개혁주의를 가장 잘 정리한 카이퍼의 『칼빈주의 강연』이 이번에 화란어 원문에서 명쾌하게 번역되고 상세한 각주가 첨가된 것은 한국 교회와 기독교 세계관운동에 큰 보탬이 될 것입니다.

손봉호
(고신대학교 석좌교수)

❖

이 유명한 강연은 기독교 세계관의 원조입니다. 성경의 진리를 바로 이해하여 그 안목으로 삶 전체를 살고자 하는 열정을 담은 글이기에, "칼빈주의"를 표방하지만 개신교의 세계관이라고 해도 좋을 것입니다. 그 비전을 가졌던 이들은 고금을 막론하고 모두 신본주의를 주장합니다. 사도 바울이 그랬고, 초대교회의 아우구스티누스가 그랬으며, 종교개혁시대에 칼뱅이 그랬습니다. 카이퍼는 독보적으로 인본주의와 자유주의가 팽배한 19세기 말에 이 정신을 되살려 신본주의 관점으로 맞서고자 했습니다. 아우구스티누스 이래 인류는 하나님의 나라와 인간중심의 문화가 길을 달리함을 알고 있었습니다. 100여 년이 지난 지금에도 그의 통찰은 아우구스티누스의 것과 다름없이 여전히 유효합니다. 잊혀졌던 칼빈주의를 문화사회적 활동의 원리로 회복한 것은 틀림없이 카이퍼의 공입니다. 그것은 "실천적" 자유주의와 경건주의적 "신비주의"로 분열되어 인본주의 사상에 대처하지 못하던 교회 현실에 대한 처방이었습니다. 카이퍼는 학문과 예술, 정치 어디나 하나님의 주권이 미치지 않는 영역이 없기에, 성과 속을 구분하는 어떤 이원론 사고도 성경적이 아님을 역설했습니다. 나아가 칼빈주의의 부흥이 비성경적 이원론의 폐해와 자유-인본사상의 홍수를 막을 대안임을 주장했습니다. 그의 통찰은 21세기 세속화 시대를 살아가는 우리 한국교회 성도들에게도 시사하는 바가 매우 큽니다.

신국원
(총신대학교 명예교수, 기독교세계관학술동역회 이사장)

✤

이 책에서는 칼빈주의가 편협하고 좁은 둥지를 벗어나 포괄적이며 원대한 세계관을 향해 힘차게 날아오르고 있습니다. 카이퍼가 제시하는 기독교 세계관이란 삶의 체계이며 우리가 하나님과 인간과 세상에 대해 가지는 관계의 총체입니다. 이 책은 우리 삶에 밀착하면서도 성경에 근거하여 통일성을 갖춘 기독교가 삶의 각 영역 및 인간의 미래와 관련하여 보여주는 아름답고도 숭고한 이야기들로 가득 차 있습니다. 한 편의 교향곡과 같은 이 책은 우리가 속한 실재를 근원적으로 재구성하고, 그 안에서 어떻게 호흡하고 말하고 웃고 함께 달려갈 수 있는지 가르쳐 줍니다.

우병훈

(고신대학교 신학과 교의학 교수)

❖

박태현 박사님의 번역으로 아브라함 카이퍼의 『칼빈주의 강연』
이 다시 한국의 독자를 만나게 된 것을 기뻐합니다. 무엇보다도
포스트모던 세계관이 지배적인 오늘의 상황에서 바빙크와 카이
퍼의 책이 화란어 원전에서 직접 한글로 번역되어 대대적으로
확산되는 일은 아주 다행스러운 일입니다. 특별히 기독교 세계
관적인 안목을 대중적으로 풀어낸 카이퍼의 『칼빈주의 강연』은
바빙크의 『계시철학』과 함께 읽으면 든든한 기독교적 실재론에
기반하여 건강한 그리스도인의 삶을 유기적일 뿐만 아니라 통전
적으로 세워갈 수 있는 길을 찾아가는데 핵심적인 도움을 제공
할 수 있으리라고 확신합니다.

유태화

(백석대학교 신학대학원 조직신학 교수)

❖

아브라함 카이퍼의 저술들은 너무나 방대하고 다양하므로 그
의 사상의 정수를 파악하기 위하여 어떻게 시작해야 할지 모
르는 이들에게 언제나 『칼빈주의 강연』(1898)을 권독하곤 합니
다. 1898년 프린스턴 스톤강좌에서 전해졌던 강연문을 담아

낸 본서는 "카이퍼 사상의 요약" 또는 "근대 칼빈주의의 선언문"(Manifesto des modernen Calvinismus)이라고 불리기도 합니다. 화란어로 된 신학서적에 관한 한 최상의 베테랑 번역자인 박태현 교수에 의해 이번에 역간되는 본서는 영어에서의 중역이 아니라 화란어에서 직역한 것이라는 점에서 최대의 장점이 있습니다. 일찍이 1970년대부터 두 가지 중역본이 국내에 소개되어 많은 이들에게 읽혀왔음에도 불구하고, 이제는 카이퍼가 직접 저술한 화란어 원전에서 바로 길어 올린 직역본으로 좀 더 정밀하게 읽어볼 수 있게 되어 너무나 기쁘고, 감사하게 생각합니다. 기독교 세계관이나 문화 변혁적인 칼빈주의의 핵심을 바로 이해하고자 하는 기독교인들은 누구나 본서와 그리고 다함에서 나온 『헤르만 바빙크의 기독교 세계관』을 함께 읽어보기를 적극적으로 권하고 싶습니다. 더 이상 빈 소리만 요란한 카이퍼와 신칼빈주의 운운이 아니라 핵심을 제대로 이해한 논의와 대화들이 이루어질 수 있기를 소망하면서 다시 한 번 『칼빈주의 강연』의 화란어 직역본을 환영하고 추천하는 바입니다.

이상웅
(총신대학교 신학대학원 조직신학 교수)

✢

개신교 지성을 찾아 탐구의 길을 떠나는 모든 이들에게 이젠 고전의 반열에 오른 이 책만큼 좋은 출발점도 없을 것입니다. 무릇 고전에는 시간을 견디는 울림이 있지만, 시대에 맞게 새로 번역하고 다시 해석하는 일이 있어야 그 울림은 당대의 청중을 만나게 됩니다. 처음으로 화란어 원본을 찾아 이 시대에 맞게 다시 번역하고 정성스런 역주를 단 역자의 세심한 애쓰심의 덕을 보는 즐거움은 이 고전에 담긴 은은한 울림에 귀 기울이는 기쁨과 함께 덤으로 누리는 행복입니다.

장수영
(포항공과대학교 산업경영공학과 교수)

❖

하나님이 온 세상 각 영역 가운데서 영광을 받으시며 일반 세상까지도 당신의 은총으로 다스리신다는 성경의 가르침을 회복하고 이에 기반하여 세상을 새롭게 해온 역동적 실천들이 가슴을 뛰게 합니다. 진리를 메마른 이념에 가두고 세상에 대한 영향력을 잃어버린 한국 교회의 회복의 길은 영역주권과 일반은총을 포함한 칼빈주의의 풍성한 유산에서 시작해야 할 것입니다.

정병오
(기독교윤리실천운동 공동대표)

역자 서문

본서는 네덜란드 개혁신학자 아브라함 카이퍼(Abraham Kuyper, 1837-1920)가 1898년 미국 프린스턴 신학교의 스톤 강좌에서 했던 여섯 개의 강연을 싣고 있습니다. 이 강연들은 모두 '칼빈주의'(Het Calvinisme)라는 주제를 중심으로 전개되고 적용됩니다. 카이퍼 자신이 고백하듯이, 그는 옛 16세기 제네바의 개혁자 장 칼뱅(Jean Calvin, 1509-1564)의 신학적 유산을 답습하거나 과거로 돌아가는 것에 결코 만족하지 않았습니다. 오히려 그는 칼뱅의 신학 사상을 20세기 당대의 사회와 그리스도인들의 삶에 적용하기를 추구했습니다. 따라서 그는 성경의 가르침을 따라 하나님의 절대주권과 영광을 추구하며, 모든 백성이 하나님을 경외함으로 복을 누리는 20세기 '신칼빈주의'(neo-calvinisme)의 선구자가 되었습니다.

'칼빈주의'는 카이퍼 인생의 커다란 전환점이었습니다. 레이든(Leiden) 대학의 자유주의 신학에 물든 26세의 젊은 목회자 카이퍼는 자신의 첫 번째 목회지인 작은 시골 베이스트(Beesd)에서 4년간의 목회를 통해 삐이쳐 발투스(Pietje Baltus, 1830-1914)라는 경건한 여성도를 만나 '칼빈주의' 신학과 영성이 생생하게 살아있음을 목격하고, 칼빈의 작품들을 더욱 심도 깊게 연구했습니다.

'칼빈주의'는 카이퍼의 삶의 열망이며 포부였습니다. '칼빈주의'는 그에게 단순히 신학적 사상이나 이론으로 그치지 않고, 그의 삶에 생기와 기쁨을 주는 원천이 되었습니다. 은혜의 신학자 아우구스티누스(Augustinus, 354-430)가 자신의 『고백록』(Confessiones, 397-400)에서 창조주 하나님을 떠나서는 결코 안식할 수 없다고 고백했듯이, 카이퍼도 오로지 '칼빈주의' 안에서 안식을 발견했다고 고백합니다.

이처럼 칼빈주의 신학과 사상으로 무장한 카이퍼는 1880년 자유대학교 설립을 통해 만유의 주재이신 그리스도의 절대주권을 선언했습니다. 특히 그가 자유대학교 개교연설을 통해 선포한 '영역주권' 사상은 이 세상 삶의 모든 영역, 즉 정치, 경제, 사회, 문화, 학문, 예술, 스포츠 등에서 하나님의 주권이 통치하고 있음을 선명하게 드러냈습니다. 이 '영역주권' 사상은 당시의 교회 안팎으로 도전해 오는 세력들에 저항하여 칼빈주의의 요체, 즉 하나님의 절대주권과 영광을 선포한 것입니다. 당시 교회 밖으로는 18세기 말 프랑스 혁명으로 표출된 인본주의의 거센 물결이 요동치고 있었고, 교회 안으로는 개혁파 정통주의를 부정하는 윤리신학파와 자유주의 신학, 그리고 세상과 등진 채 교회의 울타리 속에서만 안전을 추구하려는 '재세례파적 고립주의' 혹은 분파주의적 경향이 팽배해 있었습니다. 이런 정황 속에서 카이퍼의 자유대학교 설립은 칼빈주의 신학과 사상이 학문의 영역에서 구현된 역사적 사건이며 기념비적 날입니다. 역사가이자 카이퍼의 전기 작가인 프라암스마(L. Praamsma, 1910-1984)의 책 제목 『그리스도가 왕이 되게 하라』(Let Christ Be King, 복있는사람, 2011)는 카이퍼의 사상과 삶, 사역을 뚜렷하게 보여줍니다.

60세의 카이퍼는 1897년 일간지 「더 스탄다르트」(De Standaard)의 편집장 재직 25주년 기념식에서 자신의 인생 목적과 비전을 선명하게 고백했습니다.

> 이[주님의] 규례들을 탐구하고, 다시 해설하고, 선명하게 선언하는 것, 즉 **내가** 선포한 더 고상한 지혜가 아니라 하나

님의 말씀에서 취한 지혜를 사람들의 마음에 심어, 우리 **의식** 속에 있는 그 규례들에 대한 지식과 실재 가운데 그 규례들을 따른 삶만이 우리 국민을 다시금 실제적으로 행복하게 만들 수 있고 참된 자유에 이르게 할 수 있다는 것을 나는 확신했습니다. 이것이 나의 모든 열망이었으며, 내가 이 25년 동안 「더 스탄다르트」(De Standaard)에서 구현하려고 추구했던 유일하고, 원대하고, 비범한 사상이었습니다. 그래서 이 단 하나의 원대한 인생 목적을 겨냥하지 않은 모든 노력과 모든 수고, 모든 순간은 심지어 나에게 상실된 것이요 낭비된 것으로 비치기조차 했습니다.[1]

그 이듬해 1898년 카이퍼는 미국 프린스톤 신학교의 초대를 받아 영예로운 스톤 강좌의 강사로서 '칼빈주의'라는 주제를 여섯 개의 분야로 나누어 확신에 찬 강연을 했습니다. (역사 속 칼빈주의, 칼빈주의와 종교, 칼빈주의와 정치, 칼빈주의와 학문, 칼빈주의와 예술, 그리고 칼빈주의와 미래). 이 여섯 개의 강연은 하나님과 그의 계명을 벗어던진 현대주의 사상에 원리적으로 대응한 것으로서 칼빈주의의 탁월성과 합리성을 드러내며, 무엇보다도 칼빈주의가 가장 성경적 사상임을 훌륭하게 증거합니다.

---

1 Abraham Kuyper, "De Rede van Dr. Kuyper", in *Gedenkboek* (Amsterdam: G. J. C. Herdes, 1897), 72-73.

이 책의 한글 번역이 갖는 의의는 다음 세 가지로 요약할 수 있습니다.

첫째, 본서는 카이퍼의 강연 원고인 네덜란드어에서 직역한 최초의 한글 번역서입니다. 기존에 한국에서 출판된 『칼빈주의 강연』은 영어 번역본을 기초로 번역한 중역본입니다. 게다가 영역본조차 여러 학자들이 급하게 (불과 일주일만에) 네덜란드어에서 영어로 번역하여 출간되었기에 카이퍼의 전체적 사상의 통일성을 보증하는데 한계를 가질 수밖에 없었습니다. 이런 까닭에 네덜란드어 원본에서의 한글 직역은 오래전부터 요청되었고, 이 요청은 카이퍼 서거 101주년이 되어서야 비로소 성취되었습니다.

둘째, 카이퍼는 당대의 위대한 신학자, 사상가, 교육자, 정치가, 언론인, 그리고 탁월한 문필가로서 무려 260여권의 저작을 남긴 천재적 작가였습니다. 이 책에는 그의 천부적 재능뿐 아니라 성경과 시대를 아우르는 끊임없는 깊은 사상과 지혜가 고스란히 녹아있습니다. 하지만 역사적, 지리적, 그리고 문화적 사건들에 대한 카이퍼의 필치는 오늘날 독자들이 따라가기에 버거운 면이 많습니다. 따라서 역자는 필요한 곳에 역자주를 달아 독자들의 이해를 돕기 위해 노력했습니다. 비록 이런 노력들이 완전하거나 충분하지 않지만 독자들의 이해를 위한 작은 디딤돌로 여겨주시길 바랍니다.

셋째, 올해는 20세기 3대 개혁신학자들 가운데 두 사람인 헤르만 바빙크(Herman Bavinck, 1854-1921)와 벤자민 워필드(Benjamin B. Warfield, 1851-1921)의 서거 100주년을 기념하는 뜻깊은 한 해입니다. 이 시기에 카이퍼의 『칼빈주의 강연』을 한글로 번역하여 출판하는 일은, 성경 속 하나님의 주권을 바르게 깨닫고 삶의 개혁을 주장했던 16세기 칼뱅의 신학 사상과 순종의 삶, 그리고 거기에 기반한 20세기 카이퍼의 '신칼빈주의'와 '영역주권' 사상이 21세기 한국교회 성도들의 삶 속에 스며들어 구현되기를 소원하는 역자의 바람이 낳은 하나의 결실입니다. 본서는 개혁주의 신학과 삶을 다시금 조명해 줄뿐만 아니라 21세기 포스트모던 사회의 상대주의, 종교다원주의, 회의주의, 허무주의, 인본주의 세계관을 넉넉히 이기고도 남는 성경적 세계관, 즉 하나님의 절대주권과 그리스도의 복음의 능력을 소개합니다. 따라서 본서는 한국 교회 성도들로 하여금 삶의 현장 속에서, 우리를 부르신 삶의 일터에서 하나님의 절대주권과 영광을 드러내는 가장 거룩한 삶을 살아가도록 안내하는 훌륭한 지침서가 될 것입니다.

본서의 번역 출간에는 귀한 동역자들의 땀과 수고가 배어 있습니다. 먼저 초역을 읽고 도움말을 주신 친구이자 동료 교수인 이상웅 교수님께 감사드리며, 멋진 디자인 뿐만 아니라 개혁주의 정신에 투철한 다함 출판사의 이웅석 대표님의 수고에 감사드립니다. 그리고 한국 사회의 다양한 분야에서 그리스도의 절대주권을 고백하며 세상의 빛과 소금으로 살아가는 존경하는 선배, 동료 학자들과 성도들의 개혁주의적 확신과 형제 사랑이 담긴 귀한 추천사에 감사드립니다. 마지막으로 사랑으로 인내하며 격려하며 함께 믿음의 길을 걸어가는 아내 정선옥, 그리고 사랑스런 딸들, 해인, 경아, 해진의 밝은 웃음과 기쁨의 응원에 감사하며 이 책을 가족들에게 바칩니다.

"하나님께 가까이 함이 내게 복이라
내가 주 여호와를 나의 피난처로 삼아
주의 모든 행적을 전파하리이다"

(시 73:28)

주후 2021년 3월 3일
원삼면 서재에서
박 태 현

첫 번째 강연

역사 속 칼빈주의

첫 번째 강연

역사 속 칼빈주의

유럽 대륙에서 건너와 이 신세계[미국]의 해안에 도착한 여행자에게는 **"내 속에 생각[근심]이 많을 때에"**[시 94:19]라는 시편 기자의 말이 떠오릅니다. 인생의 물결이 빠르게 흘러 소용돌이치는 이곳에 비하면 유럽의 삶은 느리고, 정체되고, 거의 얼어붙은 것처럼 보입니다. 이 신세계에서 꽃피운 인간의 잠재력과 번영은 구세계[유럽]에선 아직까지 꽃피우지 못했고, 최소한 그만큼 발전할 수 없었던 것입니다. 이 모든 것이 지금까지 이렇게 발전되어 왔으니, 앞으로 얼마나 더 풍성한 발전을 이룰지 기대가 됩니다.

롱펠로우(H. W. Longfellow, 1807-1882)[1]가 말한 **엑셀시오르**(*Excelsior: 더욱 더 높이*)[2]가 무슨 뜻인지도 이 땅 아메리카에 와서 보니 알겠습니다. 그렇다고 제가 구세계가 자랑하는 각종 우월성을 잊은 것은 아닙니다. 유럽에서 온 사람은 비록 낡았지만 역사적으로는 더 견고하며, 비록 뒤쳐졌지만 더욱 성숙한 삶을 누립니다. 이곳은 여전히 봄의 풍요를 누리지만, 유럽은 가을의 원숙함을 누립니다. 비록 여러분의 인생 열차가 더 빨리 달린다 하더라도, 또한 여러분이 멀리 떨어진 정거장에 우리보다 먼저 도달했다 할지라도, 여러분은 여기서 우리는 저기서, 동일한 인생을 지속하는 것입니다. 인류의 이 동일한 삶은 아시아에서 유럽으로 발전했고, 레반트(Levant)[3]에서 유럽을 거쳐 서쪽으로 나아갔으며, 이

---

1 역자주: 헨리 워즈워스 롱펠로우(Henry Wadsworth Longfellow, 1807-1882)는 미국 시인으로 단테(Dante)의 신곡(神曲, *La Divina Commedia*, 1472)을 처음으로 영어로 번역한 작가이다.

2 역자주: 롱펠로우의 1842년 작품인 이 시(詩)는 맹추위를 뚫고 알프스 산꼭대기에 오른 젊은 청년의 기상과 의지를 담은 시로서, 위험천만한 미지(未知)의 세계를 개척하는 정신을 칭송한다. 청년은 '엑셀시오르'(Excelsior)라는 한 단어가 기묘한 도안으로 아로새겨진 깃발을 손에 들고 산에 오르는데, 위험한 길을 가지말라는 노인의 충고, 편안하고 안락한 곳에 머물러 달라는 처녀의 애원, 그리고 산꼭대기 휘몰아치는 눈보라를 조심하라는 농부의 작별인사를 뒤로하고 험준한 산행을 떠나 '더욱 더 높이'(Excelsior) 올라갔다. 그러나 그는 한 사냥꾼에 의해 차가운 눈 속에 반쯤 묻힌 채 발견되었는데, 그의 얼어붙은 손이 움켜쥔 깃발엔 여전히 '엑셀시오르'(Excelsior)가 뚜렷하게 새겨져 있었다. 이 시는 비록 '숨이 멎었으나 아름다운'(lifeless, but beautiful) 삶을 살았던 청년을 칭송하고 있다.

3 역자주: 레반트(Levant)는 역사적으로 근동의 팔레스타인과 시리아, 요르단, 레바논 등이 있는 지역을 가리킨다.

제 아메리카에서 다시 한 번 동부에서 서부로 나아갔습니다. 그런 맥락에서 여러분과 저는 좁은 의미에서 보면 공통의 기원을 지닌 하나의 인생을 누리는 것입니다. 여러분은 진실로 같은 운명을 지닌 동일한 유럽 출신이기에 우리의 살 중의 살이며 뼈 중의 뼈입니다[창 2:23]. 여러분의 이런 놀라운 삶의 요람은 역사적으로는 여전히 옛 유럽, 말하자면 네덜란드에서 전해진 셈입니다.

인생의 표현 방식에 커다란 차이가 있을지라도 여러분과 우리 사이에는 연결고리가 있습니다. 우리에게 삶의 발전보다 더 중요하고 거룩한 것은 삶의 **고귀함**이며, 이 고귀함은 그리스도인이라는 이름 아래 여러분과 저에게 주어진 것입니다. 이 기독교라는 요소는 우리에게 거룩한 유산입니다. 인생의 거듭남은 로마나 그리스로부터 나온 것이 아닙니다. 이 강력한 전환은 베들레헴과 골고다에서 시작되었습니다. 종교개혁 역시 우리 마음의 사랑을 받고 있습니다. 왜냐하면 우리 마음이 [로마교의] 사제주의(sacerdotalisme)[4]의 장막 뒤 어둠에 갇혔을 때, 오직 종교개혁만이 골고다의 빛을 다시금 강력히 비춰 주었기 때문입니다. 하지만 이제 우리의 고귀한 삶의 영역에서 기독교적 요소에 대항하

---

4   역자주: 사제주의란 사제가 하나님과 인간 사이의 중재자가 되어야 한다는 로마 가톨릭과 동방 정교회의 신앙으로 개신교의 만인제사장주의와 대립된다.

여, 그리고 삶의 모든 영역에서 그리스도인의 이름과 그 이름의 영향에 대항하여, 현대주의(Modernisme)라는 폭풍이 불어왔습니다. 1789년이 그 전환점이었습니다. "**악당을 타도하라**"(Ecrasez l'infâme)는 볼테르(Voltaire)[5]의 외침은 그리스도를 겨냥한 것으로서, 프랑스 혁명 밑바닥에 깊숙이 숨은 사상이 표출된 것입니다. 당시 또 다른 철학자가 표현했던 "**우리는 더 이상 하나님을 원하지 않는다**"라든가, 국민의회의 "**하나님도 없고 주인도 없다**"(ni Dieu ni maître)라는 표어들 역시, 당시 인간 해방을 모든 신적 권위로부터의 해방으로 선전했던 슬로건이었습니다. 비록 하나님께서 그분의 헤아릴 수 없는 작정 가운데 이 혁명을 사용하여 부르봉 왕조의 독재를 전복시키고, 자기 백성을 발등상으로 남용했던 군주들을 심판했다 할지라도, 반(反) 기독교적인 혁명의 원리는 여전히 남아 암처럼 퍼져 우리 기독교 의식(意識) 가운데 확립된 모든 것을 해체하고 손상시켰습니다. 그 뒤로도 기독교에 맞선 이 권세는 강화되었습니다. 독일에서는 오랜 세월 다듬어진 범신론(Pantheïsme)[6] 가운데 수용되었고, 나중에는 모든

---

5   역자주: 볼테르는 프랑수아 마리 아루에(François-Marie Arouet, 1694-1778)의 필명(筆名)으로 18세기 프랑스 계몽주의 작가다.

6   역자주: 범신론이란 만물과 모든 사람이 신적이라는 데서 출발하는 인생관으로, 신적인 것은 내재적이며 모든 것을 포괄한다는 사상으로 우주, 자연 그리고 신을 동일한 존재로 여긴다.

피조물의 생리학적 토대로서 다윈(C. Darwin, 1809-1882)의 진화론[7] 가운데 두드러졌습니다. 더 한탄스러운 것은, 이 해로운 세균이 경건한 신비주의(mysticisme) 또는 역사적 확실성이라는 겉옷을 두른 채, 먼저는 교회의 신앙고백서, 다음엔 하나님의 말씀, 종국에는 그리스도의 거룩한 인격 자체를 손상시키기 위해 주님의 교회 **안에** 침투하고 있다는 것입니다. 이제 기독교가 위험에 **처했다**는 것은 의심의 여지가 없습니다. 두 세계관이 생사를 건 전쟁을 치르고 있습니다. 현대주의는 자연적 인간으로 구성된 세계와 자연에서 비롯된 인간을 세우고자 하는 반면, 아들 되신 그리스도께 경건히 무릎 꿇는 모든 자들은 세상을 위해 **기독교 유산**을 보존하며 그 유산을 통해 세상을 더 발전시키려 노력하고 있습니다. 이것이 유럽에서의 그 투쟁이고, 또한 미국에서의 그 투쟁이며, 작은 나라 네덜란드에서 인생 황혼에 다다른 제가 지난 40년간 애써 쏟아 부은 그 근본적 투쟁입니다.

---

7   역자주: 19세기 영국의 박물학자, 생물학자, 지질학자인 찰스 다윈은 1859년에 출간한 자신의 『종의 기원』(*The Origin of Species*)에서 생존 경쟁에서 유리한 종족이 보존된다는 자연 선택의 방법을 따라 종(種)이 진화된다는 이론을 주장하였다. 그의 이론은 당시의 사회, 철학, 종교에 지대한 영향을 미쳐 '패러다임 전환'(paradigm shift), 즉 기존의 인식 혹은 이론 체계를 새로운 인식 혹은 이론 체계로 대체하였다.

이런 투쟁에서 변증학[8]은 거의 도움이 되지 않았습니다. 변증학자들은 언제나 그렇듯 공격을 당한 바로 그 방벽을 포기하고 후방의 보루에 몸을 숨겼습니다. 그래서 저는 처음부터 이렇게 말했습니다. "만일 우리가 이 투쟁을 명예롭게 승리의 소망을 가지고 싸우려면, **원리**에 맞서 **원리**로 대항해야 합니다." 현대주의의 포괄적 원리가 어마어마한 에너지로 어떻게 우리를 공격하는지 먼저 인식해야 하며, 우리 편에서 동일한 깊이와 넓이와 거리에 이르는 원리로 대항해야 합니다. 그리고 이 원리는 **우리가** 창안하거나 고안해서는 안 됩니다. 그 뿌리가 과거에 놓여있어야 하고 그 원리는 **삶 자체에서** 발견되고 지시되어야 합니다. 가지들이 자라나 그늘을 드리우듯이 말입니다. 이 원리가 기독교 자체라고 단순하게 말하는 것만으로는 충분하지 않습니다. 이 보편적 원리는 가장 오래된 역사로부터 진전되었고 가장 순수하게 주어졌던 계시 속에서만 우리에게 저항의 힘을 제공할 수 있습니다. 그렇게 이해했을 때, 저는 **칼빈주의 안에서** 그 원리를 발견하고 고백했으며, 지금도 여전히 그렇게 고백하고 있습니다. 칼빈주의에서 제 마음은 안식을 찾았습니다. 온갖 견해의

---

8   역자주: 변증학은 공적인 논쟁에서 상대방의 비난과 고소에 대해 체계적 논증과 변론을 통해 자신의 종교적 확신과 교리를 변호하는 학문 분야다.

충돌 속에서 저는 칼빈주의로부터 제 위치를 지킬 힘을 얻었습니다. 그래서 올해 이곳 **스톤 강좌**에 초대받았을 때, 저는 조금도 주저하지 않았습니다. 현대주의가 침투해 들어와 개신교 국가들을 압박하는 데 맞서, 그 국가들을 최종적으로, 합법적으로, 그리고 확고하게 지켜줄 유일한 대안인 칼빈주의는 당연히 저의 주제가 **되어야만** 했습니다. 저의 개인적 씨름이 여러분께 무슨 흥미로운 주제가 되어서가 아니라, 여러분은 여기서, 그리고 우리는 네덜란드에서, 동일한 싸움을 싸우기 때문입니다. 그런 보편적 씨름 가운데서도 개인적 경험에 기초한 증거만이 의미와 가치를 지니기 때문이지요.

이제 총 여섯 강좌를 통해 여러분께 칼빈주의에 대해 강연하고자 합니다. 첫째, 칼빈주의가 무엇인지 이해하기 위해 **역사 속 칼빈주의**에 대해 강연할 것입니다. 이어서 **칼빈주의와 종교**에 대해, 그리고 **정치적 현상으로서의 칼빈주의**에 대해 강연할 것입니다. 그 뒤로는 먼저 **학문**과 그 다음에 **예술** 속에 있는 사회적 권세로서의 칼빈주의에 대해, 마지막으로는 **미래가 칼빈주의에 놓여 있다**는 희망에 대해 강연할 것입니다.

❖

논의를 보다 선명하게 제시하기 위해, 저는 첫 번째 강연에서 칼빈주의의 **개념**을 **역사적으로** 확립하면서 시작하고자 합니다.

오해를 피하기 위해 우리는 무엇이 칼빈주의에 속하지 **않는지**, 그리고 무엇이 칼빈주의에 **속하는지** 먼저 알아야 하겠습니다. 제 논의의 출발점은, 오늘날 이 용어의 지배적인 사용이 각 나라와 삶의 영역에서 전적으로 동일하지 않다는 것입니다. 칼빈주의자라는 이름은 오늘날 여전히 매우 자주 **분파적** 명칭으로 사용됩니다. 개신교 국가보다는 로마교 국가에서, 특히 헝가리와 프랑스에서 그렇게 사용됩니다. 헝가리 개혁파 교회에는 여전히 250만 명의 영혼이 있는데, 로마교 측과 유대인 언론은 끊임없이 그들을 "칼빈주의자"라는 비공식적 명칭으로 낙인찍었습니다. 비호의적인 이런 명칭은 조상들의 신앙에 대해 이미 마지막 동정마저 포기한 그곳 개혁파 교인들에게조차 붙여졌습니다. 똑같은 현상을 프랑스, 특히 남부 프랑스에서 목격할 수 있는데, 여기서 "칼빈주의자"라는 말은 분파적 낙인과도 같으며, 더 심한 어조도 담고 있습니다. 이렇게 한번 낙인찍힌 칼빈주의자에게는 더 이상 개인적으로 어떻게 믿느냐 고백하느냐를 아무도 묻지 않습니다. **개혁파 교회**에 속한 모든 자들과 심지어 무신론자에게조차 이 명칭이 사용되고 있습니다. 반유대주의(anti-Semitisme)로 유명한 조르쥬 티보(Georges Thiébaud, 1850-1915)[9]는 프

---

9   역자주: 조르쥬 티보는 프랑스 언론인, 나폴레옹 추종자이자 민족주의자로 개신교에 적

랑스에서 반칼빈주의(anti-Calvinisme)를 다시금 일깨웠습니다. 드레퓌스 사건(Dreyfusquaestie)[10]에서조차 "유대인과 칼빈주의자"는 "프랑스 정신"에 대항하는 반민족적 두 세력이었습니다. 칼빈주의자라는 명칭이 분파적으로 사용된 것은 처음부터 일상적으로 존재했던 로마교 논쟁가들 탓인데, 그들은 자신들이 보기에 가장 위험한 형태의 개신교를 이 혐오스런 용어로 지칭했습니다. 칼빈주의에 대한 올바른 지식과 평가를 위해 "칼빈주의자"라는 명칭이 지닌 이 선입견은 결코 가벼운 문제가 아닙니다. 그것은 영적인 고백과 전혀 상관이 없으며, 순전히 형식적이고 외면적입니다.

이것과는 완전히 다른, '칼빈주의'라는 단어의 두 번째 용례가 있습니다. 저는 이 단어를 **고백적** 단어라고 부릅니다. 여기서 칼빈주의자는 예정 교리의 확고한 추종자를 의미합니다. 예정론

대감을 갖고 반개신교 전선을 형성했다.

10 역자주: 드레퓌스 사건은 1894년 프랑스 제 3공화국을 분열시킨 정치적 스캔들이었다. 이 사건은 프로이센-프랑스전쟁 패전으로 인한 희생양이 필요했던 프랑스 사회의 혼란, 강력한 군대와 국가를 열망했던 국민들의 국가제일주의, 그리고 반유대주의 사상의 배타적 발전이 혼합되어 발생한 사건이다. 군 정보 당국은 알자스 태생 유대인이었던 프랑스 육군 포병 대위 알프레드 드레퓌스(Alfred Dreyfus, 1859~1935)를 전쟁 스파이로 몰아 군법회의에 세웠고, 상부의 외압을 받은 재판관들은 범죄 혐의가 희박한 드레퓌스를 반역죄 혐의로 무기징역을 선고했다. 그러나 1906년 재심으로 열린 최고재판소는 군법회의의 유죄판결을 오판으로 파기하고, 드레퓌스에게 무죄를 선고하여 결론지었다.

에 대한 강한 애착을 저버린 자들은 로마교 논쟁가들과 같은 선에 서는 것입니다. 그들은 칼빈주의자라고 불리는 당신을 교리적 편협성의 희생자로, 진지한 도덕적 삶을 깨뜨리는 위험한 자로 묘사합니다. 반대로, 예정론을 굳게 확신하는 신학자들은 자기가 칼빈주의자임을 명예롭게 여깁니다. 하지만 이들도 칼빈주의라는 명칭이 지닌 부정적 의미를 의식한 나머지 예정론에 대한 확신을 소개할 때면 칼빈주의보다는 오히려 **아우구스티누스주의**(Augustianisme)를 언급합니다. 핫지(C. Hodge, 1797-1878)가 그와 같이 했는데, 물론 저는 여러분과 마찬가지로 그의 연구에 감사하고 있습니다.[11]

칼빈주의자라는 명칭의 세 번째 용례는 몇몇 침례교도와 감리교도의 **교단 호칭**에서도 발견됩니다. 스펄전(C. H. Spurgeon, 1834-1892)조차 자신을 "칼빈주의적 침례교"로 소개하는 영국 침례교도의 한 지류에 속해 있습니다. 웨일즈에서 휫필드(G. Whitefield, 1714-1770) 감리교도는 자신을 지금도 여전히 **칼빈주의적 감리교**라고 부릅니다. 즉, 칼빈주의는 -고백적인 구별도 있지만- 동시에 일종의 교단 명칭으로도 사용되었습니다. 칼뱅 자신

---

11 역자주: C. Hodge, *Systematic Theology*, 3 vols, (New York: Scribner and Co., 1872-1873), 2: 331-348.

은 그 누구보다 더 엄격하게 이런 용례를 단호히 거부했을 것입니다. 칼뱅의 생애 동안 그 어떤 개혁파 교회도, 그리스도의 교회를 어느 한 사람의 이름을 따라 부르려고 생각하지 않았습니다. 루터파는 그렇게 했지만, 개혁파는 결코 그렇게 하지 않았습니다.

하지만 칼빈주의자라는 명칭은 이런 **분파적**, **고백적**, 그리고 **교단적** 사용 외에 무엇보다 **학문적** 용어로도 사용됩니다. 부분적으로 역사적, 철학적, 정치적 의미에서 그렇습니다. **역사적으로** 칼빈주의 학문이라 하면, 루터파나 재세례파, 소시누스파[12]가 흘러간 방향과는 다른 경로의 종교개혁을 가리킬 때 사용되었습니다. **철학적** 의미에서 칼빈주의는 칼뱅의 정신적 영향 아래 하나 이상의 영역에서 지배적이었던 개념 체계로 이해됩니다. 그리고 **정치적** 명칭으로서 칼빈주의는 먼저 네덜란드에서, 그리고 영국에서, 그리고 지난 세기 말[18세기 말] 이후로 미국에서, 국민의 자유를 헌법적 국가생활 가운데 보장했던 정치 운동을 가리킵니다. 독일 학자들은 특별히 칼빈주의라는 명칭을 이 마지막 **학문적** 관점에서 널리 사용합니다. 스스로 **칼뱅의 후예**인 사

---

12 역자주: 소시누스파는 이탈리아 르네상스 인문주의자이자 반삼위일체론자인 렐리오 소치니(Lelio Sozzini, 1525-1562)와 그의 조카 파우스토 소치니(Fausto Sozzini, 1539-1604)가 주장한 교리를 추종하는 16-17세기 폴란드 형제단을 가리킨다.

람만 아니라 고백적 기독교에서 전적으로 떠난 자도 그렇게 이해된 칼빈주의에 이런 중요한 의미를 부여합니다. 이것은 우리 중에 있는 세 명의 학자들이 증거합니다. 먼저 로버트 프라인(Robert Fruin, 1823-1899)[13] 박사는 다음과 같이 말했습니다. "칼빈주의는 일관성 있는 고유한 신학 체계를 갖고, 엄격한 도덕적 의미를 지닌 민주적 교회 헌법에 대한 고유한 계획을 갖고 네덜란드로 건너왔는데, 인류의 종교적 개혁만 아니라 도덕적 개혁에도 열심이었다. 칼빈주의는 로마교의 **삶의 원리**에 대항하여 **자신의 삶의 원리**를 내세웠다. 뒤이은 전쟁에서 칼빈주의는 그 비열한 원수를 반대하기에 충분히 강력했다."[14] 보다 단호한 또 다른 불신앙 학자는 이렇게 기록했습니다. "칼빈주의는 16세기 종교적 원리와 정치적 원리 가운데 가장 발전된 형태였다."[15] 그

---

13 역자주: 로버트 프라인은 1847년에 박사학위를 받고, 1850년 레이든 시립 김나지움(Gymnasium)의 지리 및 역사 교사로서 아브라함 카이퍼(Abraham Kuyper)를 만났다. 그후 그는 레이든 대학의 네덜란드 역사 교수로서 1860년부터 1894년까지 네덜란드 역사를 학문적으로 연구했다. 그는 비평적-철학적 방법을 사용하여 현대 역사학의 기초를 형성했던 독일 역사가, 레오폴드 폰 랑케(Leopold von Ranke, 1795-1886)의 작품을 많이 연구했기에 그의 제자로 여겨진다.

14 R. Fruin, *Tien jaren uit den tachtigjarigen oorlog, 1588-1598* ('s Gravenhage: Martinus Nijhof, 1882), 151.

15 Reinier Cornelis Bakhuizen van den Brink, *Het huwelijk van Willem van Oranje met Anna van Saxen* (Amsterdam: Johannes Müller, 1853), 123.

리고 더 언급할 필요 없이 세 번째 학자는 칼빈주의가 독일, 네덜란드, 그리고 영국을 해방시켰고, 청교도 개척자들(Pilgrim Fathers)을 통해 미국의 번영에 추진력을 제공했다고 인정합니다. 이제 저는 오직 마지막에 언급한 이 엄격한 **학문적** 의미에서의 칼빈주의를 여러분과 논의하고자 합니다. 우리의 고유한 삶과 사고의 원리가 되는 칼빈주의는 서유럽과 북미, 게다가 심지어 오늘날 남아프리카의 나라들에서도 그 고유한 형태를 발전시켜 왔습니다.

이처럼 칼빈주의의 영역은 고백적 견해가 종종 협소하게 생각하는 것보다 훨씬 넓습니다. 누구의 이름을 따라 교회 이름 짓기를 싫어했던 까닭에, 프랑스에서는 '위그노', 네덜란드에서는 '가난한 자'(geuzen), 영국에서는 '청교도'와 '장로교도', 나중에 북미에서는 '필그림 파더즈'라고 불렀습니다만, 그럼에도 이 모든 표현은 종교개혁적 표현으로서 북미와 유럽 대륙에서 개혁파의 삶과 칼빈주의에서 비롯된 것입니다. 이처럼 칼빈주의는 그것이 순수하게 표현된 범주에 국한해서는 안 됩니다. 기독교에 대해서도 마찬가지입니다. 러시아, 발칸 반도 국가들, 아르메니아인들, 심지어 에티오피아의 메네릭 왕국조차도 기독교 유산에 포함되어야 합니다. 같은 원리로, 어떤 관점에서 순수한 노선을 이탈한 교회들 또한 칼빈주의 유산에 포함시켜야 합니다. 영국 교회는 비록 그 교직 체계와 예전(liturgie)에서 바른 길을 벗어나 결국 푸지안주의(Puseyanisme)[16]와 의식주의(Ritualisme)에서 심각한 결과를 맞이했을지라도, 39개 신조에 있어서 매우 뚜렷하게 칼빈주의적입니다. 독립파 역시 그러한데, 비록 그들의 교회관에서 개인주의(individualisme)가 교회의 유기적 구조를 깨뜨렸다 할지라도, 그들의 고백 역시 확실히 칼빈주의적이었습니다. 그리고 대부분의 감리교도가 웨슬리(Wesley)의 감화를 받아 칼빈주의 신학의 원리를 반대했더라도, 당시 점점 더 돌처럼 굳어가던 교회에 이런 영적 반응을 일깨운 것은 다름아닌 칼빈주의 정신이었습니다. 어떤 의미에서 보면, 종교개혁을 통해 포괄된 전체 분야는 루터파나 소시누스파가 아닌 이상 원칙적으로 결국엔 칼빈주의의 지배를 받았다고 하겠습니다. 심지어 침례교조차 칼빈주의의 장막에서 피난처를 추구했습니다. 칼빈주의의 자유로운 속성이 다양한 변화와 일탈을 허용했고, 그런 일탈들에 대한 반작용도 가져온 것입니다. 로마교는 그 교직 체계로 인해 획일적 형태에 머물고 있습니다. 루터교회는 "최고 감독"(summus episcopus)인 군주의 패권으로 인해, 그리고 **"가르치는**

---

16   역자주: '푸지안주의'는 영국 성공회 신학자인 에드워드 푸지(Edward B. Pusey, 1800~1882)가 존 헨리 뉴먼(John Henry Newman, 1801-1890), 존 키블(John Keble, 1792-1866)과 함께 이끈 옥스포드 운동으로 성공회 내에서 개신교 경향과는 대립된 고교회적 '가톨릭' 사상과 관습의 갱신을 추구했던 운동이다.

교회"(ecclesia docens)로 인해 로마교와 똑같은 통일성과 획일성을 갖습니다. 반면에 교직 체계도, 행정관들의 간섭도, **가르치는 교회**도 인정하지 않는 칼빈주의는 다양한 형태로 변화될 수밖에 없었으며, 그런 변화로 인해 일탈의 위험을 초래했고, 항상 반작용을 불러일으킬 수밖에 없었습니다. 칼빈주의는 자유롭고 충만한 삶의 발전과 순수한 생명력을 지닌 **핵심**, 그리고 위태롭게 쇠퇴하는 넓은 주변 사이에 구별선이 그어져야 함을 말합니다. 하지만 칼빈주의는 다름 아닌 그 순수한 발전과 그렇지 못한 발전 사이의 끊임없는 투쟁 속에서 그 정신이 지속적으로 발전한다는 것을 보장하고 있습니다.

이렇게 이해한다면, 칼빈주의는 종교의 고유한 형태에 뿌리를 두었고, 이 독특한 종교적 의식(意識)으로부터 먼저 고유한 신학, 다음엔 고유한 교회 헌법이 발전했고, 나아가 정치적 생활과 사회적 생활, 도덕적 세계질서의 관념을 위해, 자연과 은혜, 기독교와 세상, 교회와 국가 사이의 관계를 위해, 마지막으로 예술과 학문을 위해 독특한 형태로 발전했습니다. 그러면서도 이 모든 삶의 표현 중에는 단 하나의 동일한 칼빈주의가 늘 머물러 있었습니다. 왜냐하면 이 모든 발전이 동일한 삶의 원리에서 비롯되어, 자발적으로 나왔기 때문입니다. 이런 의미에서 칼빈주의는, 우리가 일반적으로 이교(Paganisme)와 이슬람교(Islamisme), 로마교와 개신교라고 일컫는 네 가지 고유한 삶을 살아가는 복합적인 인간 세계들과 동일선상에 있습니다. 여러분이 엄밀하게 말해서 기독교(Christianisme)를 이교와 이슬람교와 대등하게 두어야 한다고 할지라도, 오히려 칼빈주의를 이들과 동일선상에 두는 것이 더 낫습니다. 왜냐하면 칼빈주의가 **기독교적 이상**을 로마교와 루터교보다 더 정확하고 순수하게 구현한다고 주장하기 때문입니다. 러시아와 발칸 반도 국가들의 그리스 세계에서 국가적 요소가 여전히 지배적이며, 신비적 정통주의의 뿌리로부터 그 어떤 고유한 삶의 형태도 발전하지 못했습니다. 루터파 국가에서 정부의 간섭은 영적 원칙의 자유로운 활동을 방해했습니다. 오로지 로마교만 그 자신의 개념과 표현에 있어서 삶에 대한 생각을 구체화했다고 말할 수 있겠습니다. 하지만 로마교와 나란히 그리고 로마교에 반대하며 등장한 칼빈주의는, 단순히 다른 형태의 교회만을 만든 것이 아니라 전혀 다른 형태의 삶을 창출하고, 인간 사회에 전혀 다른 존재 방식을 제공하며, 인간 정신 세계에 전혀 다른 이상과 관념을 채웠던 것입니다.

이것이 금세기에 이르러 처음으로 동료와 대적자의 더 나은 역사 연구의 결과물로 인정받았다는 사실에 놀라지 마십시오. 만일 칼빈주의가 잘 숙고해서 세워진 체계로서 삶에 들어왔거나, 혹은 잘 연구된 사유의 결과로서 삶에 제시되었더라면, 사정은 달랐을 것입니다. 하지만 칼빈주의는 그렇지 **않았습니다.** 순서를 보자면 삶이 먼저였습니다. 칼빈주의에 있어서 삶 그 자체는 최우선으로 경주할 대상이었습니다. 한가롭게 공부만 하기에는 해야 할 일도 고통도 너무 많았습니다. 화형대와 전쟁터에서 두드러졌던 것은 칼빈주의적 실천이었습니다. 게다가 스위스나 네덜란드, 잉글랜드나 스코틀랜드처럼 칼빈주의가 지배적인 나라들은 본래 그렇게 철학적 기질을 갖고 있지 않았습니다. 당시 이 나라 사람들은 **충동적**이고 **자유롭게** 살았던 사람들처럼 살았습니다. 그 이후에야 사람들은 칼빈주의를 하나씩 연구했고, 이윽고 역사 연구가들과 사상가들이 칼빈주의 현상과 모든 것을 지배하는 원리적 통일과의 관계를 고려하기 시작했습니다. 심지어 칼빈주의가 자신의 첫 번째 삶의 힘을 소진했을 때, 그리고 장차 스스로를 유지하기 위해 자기 경계선을 더 정확하게 그어야 했을 때, 그런 급진적이고 포괄적인 삶의 현상에 대한 개념적이고 체계적인 사고의 필요가 등장했던 것입니다. 여기에 자신의 삶을 통일된 이미지로 의식(意識)의 거울에 비추려는 욕구가 보다 철학적인 우리 시대에 훨씬 더 강해졌다는 사실까지 더한다면, 눈앞의 필요와 미래에 대한 염려 때문에라도 칼빈주의의 본질을 더 깊이 연구할 필요성이 대두한 것입니다. 로마교에서는 누구나 무엇을 위해 사는지 압니다. 왜냐하면 그들은 선명한 의식을 갖고 로마교의 통일된 인생관을 즐기기 때문입니다. 심지어 이슬람에서도 하나의 원리에 의해 지배되는 삶의 확신이 있습니다. 단지 개신교만, 목적이나 방향 없이 광야에서 헤매고 있습니다. 개신교는 여기저기를 돌아다니지만 앞으로 나아가지 못합니다. 새로운 독일 철학에 의해 부화되었고 다윈 덕택에 구체적인 진화 형태를 지니게 된 범신론이, 점점 더 인간 삶의 모든 영역과 신학까지도 점유하고, 안타깝게도 개신교 신학자들에게조차 온갖 빌미로 영향을 미쳐, 우리 조상의 유산을 현대 불교의 손에 넘겨주려 하고 있습니다. 지난 세기 말 프랑스 혁명에서, 그리고 금세기 독일 철학으로부터 등장한 것은 우리 조상의 삶의 체계와 정면으로 대립한 세계관과 인생관입니다. 우리 조상들의 투쟁은 하나님의 영광을 위한 것이었고 순수 기독교를 위한 것이었습니다. 오늘날의 운동은 인간의 영광을 위해 투쟁을 벌이는데, 그 열정은 골고다가 아닌 인본주의(Humanisme)로부터 받습니다. 이러한 현대주의에 대해 우리 자신이 그토록 힘없이 서 있고 계속해서 설 자리를 잃고 있는 것은 그만큼 우리가 적대적인 삶의 체계를 성공적으로 물리칠 수 있는 유일하고 통일된 삶의 체계를 갖지 못했다는 사실을 말해줍니다. 이 통일된 삶의 체계는 온갖 우여곡절을 지닌 모호한 개념의 개신교가 아닌, 자기 삶의 강력한 물줄기를 위해 수로를 팠던 칼빈주의라는 역사의 과정에서만 발견됩니다. 칼빈주의의 통일성에 대한 인식으로 인해 여러분은 여기 미국에서, 우리는 유럽에서, 다시금 로마교와 **나란히** 범신론에 **대항하여** 입장을 취할 수 있습니다. 우리에게 출발점과 역사적 통일성을 갖춘 인생관이 없다면, 우리의 독립적 위치를 유지할 힘은 상실되고 저항할 힘은 줄어들 것입니다.

✧

그러나 바로 여기서 중요한 점은, 실제로 칼빈주의에 그렇게 삶의 체계로서의 통일성이 드러나느냐는 것입니다. 칼빈주의가 정말로 단지 부분적이고 일시적인 역사 현상이 아니라, 과거에서 비롯되어 오늘의 우리를 힘 있게 하고 미래를 향해 손을 내밀게 하는 원리적이고 포괄적인 삶의 체계인지, 더 분명한 증거가 제시되기 전에 섣불리 받아들이려 하지 맙시다. 바로 그런 차원에서 저는 이교(Paganisme), 이슬람교, 로마교, 그리고 현대주의와 같은 일반적인 삶의 체계가 인식되는 조건들이 무엇인지를 자문(自問)해보고, 진실로 칼빈주의가 그런 필요조건들을 전적으로 충족한다는 사실을 여러분께 증명하고자 합니다.

이제 이 조건들은 일차적으로 자신의 원리로부터 모든 인생의 근본적인 세 가지 관계에 대해 각각의 통찰을 보여주길 요구합니다. 먼저는 **하나님**과의 관계요, 다음은 **인간**과의 관계, 그리고 **세계**와의 관계입니다.

가장 먼저 요구되는 것은, 그런 통찰은 **하나님**과 우리의 관계가 특별하다는 해석에서 출발해야 함을 깨닫는 것입니다. 이것은 우연이 아니고, 반드시 그러해야 하며, 그 외에 다른 방도는 없습니다. 그런 행동이 우리의 삶 **전체**에 영향을 미치려면, 우리 삶이 나누어지지 않고 통일성이 있어야 한다는 의식(意識)에서 - 뻗어나간 줄기에서가 아니라 그 줄기가 뻗어 나온 뿌리에서- 출발해야만 합니다. 이제 이 출발점은 다름 아닌 우리 인간 삶의 모든 **유한한 것**과 그 배후에 있는 **무한한 것** 사이의 대립에 놓여 있습니다. 오직 여기서만 우리 인간 삶의 다양한 물줄기가 생겨나고 분배되는 공통의 원천이 존재합니다. 그래서 우리는 개인적으로 우리 마음 깊은 곳, 즉 영원하신 분을 향해 열린 그 자리에서 우리 삶의 모든 광선이 하나의 초점에 모이게 되는지, 오직 이 초점에서만 삶 가운데 그렇게 자주 고통스레 상실된 조화를 다시 얻게 되는지를 끊임없이 경험합니다. 기도할 때 우리는 하나님과의 통일성을 느끼며 동시에 우리 개인의 삶도 통일성을 이룹니다. 그러므로 역사적으로 볼 때, 이런 가장 깊은 원천에서 흘러나오지 않는 운동들은 언제나 부분적이고 일시적인 반면, 인간 실존의 가장 깊은 곳에서 우러나오는 행동만이 삶 전체를 포괄하고 영속성을 지닙니다.

이교의 경우가 그런 운동들에 해당하는데, 이교는 **하나님을 피조물 가운데서** 추측하고 가정하고 묘사하는 가장 흔한 형태입니다. 이는 가장 저급한 형태의 정령숭배(Animisme)와 더불어 가장 높은 형태의 불교(Buddhisme)에도 적용됩니다. 이교는 피조물을 초월한 하나의 독립적인 하나님께 다다르지 못합니다. 하지만 이런 불완전한 형태 가운데서도 이교는 무한자가 유한자에 대해 가지는 어떤 특정한 견해를 출발점으로 삼기에, 인간 사회에서 나름대로 의미를 갖고 존재할 수 있습니다.

상황은 **이슬람교**도 다르지 않습니다. 이슬람교의 상황은 순전히 반이교적으로(anti-paganistisch) 피조물과 하나님 사이의 모든 접촉을 끊어버리는데서 드러납니다. 무함마드와 꾸란은 여기서 역사적 명칭들이지만, 반달(Halve Maan)은 본질적으로 이교에 대한 절대적 대립일 뿐입니다. 이슬람은 피조물과 혼합되는 것을 막겠다고 **하나님을 피조물로부터 격리합니다.** 따라서 대척점으로서의 이슬람은 광범위한 경향을 지녔고, 또한 자기편에서 전적으로 독특한 인간 삶의 세계를 창출할 수 있었습니다.

상황은 **로마교**도 마찬가지입니다. 여기서도 교황의 왕관, 교직제, 미사와 많은 것들은 다름 아닌 하나의 근본 사상에서 비롯된 결과입니다. 이 근본 사상은 **하나님이 신비적 중간 고리를 매개로 피조물과 교제를 나눈다는 것입니다.** 이 중간 고리는 신비적 유기체가 아니라 가시적이고 만질 수 있고 관찰할 수 있는 제도로 여겨진 **교회**입니다. 여기서 교회는 하나님과 세계 사이에 서 있습니다. 그리고 교회가 인간 삶을 수용하고 인간 삶에 영감을 줄 수 있는 한, 그로 인해 로마교 역시 인간 사회 생활을 위한 고유한 형태를 창출했습니다.

그리고 이 세 가지 옆에 나란히, 마찬가지로 심오한 근본 사상을 지닌 **칼빈주의**가 자리합니다. 칼빈주의는 이교처럼 피조물

안에서 하나님을 찾지 않고, 이슬람교처럼 하나님을 피조물**로부터** 분리시키지 않고, 로마교처럼 하나님과 피조물 **사이에** 매개적 공동체를 두지 않습니다. 칼빈주의는 하나님께서 위엄 가운데 모든 피조물 위에 높이 계시지만, 그럼에도 불구하고 자신의 성령을 통해 피조물과 **직접** 교제하신다는 숭고한 사상을 선포합니다. 그래서 이것은 예정에 대한 칼빈주의 고백의 중심이자 핵심입니다. 하나님과의 교제는 영원까지 이르는데, 즉 그의 작정에까지 확장됩니다. 하나님으로부터 직접 우리에게 오지 않는 은혜란 없습니다. 삶의 모든 순간에 우리의 영적 실존은 하나님 자신에 의해 유지됩니다. 하나님의 모든 자녀는 그분과 직접적인 교제 가운데 나아가 자신의 실존 전체로 그분을 섬깁니다. '오직 하나님께 영광'(Soli Deo Gloria)은 결과였으며, 출발점이 아니었습니다. 그리고 예정(praedestinatie)은 인간과 인간 사이를 구별하기 위해서가 아니고, 자신의 교만을 어루만지기 위해서도 더욱 아니었으며, 우리에게 영원**부터** 영원**까지** 살아계신 하나님과의 직접적이고 즉각적인 교제를 보장하려고 확고히 견지한 것입니다. 그러므로 칼빈주의자는 로마교에 반대하여 하나님과 영혼 사이에 놓여있던 교회를 끊임없이 제거합니다. 교회는 교직이나 독립적 기관 가운데서 찾을 수 없습니다. 교회는 자신들의 믿음을 통해 전능자와 교제하는 신자들 자신입니다. 그러므로 이교, 이슬람, 그리고 로마교와 마찬가지로 칼빈주의에서도 여러분은 인간과 하나님과의 근본 관계에 대한 고유하고 특정한 견해를 가집니다. 칼빈주의는 인생을 고유한 형태로 만들어가는 각자의 삶의 체계를 위해 필요한 첫 번째 조건입니다.

여기서 잠시 저는 두 가지 반대를 예상합니다. 첫째 반대는 제가 일반적으로 개신교에 속하는 영예를 칼빈주의에 돌리는 것 아니냐는 질문입니다. 또 다른 반대는 우리 시대의 현대주의가 삶의 모든 양식을 창출한 것이 아니며, 종교에서 파생된 것도 **아니라**, 애초에 종교와 **상관없는** 것 아니냐는 질문입니다. 이 두 가지 반대에 대해 답변해 보겠습니다.

첫째, 제가 하나님과의 직접적 교제를 회복시킨 영예를 칼빈주의에 돌릴 것을 요구할 때 개신교의 일반적 중요성을 무시하는 것일까요? 저는 그렇게 생각하지 않습니다. 역사적으로 볼 때 개신교 진영에서 칼빈주의 옆에 선 것은 오직 루터교회 뿐입니다. 저는 누구 못지않게 루터의 영웅적 주도권을 칭찬하고 찬양합니다. 세계사적 단절을 이끈 훨씬 더 극심한 투쟁은 칼뱅보다는 **루터의** 마음속에 있었습니다. 루터는 칼뱅 없이 설명할 수 있지만, 칼뱅은 루터 없이 설명할 수 **없습니다**. 칼뱅은 비텐베르크의 영웅이 독일 안팎에 뿌렸던 것을 적잖이 추수했습니다. 하지만, 개혁주의 원리를 가장 예리하게 붙들고, 가장 충분하게 상술했으며, 가장 넓게 적용했던 이가 누구인지 묻는다면, 역사는 제네바의 사상가를 가리키지 비텐베르크의 용감한 영웅을 가리키지 않습니다. 루터 역시 확실히 하나님과의 직접적인 교제를 원했지만, 그는 그것을 주관적이고 인간론적 측면에서 취했지, 칼뱅처럼 객관적이고 신학적 측면에서 붙든 것은 아니었습니다. 그의 출발점은 의롭게 만드는 믿음이라는 특별한 구원론적 원리였습니다. 칼뱅의 출발점은 하나님의 주권이라는 일반적 우주론적 원리에 놓여 있었습니다. 그 결과 루터는 다시금 하나님과 신자들 사이에 '대표하는 교회'(ecclesia representativa), '가르치는 교회'(ecclesia docens)를 집어넣었던 반면, 칼뱅은 일차적으로 신자 자신들 안에서 교회를 추구했습니다. 그 결과 루터는 할 수 있는 한 많이 로마교의 성례관과 로마교 의식(Cultus)에 기대었던 반면, 칼뱅은 하나님으로부터 인간에게 그리고 인간으로부터 하나님에게 직접적으로 이어지는 선을 그었습니다. 더 강하게 말하자면, 모든 루터파 국가에서 종교개혁은 백성보다는 군주들로부터 시작되었고, 그로 인해 "최고 감독"(summus episcopus)으로서 공식적으로 교회 안에 등장한 정부의 권세 아래 있게 되었으며, 결과적으로 사회적 삶도 정치적 삶도 변화시킬 수 없었습니다. 루터교회는 교회적으로 그리고 신학적으로 머물렀던 반면, 오로지 칼빈주의만 교회 안팎으로 인간 삶의 모든 부분에 영향을 끼쳤습니다. 그래서 그 누구도 루터교회가 고유한 삶의 양식을 창조했다고 말하지 않으며, 이름조차 거의 거론하지 않습니다. 반면에 역사학자들은 점점 더 일치하여 칼빈주의가 인간 삶의 고유한 세계를 만든 종교로 기념합니다. 그런 이유 때문에 루터교회는 여기서 언급되기에 부적절하고, **개신교**(*Protestantisme*)라는 일반적 개념으로 주장하기엔 더더욱 부적절합니다. 왜냐하면 개신교라는 개념은 순전히 **부정적** 개념을 묘사하고, 오늘날 개혁주의 고백의 모든 긍정적인 내용과 결별한 영역들에서 가장 사랑받고 있기 때문입니다.

두 번째 반대는 다음과 같습니다. 삶의 모든 일반적 발전 양식이 하나님과 우리의 관계에 대한 관점에서 그 출발점을 발견해야 한다면, 현대주의가 등장했던 프랑스 혁명은 정반대로 어디에서 모든 종교와 **결별했습니까?** 질문 속에 답변이 있습니다. **"하나님도 없고 주인도 없다"**라는 말을 통해 당신의 관념과 실천에서 살아계신 하나님과의 모든 관련을 배제한다면, 실제로는 하나님과 여러분의 관계에 대한 자기만의 관점을 전면에 내세우는 것입니다. 정부가 자신의 대사를 소환하고 다른 나라와 모든 관계를 단절할 때는, 이런 행위를 통해 대부분의 경우 그 나라 정부와 전쟁으로 치닫는 긴장 관계로 가겠다는 의지를 보여줍니다. 여기서도 마찬가지였습니다. 로마교의 중재자를 통하는 것 외에 하나님과의 다른 관계를 인정하지 않았던 프랑스 혁명은 교회를 원치 않았기에 또한 하나님과의 **모든** 관계를 단절했으며, 바로 그 결과 **모든** 종교적 고백과 전쟁하기에 이르렀습니다. 그러므로 이것은 본질적으로 피조물과 하나님의 관계에 관한 근본적 관점입니다. 이것은 적어도 인간 마음에 대해서는 아 닐지언정 국가와 사회와 학문에 대한 신(神)의 죽음을 선언한 것 입니다. 이제 현대주의가 프랑스인의 손에서 독일인의 손으로 넘 어갔을 때 이런 명백한 부정(negatie)에 머물러 있을 수 없었다는 것은 분명한 사실입니다. 현대주의가 그 순간부터 어떻게 범신 론 혹은 불가지론(Agnosticisme)[17]이 되었는지, 그리고 이 두 형태 로 실제적인 삶과 이론적인 삶에서 어떻게 하나님을 전적으로 배제하였는지 그 결과 역시 분명히 드러납니다. 그럼에도 불구 하고 무엇보다 먼저 드는 생각은 하나님과 우리의 관계가 인간적 삶의 표현들에 영향을 끼치는 반면, 다름 아닌 범신론이나 불가 지론은 그 어떤 영향도 미치지 못한다는 사실입니다. 이 두 정신 적 경향의 지배 아래 사람들이 생각하고 존재하는 모든 것은 전 적으로 **인간적** 요인입니다. 이것은 인본주의의 한계를 넘어서지 못합니다.

그러므로 저는 하나님과 우리의 관계에 관한 개념이 인생의 모든 보편적 발전 양식을 지배하는 근본적인 관점이라고 단호하 게 주장합니다. 이 개념은 하나님이 인간과, 그리고 인간이 하나

---

17 역자주: 불가지론(不可知論)이란 더 높은 권세(들)을 확실하게 알 수 없다는 철학적 사상이
    다. 왜냐하면 이 지식은 학문적 방법으로 증명될 수 없기 때문이다.

님과 갖는 직접적인 교제에 대한 칼빈주의의 기본 관점 덕분에 우리가 갖게 된 것입니다. 이제 제가 여기에 덧붙이는 것은, 칼빈주의가 이 관점을 고안하거나 창안한 것이 아니라 하나님께서 당시 우리 신앙의 영웅들의 마음과 생각에 친히 심어주셨다는 것입니다. 여기서 우리는 영리한 주지주의(intellectualisme)[18]의 산물이 아니라 마음속에 나타난 하나님의 사역의 열매 혹은 역사 속에 나타난 영감(inspiratie) 앞에 서 있습니다. 이 점에 주의를 기울여야만 합니다. 칼빈주의는 결코 천재의 제단에 그 향을 피우지 않았고, 자신의 영웅들을 위해 그 어떤 조각상도 세우지 않았으며, 그들의 이름을 언급하는 일도 거의 없었습니다. 제네바의 어느 옹벽에 칼뱅의 모든 것을 회상하는 기념비가 있을 뿐, 심지어 그의 무덤조차 잊혀졌습니다. 이것이 배은망덕입니까? 결코 그렇지 않습니다. 비록 사람들이 칼뱅을 존경했다 할지라도, 16세기와 17세기의 사람들은 칼뱅보다 더 위대하신 하나님 자신이 여기서 역사하셨다는 의식으로 살았습니다. 그러므로 삶의 그 어떤 일반적 운동에서도 이보다 못한 계약, 이보다

---

18   역자주: 주지주의(主知主義)란 지성의 사용, 발전, 그리고 활동을 강조하는 정신적 측면과 연관된 것을 가리키는 것으로 지적인 사람의 정신적 삶과 동일시되기도 한다. 철학 분야에서 "주지주의"란 합리주의, 이성에서 추론된 지식과 동의어이다. 게다가 주지주의란 용어는 사람의 생각하는 사유에는 많은 관심을 갖되 감정이나 느낌을 무시하거나 배제하는 경향을 가리키기도 한다.

못한 관례, 이보다 못한 눈부신 발산은 발견되지 않습니다. 동시에 여러분은 칼빈주의가 서유럽의 모든 나라에서 발생했다는 것을 압니다. 대학이 관여하거나 학자들이 백성을 이끌었거나 행정관이 주도했기에 이런 나라들에서 칼빈주의가 등장한 것이 아니라, 백성들의 가슴 자체에서 나온 것입니다. 칼빈주의는 직공들과 농부들, 노동자들과 종들, 여자들과 어린 딸들, 그리고 모든 사람에게서 동일한 특징을 드러냅니다. 즉, 교회의 간섭 없는, 심지어 교회에 대항하여 등장한 **믿음의 확신입니다.** 인간의 마음은 하나님과 더불어 영원한 평화 속에 들어갔고, 이런 하나님과의 교제를 통해 강화된 것을 느끼고 그 가운데서 거룩한 소명을 듣고, 삶의 모든 표현과 모든 힘을 하나님의 영광에 집중했습니다. 하나님의 생명에 참여한 남자나 여자가 믿음을 포기하라고 강요받았을 때, 그들은 그렇게 **할 수** 없었고 자신들의 하나님을 **반드시** 확고히 붙들어야 했습니다. 그들은 수많은 사람들과 더불어 화형대에 오르되 불평하지 않고, 오히려 마음속으로 찬양하며 입술로 노래하며 기뻐했습니다. 이것은 칼뱅이 한 것이 아닙니다. 하나님께서 자신의 성령을 통해 칼뱅 안에서 행하신 것처럼 그들 안에서 행하신 것입니다. 칼뱅은 그들 위가 아니라 그들 곁에, 그들과 나란히 하나님의 복을 받은 형제로서 서 있었습니다. 이런 식으로 칼빈주의는 하나님과의 직접적 교제에 관한 자신의 근본적 관점에 이르렀습니다. 칼뱅이 이것을 고안했기 때문이 아닙니다. 하나님께서 이 직접적인 교제 가운데 친히 칼뱅이 최초로 더욱 선명하게 의식했던 보물을 우리 조상들에게 주셨기 때문입니다. 이것은 역사 속에 나타난 성령의 위대한 사역입니다. 칼빈주의는 이 사역을 통해 거룩하게 되었고, 우리에게 그 놀라운 충격을 설명합니다.

역사 가운데 종교적 생명의 맥박이 희미하게 뛸 때가 있고, 종교적 생명의 파고가 높이 오를 때도 있었습니다. 그리고 이 후자는 16세기, 특히 서유럽 나라들의 경우였습니다. 중세 말엽 신앙의 문제는 나라들의 삶 속에 있는 모든 행위를 지배했습니다. 새로운 역사는 **신앙**에서 출발했는데, 최근의 현대 역사가 프랑스 혁명의 **불신앙의 외침**에서 시작된 것과 같습니다. 이러한 종교적 생명의 오르내림이 어떤 법칙에 따르는지 우리는 알 수 없지만, 그런 법칙이 존재한다는 것과 종교적 형편이 좋은 시기에 성령께서 마음에 미치는 사역이 훨씬 더 강력하다는 것은 명백합니다. "살아 있고 활력이 있어 좌우에 날선 어떤 검보다도 예리하여 혼과 영과 및 관절과 골수를 찔러 쪼개기까지 하며 또 마음의 생각과 뜻을 판단"하는[히 4:12] 하나님의 권능을 말할 때, 사도는 이 강력한 사역을 우리에게 묘사합니다. 이 동일하고 강력한 하나님의 사역은 우리 칼빈주의자들, 청교도들, 필그림 파더즈가 경험했습니다. 전체 대중이 동일하게 압도적으로 경험한 것은 아니었습니다. 왜냐하면 그 어떤 운동에서도 그런 일은 일어나지 않기 때문입니다. 하지만 당시 삶의 중심을 형성하고, 강력하고도 지속적인 운동의 주도자들은 강한 인상을 경험했습니다. 이 사람들은 모든 신분계층과 민족들 출신의 남녀들로서 하나님께서 친히 영원한 존재의 위엄과 직접 교제하도록 부르셨습니다. 마음속에 나타난 이런 하나님의 사역 덕택에 당시에 **자신의 삶 전체가 하나님의 면전에 서야 한다**는 것이 칼빈주의의 근본 사상이 되었습니다. 이 강력한 사상, 혹은 더 좋은 표현으로 이 강력한 사실이, 인간의 모든 영역에서 자신의 삶 전체를 지배했습니다. 이런 모태적 사상에서 전반적으로 풍요로운 칼빈주의의 인생관이 나왔습니다.

✤

이것은 자연스럽게 모든 심오한 운동이 인간의 삶을 위한 고유한 형태를 창출하기 위해 반드시 응답해야 하는 두 번째 조건에 이르게 합니다. 즉, 이것은 첫 번째 조건과 마찬가지로 **인간에 대한 인간의 관계를 위한** 고유한 근본적 관점을 가져야 합니다. 우리가 **하나님 앞에** 어떻게 서 있는가 하는 것이 우리 삶의 방향과 구성을 결정하는 첫 번째 중요한 질문이고, 우리가 **인간**에 대해 어떻게 서 있는가 하는 것이 두 번째 중요한 질문입니다. 제가 나중에 다룰 세 번째 중요한 질문은 우리가 **세상**에 대해 어떻게 서 있는가 하는 것입니다. 인간 가운데 그 특정한 획일성은 존재하지 않고, 다만 다양성이 존재합니다. 창조 자체에 남자와 여자의 차이가 있었습니다. 물리적이고 영적인 은사들과 재능들은 지금도 여전히 한 사람을 다른 사람과 구별짓습니다. 과거의 세대들과 우리 자신의 개인적 삶은 구별됩니다. 부자와 가난한 자의 사회적 지위 역시 다릅니다. 이 차이들은 우리의 삶의 관점에 따라 완화되거나 강화될 수 있습니다. 그리고 이교와 이슬람교, 로마교와 현대주의, 그리고 칼빈주의 역시 자신들의 원초적 원리를 따라 입장을 취했습니다. **이교**의 견해를 따라 하나님이 피조물 **안에** 있다면, 신적 우월성은 인간 가운데 자신을 드러낸 높은 존재에 놓여 있고, 따라서 반신(半神), 영웅 숭배, 그리고 마지막으로 '신격화된 아우구스투스'(Divus Augustus)에게 바쳐진 제사로 나타납니다. 반면에 더 낮은 존재, **비**(非)신적 존재가 있어 인도와 이집트에서 카스트 제도가 생겨났고, 다른 모든 곳에서 노예제도가 생겨났습니다. 한 사람이 다른 사람 밑에 놓인 것입니다. 후리(hoeri)[19]들이 있는 낙원을 꿈꾸는 **이슬람교**에서는 관능이 권세의 주인이고, 카피르(Kafir)[20]가 회교도의 노예인 것처럼 여자는 남자의 노예가 됩니다. 기독교적 뿌리에 기초한 **로마교**

---

19   역자주: 후리(hoeri)는 이슬람의 낙원에 사는 아름답고 육감적인 처녀들을 가리키는 말이다.

20   역자주: 카피르(Kafir)는 '불신자'를 의미하는 아랍어이다.

는 이런 절대적 구별을 극복하고 상대화시켰는데, 이는 인간에 대한 인간의 모든 관계를 위계적으로 해석하기 때문입니다. 하나님의 천사들 가운데 위계가 있고, 하나님의 교회 안에 위계가 있으며, 삶 가운데 위계가 있습니다. 그래서 이상적인 인생의 구현을 전적으로 귀족적인 차원에서 해석하는 인생관입니다. 마지막으로 모든 차이를 부정하고 폐지하는 **현대주의**는 여자를 남자로, 남자를 여자로 만들기 전까지는 쉬지 않습니다. 모든 구별을 동일한 수준으로 만들어 삶을 획일성의 금지령 아래 둠으로써 말살합니다. 모든 사람에게 하나의 타입, 하나의 제복, 동일한 삶의 위치, 그리고 동일한 삶의 발전이 있어야 하고, 이것을 벗어나고 초월하는 것은 공동체 의식(意識)을 해치는 것으로 거부합니다.

이와 같이 **칼빈주의** 역시 하나님께 대한 자신의 근본적 관계에서 인간과 인간 사이의 관계에 대한 기본 관점을 도출했습니다. 이 유일하고 참된 관계 덕분에 우리는 16세기 이후 지금까지 이처럼 더 발전해 왔던 것입니다. 칼빈주의가 우리 모든 인생을 곧장 하나님 앞에 둔다면, 그 앞에서는 남자든 여자든, 부자든 가난한 자든, 강한 자든 약한 자든, 재능이 많은 자든 적은 자든 모두 하나님의 피조물로서, 길 잃은 죄인으로서, 서로를 주장할 수 있는 것이 전혀 없습니다. 우리는 하나님 앞에 서 있기 때문에 서로에 대해 동등하게 서게 됩니다. 하나님께서 한 사람에게 다른 사람에 대한 권위를 주셨거나, 또는 한 사람에게 더 많은 은사들을 주셔서 그 은사 가운데 다른 사람들을 섬기고 그들 중에서 하나님을 섬기도록 하신 것 외에, 사람 사이에 다른 어떤 구별도 있을 수 없습니다. 그래서 칼빈주의는 단지 노예제도와 카스트 제도 뿐 아니라 모든 여자와 가난한 자를 예속하는 은밀한 노예제도를 똑같이 단호히 비난합니다. 칼빈주의는 사람들 사이의 모든 위계질서를 반대합니다. 칼빈주의는 개인적으로나 가족으로서 하나님의 은혜 가운데 성품이나 재능의 우월을 나타낼 수 있음을 인정합니다. 하지만 자신이나 자신의 야심찬 교만을 위해서가 아니라 각자의 영역에서 하나님을 위해 쓰이고자 하는 바가 아니라면, 그 어떤 다른 귀족계급을 용인하지 않습니다. 그러므로 칼빈주의는 논리적으로 삶에 대한 민주적 관점 가운데 그 표현을 찾아야만 했고, 민족들의 자유를 선포해야만 했습니다. 칼빈주의는 정치적으로나 사회적으로 모든 **사람**이 단지 그가 **사람**이라는 이유 하나만으로, 즉 하나님의 형상을 따라 지음 받은 피조물 그 자체로 존중되고 인정되고 고려되기 전까지 쉴 수 없었습니다.

이것은 질투의 산물이 아니었습니다. 낮은 지위에 있는 자가 자기를 높이고자 높은 지위에 있는 자를 끌어내리자는 것이 아니라, 모든 인생을 이스라엘의 거룩한 자의 발등상에 무릎 꿇게 하자는 것이었습니다. 그렇기 때문에 그 어떤 과거와의 급작스런 결별은 일어나지 않았습니다. 기독교가 등장했을 때 노예제도를 폐지하지 않고도 도덕적 판단으로 그 기반을 허물어뜨렸던 것처럼, 칼빈주의 역시 처음에는 중세가 물려준 위계적 귀족 계급을 그대로 허용했습니다. 네덜란드의 오란여(Oranje) 공(公)은 왕가의 군주였지만 불신을 당한 것이 아니라 더욱 존경을 받았습니다. 하지만 내면적으로 칼빈주의는 사회의 구조를 변경했습니다. 중산층은 계급에 대한 질투라든가 부자들의 소유에 눈독을 들인 것이 아니라, 더욱 진지한 인생관, 더 나은 노동과 더 높은 성품 계발을 통해 귀족의 질투심을, 노동자는 부유한 시민의 질투심을 불러일으켰습니다. 첫째는 하나님, 다음엔 이웃을 살피는 것이 칼빈주의가 보여준 진취성, 정신, 영적 관례였습니다. 하나님 앞에서의 이러한 경건한 존중으로부터 그리고 하나님 편에 함께 서는 태도로부터, 더 거룩한 민주적 정신이 발전하고 승리하고 종국에는 우위를 차지했습니다. 이런 결과는 다름 아닌 고난에 함께 동참함으로 촉진되었습니다. 에그몬트(Egmond) 공작과 호르너(Hoorne) 공작은 비록 로마교 신앙을 여전히 따랐지만, 더 고상한 신앙을 위해 수공업자와 직공(織工)들이 교수형을 당했던 바로 그 처형대에 올랐습니다. 비참한 죽음으로 계급 사이의 화목이 이루어진 셈입니다. 피비린내 나는 박해로 민주적 정신이 풍성하게 발전하도록 촉진했던 자는 귀족 알바(Alva, 1507-1582)[21] 였습니다. 전적으로 인간적인 관점에서 보더라도 사람과 사람을 동등한 지위에 나란히 두는 일은 영광스럽게도 언제나 명확히 칼빈주의에 속한 일이었습니다. 칼빈주의의 평등 사상은 프랑스 혁명이 주창한 평등의 유토피아와 달랐는데, 파리에서는 모두가 함께 하나님을 **거역했지만**, 여기서는 모두가 함께 하나님 **앞에** 무릎 꿇고 **그분의** 영광을 위한 열정에 불타올랐습니다.

✣

삶의 관점을 결정하는 세 번째 근본적인 관계는 여러분이 **세계**에 대해 갖는 관계입니다. 제가 앞서 진술했듯이, 여기엔 **세 가지** 중요한 요소가 있습니다. 즉, **하나님, 인간**, 그리고 **세계**입니다. 칼빈주의와 관련하여 여러분이 **하나님**과 **인간**에 대해 갖는 관계를 살펴보았으므로, 이제 세 번째이자 마지막 근본 관계, 즉 **여러분을 둘러싼 세계**에 대한 여러분의 입장을 살필 차례입니다.

---

21 역자주: 1566년 네덜란드에서 개신교 성상파괴운동이 발생하자 스페인의 펠리페 2세는 개신교도를 탄압하도록 알바 공작을 네덜란드 총독으로 파송하였다. 알바 공작은 하를렘(Haarlem), 나아르든(Naarden) 등에서 '피의 법정'을 열어 수많은 사람을 처형하여 잔인함으로 유명세를 떨쳤다.

저는 여기서 이교와 이슬람교를 다루지 않을 것인데, 왜냐하면 이 두 가지 삶의 양식이 지닌 **인간**과 **세계** 사이에 대립은 너무 일반적이고 너무 달라 광범한 논의 없이도 명백하게 규명할 수 있고 심지어 칼빈주의를 설명하는 데 의미조차 없을 것이기 때문입니다. 일반적으로 이교는 세계를 **과대**평가하여 부분적으로 세계를 두려워하고, 부분적으로 그 속에서 길을 잃는 반면, 이슬람교는 세계를 **과소**평가하여 세상을 조롱하며 감각적 낙원이라는 공상적 세계를 추구함으로써 세상에 대해 의기양양해 한다고 말할 수 있습니다. 하지만 이것은 우리의 목적에 더 이상 도움이 되지 않습니다.

기독교적 유럽과 나중에 기독교적 미국이 취했던 인간과 세계 사이의 대립은 세계와 **기독교**인(Christenmensch)의 대립을 더욱 협소한 형태로 만들었습니다. 중세의 전통 때문에 이 지경이 되었던 것입니다. 로마교의 교직제 아래에서 교회와 세계는 거룩한 땅과 아직 저주 아래 놓인 땅으로 서로 대립합니다. 교회 밖에 머무는 것은 귀신들의 권세 아래 있으며, 축귀(逐鬼)는 이 귀신의 권세를 내쫓아 모든 것들을 교회의 보호와 영향, 그리고 영감 아래 두었습니다. 그러므로 기독교 국가에서는 사회생활 **전체**가 교회의 날개 아래 깃들여야만 했습니다. 정부는 기름부음을 받아 신앙고백적으로 매여 있어야 했고, 예술과 학문은 교회의 감화와 검열을 받아야 했으며, 사업과 무역은 길드의 유대에 의해 교회와 연결되어야 했고, 가정생활은 요람에서 무덤까지 교회의 후견을 받아야 했습니다. 이것은 그리스도를 위해 온 세상이 요구되어야 한다는 하나의 거대한 시도였습니다. 그렇다 보니 이단이든 마귀든 교회의 축복에서 벗어난 모든 삶의 경향에 대해서는 가장 가혹한 심판이 있을 수밖에 없었습니다. 마녀와 이단자 둘 다 화형장 행이었는데, 원칙적으로 그들은 똑같은 부류로 취급되었기 때문입니다. 생명을 빼앗는 이 이론은 철두철미하게 계속 시행되었습니다. 이는 잔인함이나 저급한 지배욕에서가 아니라 교회의 날개 아래 기독교화된 세계의 숭고한 사상을 포기하지 않기 위함이었습니다. 세상은 교회 안에 침투함으로써 도발적으로 반격했습니다. 영적 의도와 불경한 세상적 감각 사이의 분열은 떠들썩한 사육제(Carnival)와 그리스도의 고난 속 신비적 침잠(沈潛) 사이의 대조 가운데 나타났습니다. 교회는 주위 세상에 대한 야망을 그저 간과하기 위해, 수도원적인 도피로 대응하거나 내부 방침을 세워 교회 안에서 거룩한 것만 강조하는 것이 좋다고 대응했습니다. 그 결과, 지속적으로 교회 속 세상은 교회를 부패하게 만들었고, 교회의 세속적 권력은 세상의 자유로운 발전을 가로막을 뿐이었습니다.

칼빈주의는 이렇게 유지되던 백성들의 삶 가운데 등장하여 당시의 사상과 개념을 완전히 변화시켰습니다. 칼빈주의는 자신을 하나님 면전에 세움으로써 사람을 하나님 형상의 반영으로 존중할 뿐만 아니라 우리를 둘러싼 세상도 **그의 피조물**로 존중했습니다. 칼빈주의는 즉시 위대한 원리를 전면에 내세웠는데, 하나는 구원에 이르는 은혜였고, 다른 하나는 하나님이 세상의 생명을 유지하고, 세상에 임한 저주를 완화하며, 세상의 부패를 막고, 이런 식으로 우리 삶의 풍성한 발전을 지속시켜 창조주인 자신께 영광돌리도록 하는 일반 은총이었습니다. 그래서 교회는 **신자들의 모임** 그 이상 그 어떤 다른 것도 아닌 것으로 물러났습니다. 세상의 생명은 각 영역에서 하나님으로부터 해방된 것이 아니라 교회의 지배로부터 해방되었습니다. 이는 오로지 주의 자녀들의 진지한 신앙으로 세상 속에 내재한 부패에 맞설 해독제를 얻기 위함이었습니다. 그래서 가정생활은 자신의 독립성을 회복했고, 무역과 사업은 자유로이 자신의 힘을 실현했으며, 예술과 학문은 교회의 속박에서 해방되어 자신의 영감을 되찾았고, 자연과 그 자연에 숨겨진 능력과 보화가 우리에게 복종하는 것이 낙원의 창조 규례에 순종하는 것임을 이해하게 되었습니다. 저주는 더 이상 **세상** 자체가 아니라 세상 속 **죄악된 것**에 임할 것이었습니다. 세상을 피하는 수도원적 도피가 아닌, 세상 속에서, 또한 세상 직업 가운데 하나님을 섬기는 의무가 이제 신적 소명처럼 여겨졌습니다. 교회 안에서 하나님을 찬양하고 또한 세상 속에서 그를 섬기는 것은 모든 사람에게 영감을 주는 구호가 되었으며, 세상 가운데 살면서 세상의 유혹과 악한 위협을 저항하기 위한 힘을 교회 안에서 얻게 되었습니다. 그러므로 청교도적 겸손은 세상의 모든 삶을 정복하였고, 칼빈주의는 **"나는 인간적인 것을 낯설다고 생각지 않는다"**(*nil humanum a me alienum puto*)라는 사상을 지닌 새로운 삶의 발전에 추진력을 주었습니다. 물론 칼빈주의는 결코 세상의 독배(毒杯)에 취하지 않았습니다.

여기서 재세례파와 대조되는 칼빈주의의 특징을 명확히 말할 수 있겠습니다. 재세례파는 정반대의 길을 택하여 세상을 회피하는 수도원적 출발점을 신자를 위한 보편 규칙으로 삼았습니다. 무우주론(Akosmisme)[22]이 서유럽의 일부 개신교도 가운데 등장한 것은 칼빈주의가 아니라 이 재세례파적 근본 원리에서 비롯된 것입니다. 재세례파는 사실상 로마교의 이론을 수용했는데, 차이가 있다면 하나님의 왕국이 교회의 자리를 대신하고, 성직자를 위한 도덕과 평신도를 위한 도덕이라는 기존의 두 도덕 표준 사이의 구별을 없앴다는 것뿐입니다. 그 외에 재세례파의 입장은 다음과 같습니다. (1) 세례 받지 못한 세상은 저주 아래 놓여 있으니, 재세례파는 모든 시민적 제도를 간섭하지 않는

---

22 역자주: 무우주론(無宇宙論, Akosmisme)은 범신론과 대조적으로 우주의 실재를 전적인 환상에 불과한 것으로 여겨 우주의 실재를 부인하는 사상이다.

다. (2) 세례 받은 신자들은 로마교의 경우 교회이지만, 재세례파의 경우엔 하나님의 왕국이다. 그들은 모든 시민 생활을 재세례파의 보호 아래 두고 재창조해야 한다. 그래서 얀 판 레이든(Jan van Leyden, 1509-1536)[23]은 뮌스터(Münster)에 자신의 거대한 왕국을 수립했고, 그의 추종자들은 암스테르담 거리를 벌거벗은 채 뛰어다녔습니다. 이에 대해 칼빈주의는 세상에 대한 로마교의 이론을 거부했던 동일한 근거에서 재세례파의 이론을 반대했습니다. 교회는 자신의 영적 영역으로 되돌아가야 하고, 우리는 세상에서 하나님의 일반 은총의 사역에 영광을 돌려야 하며, 이런 이유로 우리는 세상을 교회적 속박으로부터 해방시키고 하나님의 거룩한 규례에 매인 자들로서 세상 가운데 살아야 한다고 선포했습니다.

칼빈주의는 모든 인간 실존의 세 가지 근본 관계, 즉 우리가 어떻게 **하나님** 앞에, **인간**에 대해, 그리고 **세상** 가운데 서게 될 것인지 선명하게 규정한 고유한 출발점을 가리킵니다. 먼저 **하나님께 대한 관계**에 대해, 인간은 모든 사제직이나 교회를 배제한

---

23 역자주: 얀 판 레이든은 네덜란드 재세례파 순회 설교자로 뮌스터에 재세례파 왕국(1534. 4-1535. 6)을 수립하고 자칭 왕이라 칭하였으나 얼마되지 않아 왕국은 무너지고 체포되었다. 그는 죄수로 철장에 갇혀 6개월 동안 사람들의 구경거리가 되었다가 고문을 당한 후 처형당했다.

영원하신 존재와 직접적인 교제를 갖습니다. **인간과 인간 사이의** 관계에 대해, 각 사람이 하나님의 형상을 따라 지음 받은 피조물로서 인간의 가치를 인정하고, 따라서 모든 사람은 하나님과 정부(政府) 앞에서 동등하며, 각 사람은 하나님이 그에게 지시한 봉사 가운데 서서 하나님이 그 봉사를 위해 주신 은사로 섬겨야 합니다. 그리고 그리스도인으로서 **세상에 대한** 우리의 관계에 대해, 온 세상 가운데 저주는 은혜로 말미암아 억제되었고, 세상의 삶은 독립적으로 존중되었습니다. 따라서 우리는 하나님이 세상과 세상의 삶 가운데 두신 보화들을 모든 영역에서 발전시키는 **한편**, 세상의 맹독(猛毒)으로부터 우리를 안전하게 지키기 위해 더욱 고상하고 진지한 삶으로 하나님을 경외해야 합니다. 이렇게 해서 우리는, 칼빈주의가 앞에서 제시한 세 가지 조건들을 충족하며, 이교, 이슬람교, 로마교, 그리고 현대주의 가운데 나타난 강력한 삶의 발전된 형태들과 나란히 포괄적인 삶의 체계에 대한 고유한 원리가 된다는 것을 논란의 여지없이 충분히 설명할 수 있었습니다.

❖

그럼에도 불구하고 이것으로 충분히 언급된 것은 아닙니다. 칼빈주의가 특정한 영역에서 삶의 체계를 형성했다는 사실에서 점차 거룩한 영역과 세속적 영역에서 가정과 사회에서의 삶을 위한 고유한 성격의 구조가 등장했고, 칼빈주의는 자신을 **독립적** 형태로 적용할 권리를 보장받았습니다. 하지만 칼빈주의는 아직 **인류** 발전의 길을 제시했다는 영예를 얻지 못했고, 또한 칼빈주의에 우리 마음과 삶의 힘을 헌신하도록 요구할 힘도 갖지 못했습니다. 중국에서 유교가 자신의 영역에서 삶의 체계를 제공했다고 주장할 수 있고, 물론 황인종에게도 고유한 이론에 근거한 삶의 체계가 있다고 주장할 수 있습니다. 하지만 중국이 삶을 위해, 우리 인류의 꾸준한 발전을 위해 무엇을 했습니까! 자신의 삶의 물결이 여전히 맑았던 시기에도 자신 안에 갇힌 호수 외에 무엇을 형성했다고 할 수 있습니까? 인도가 한때 이르렀던 높은 발전에 대해서도 거의 똑같이 말할 수 있습니다. 몬테주마와 잉카 시대에 멕시코와 페루에서 빛났던 것에 대해서도 동일한 평가가 이어집니다. 이 모든 지역에 거주했던 민족은 적지 않은 발전을 이루었지만, 이 발전은 고립된 상태로 머물러 인류의 발전을 더 이루지 못했습니다. 아프리카의 해안과 내지에서 흑인종이 고안하고 수립한 것에 대해서도 당연히 더욱 분명히 언급할 수 있습니다. 훨씬 더 낮은 삶의 형태였기에 **호수**라기보다는 **저수지**나 **습지**라고 할 수 있겠습니다.

우리 인류를 관통하는 단 하나의 흐름이 있는데, 이는 처음부터 미래에 대한 약속을 지닌 넓고 신선한 삶의 물줄기로서, 이 물줄기는 중앙아시아와 레반트에서 출발하여 그 이후로 동쪽에서 서쪽으로 꾸준히 진전하였고, 서유럽에서 미국의 동부로 그리고 동부에서 캘리포니아로 진행했습니다. 이 발전의 흐름이 처음 시작된 곳은 바빌론과 나일강 골짜기입니다. 이 흐름은 거기서 출발하여 그리스에 도달했습니다. 이 흐름은 그리스에서 로마 제국으로 넘어갔습니다. 이 흐름은 그 다음에 로마 제국에서 유럽의 북서쪽으로 나아갔고, 이렇게 네덜란드와 영국에서 출발하여 마지막으로 여러분의 대륙에 당도했습니다. 현재 이흐름은 멈추었습니다. 서쪽으로 향하는 그 길은 중국과 일본에 의해 막혀있는 반면, 지금까지 멈춰있던 슬라브족으로부터 장차 무슨 힘이 나올 것인지 그 누구도 말할 수 없습니다. 하지만 이러한 미래의 비밀은 여전히 신비의 명암 가운데 숨어있는 반면, 인간 발전의 흐름이 과거와 현재에도 동쪽에서 서쪽으로 진전한다는 것은 아무도 부인할 수 없습니다. 이와 관련하여 저는 이교, 이슬람교, 그리고 로마교가 이러한 발전을 진행시킨 세 가지 연속적 형태들이라고 주장할 수 있습니다. 마지막으로 그 방향은 칼빈주의의 손에 넘어왔습니다. 그런데 칼빈주의의 주도적 영향력은 다시금 프랑스 혁명에서 나온 현대주의에 의해 부정되고 있습니다.

이러한 네 가지 연속적 발전 단계는 날카롭게 선을 긋듯이 기계적으로 일어나지 않습니다. 이들은 유기적이며, 각각의 새로운 시기는 과거에 그 뿌리를 두고 있습니다. 칼빈주의의 가장 깊은 사상은 이미 아우구스티누스(354-430)에 의해 파악되었고, 그보다 오래 전에 동일한 로마에서 바울 사도의 로마서를 통해 선포되었으며, 바울에게서 이스라엘과 선지자들, 진실로 족장들의 장막까지 거슬러 올라갑니다. 로마교는 단 번의 마술로 등장한 것이 아니며, 이스라엘의 제사장직, 골고다의 십자가, 그리고로마 제국의 세계적 조직 가운데 주어졌던 세 가지 권세들의 혼합입니다. 이슬람은 이스라엘의 일원론(Monisme), 나사렛의 선지자, 그리고 코란주의자들의 전통과 결합합니다. 심지어 바벨론과 이집트의 이교, 그리고 그리스와 로마의 이교조차도 그들 국가의 번영에 앞서 배후에 놓인 것들과 유기적으로 관련을 맺습니다. 하지만 인류의 중심적 발전의 주된 힘이 바벨론과 이집트에서 그리스와 로마 제국으로, 나중에 교황 통치의 주된 지역으로, 그리고 마지막으로 서유럽의 칼빈주의 국가들로 연속적으로 이동했다는 것은 대낮과 같이 분명합니다. 이스라엘이 이미바벨론과 이집트 시대에 번성하여 높은 수준에 있었다 할지라도, 우리 인류의 방향과 발전은 이스라엘에게 있었던 것이 아니라 벨사살과 바로에게 있었습니다. 나중에 이 주도권은 이스라엘이 아니라 그리스와 로마에게 넘어갑니다. 이슬람이 등장했을때 기독교의 물결이 이미 높이 솟았다 할지라도, 8세기와 9세기에는 이슬람 사람들이 우리의 스승이었고, 세상의 운명은 그들손에 놓여 있었습니다. 비록 로마교의 권세가 뮌스터의 평화 이

후에 여전히 꽃을 피우고는 있었다 할지라도, 우리 인류가 다다른 높은 발전은 스페인이나 오스트리아 혹은 당시의 독일 덕분이 아니라, 매우 결정적으로 16세기 칼빈주의 나라들인 네덜란드와 영국 덕분이었다는 사실에 그 누구도 반론을 제기하지 않습니다. 로마교는 프랑스의 루이 14세 치하에서 그처럼 높은 발전을 이루었지만, 프랑스 혁명에서 칼빈주의의 **풍자화**(Zerrbild)를 보여줄 뿐이었고, 바로 이것을 통해 프랑스의 내적인 힘을 깨뜨리고 그 국제적 중요성을 약화시켰습니다. 칼빈주의의 근본 사상은 네덜란드와 영국에서 미국으로 전해졌고, 우리의 더 큰 발전은 점점 더 서쪽으로 진행했으며, 남태평양 해변에서 하나님이 정하신 장래의 경로를 정중하게 기다리고 있습니다. 그러나 미래가 어떤 신비 가운데 펼쳐진다 할지라도, 확실한 것은 우리 인류 발전의 넓은 흐름은 바벨론-이집트 문명, 그리스-로마 문명, 이슬람 문명, 로마교 문명, 그리고 칼빈주의 문명의 5단계를 통해 바벨론에서 샌프란시스코를 통과한다는 것입니다. 미국처럼 유럽에서도 사고방식들이 현재 힘써 씨름하는 것은, 하나님으로부터 출발하여 하나님의 말씀에서 그 힘의 원천을 발견하고 우리 인간 삶 전체에서 하나님의 영광을 드높였던 칼빈주의의 힘과, 다른 한편으로는 "하나님도 없고 주인도 없다"고 불신앙을 외치고 나중에 독일 범신론의 형태 가운데 현대의 이교(Paganisme)로 돌아온 프랑스 혁명 속 칼빈주의의 **풍자화** 사이의 근본적인 대립인 것입니다.

✥

그러므로 제가 이 관점에서 칼빈주의가 교회적 개념도, 신학적 개념도, 분파적 개념도 아닌 우리 인류의 일반적 발전 과정에서 중요한 한 단계로서 등장했으며, 이 중요한 단계들 가운데 여전히 계속 우리 인류의 발전을 이끌 소명을 지닌 가장 최근의 단계로서 칼빈주의에 영예를 돌릴 것을 요구하는 것은 지나친 이야기가 아닙니다. 저는 현대주의의 **풍자화**를 통해 드러난 프랑스의 무신론적 형태와 독일의 범신론적 형태는 나중에 살필 것입니다. 이제 저는 여러분에게 저의 중요한 원리를 확증하는 다른 상황, 즉 우리 인류의 모든 높은 발전을 위해 지속적으로 물리적 기초를 형성했던 **혼혈**을 지적할 것입니다. 아시아의 고지(高地)에서 우리 인류는 특정 주요 그룹으로 파생되었고, 이 그룹들은 차례대로 부족들로 나뉘어졌고 이 부족들은 나라들과 민족들로 나뉘어졌으며, 노아의 예언적 축복에 전적으로 일치하여 오로지 셈과 야벳의 자손만이 우리 인류 발전을 담당했습니다. 세 번째 주요 그룹에서는 더 고상한 삶의 욕구는 나오지 않았습니다.[24]

하지만 이제 우리 인류의 축복을 담당했던 이 두 주요 그룹

---

24 역자주: 여기서 우리는 19세기말 시대적 한계를 마주하는데, 카이퍼의 언급은 종종 우리 시대가 민감하게 여기는 인종차별적 발언으로 해석될 여지가 다분히 있다.

들에게서 이중적 현상이 나타났습니다. 격리된 부족들이 있었던 반면, 혼합된 다른 부족들도 있었습니다. 한편으로 힘을 오로지 단 하나의 부족에만 둔 그룹들이 있었고, 다른 한편 한 부족의 힘을 다른 부족의 힘과 섞어 교배함으로 더 높은 결과에 이른 그룹들이 있었습니다. 이제 인류의 발전 과정이 고립이 아닌 혼혈이라는 역사적 특징을 가진 그룹들에 의해 이루어졌다는 것은 주목할 만한 일입니다. 황인종은 주로 혼합되지 않고 스스로 고립되어 우리 인류를 위해 그 어떤 유익도 주지 못했습니다. 그런 종류의 삶은 히말라야 산맥 뒤에 숨어 살았고, 그래서 세상을 위한 그 어떤 이상적인 충격도 주지 못했습니다. 유럽에서도 이런 예를 들 수 있는데, 스칸디나비아인들과 슬라브족은 가장 순수한 혈통을 보존했기에 예외적으로 보편적 발전에 참여하지 못했고, 우리 인간 삶을 위한 보다 풍성한 유형을 발전시키는데 지금까지 성공하지 못했습니다. 이와 반대로 위대한 박물관들이 우리에게 보여주는 바벨론의 서판들은 두 가지 언어로 메소포타미아에서 어떻게 아카드인들의 아리안적 요소가 초기에 셈-바벨론적 요소와 혼합되었는지 증거합니다. 이집트학이 점점 더 결론에 이른 것은 바로의 땅 역시 애초에 두 개의 종족에서 비롯된 혼합된 백성과 연관되었다는 것입니다. 그 누구도 그리스인들의 위장된 종족 일치를 더 이상 믿지 않습니다. 이탈리아처럼 그리스에서도 초기 펠라스기인들, 에트루리아인들

등과 혼합되었던 후대 종족이 있었습니다. 이슬람은 오로지 아랍인으로 구성된 것처럼 보이지만, 이슬람의 확장에 주의를 기울이는 자마다, 무어인, 페르시아인, 튀르키예인 그리고 그들에 의해 정복당한 일련의 민족들 가운데, 특히 이슬람 국가들이 정복했던 각 그룹에서 그들이 여자들을 지속적으로 취한 것을 눈여겨본다면, 다름 아닌 이슬람 통치자들에게서 혼혈이 유달리 강력했다는 사실을 부인할 수 없을 것입니다.

　나중에 세계의 지도력이 로마 제국으로 넘어갔을 때, 동일한 현상이 이탈리아, 스페인, 포르투갈, 프랑스에서 발견됩니다. 원주민은 바스크족이나 켈트족이었고, 켈트족은 순차적으로 게르만족에 의해 정복당했고, 이탈리아에서 동고트족과 롱고바르드족과 마찬가지로 스페인에서 서고트족, 포르투갈에서 수에비족, 프랑스에서 프랑크족이 약화된 정맥에 새로운 피를 쏟아 부었고, 로마 가톨릭의 나라들이 16세기까지 풍성하게 꽃피우게 된 것도 바로 이러한 피의 교체 덕분입니다. 몇몇 군주의 가문에서 발견되는 동일한 현상이 국가별로 반복되는데, 즉 다름 아닌 합스부르크가(家), 부르봉가(家), 오란여가(家)와 호헨촐러른가(家)의 꾸준한 국제결혼이 상대적으로 중요한 인물들을 훨씬 많이 배출했다는 것입니다. 농부들은 품종 교배를 통해 동일한 효과를 목표하고, 식물학자들은 식물세계에서 동일한 생명 규칙을 따라 자신들의 유익을 도모합니다. 또한 둘이나 세 종족으로 나뉘어져 있는 자연적 힘들이 결합하면 반드시 더 높은 힘의 발전에 이른다는 것을 파악하는 것은 그 자체로 어렵지 않습니다. 여기에 인류의 발전 과정은 어떤 단일 종족의 향상이 아니라 많은 종족들의 공동 발전을 목표로 하고, 따라서 혼혈을 통해 힘을 얻는다는 사실이 추가됩니다.

이러한 맥락에서 우리는 칼빈주의 역시 이러한 법칙을 따르리라고 기대할 수 있습니다. 그리고 진실로 우리는 칼빈주의가 가장 잘 정착된 나라들에서 그러한 혼합이 온갖 방식으로 드러나는 것을 발견합니다. 스위스에서 독일인들, 이탈리아인들, 그리고 프랑스인들이 혼합했습니다. 프랑스에서 켈트족, 프랑크족과 부르군디족이 혼합했습니다. 벨기에와 네덜란드에서 켈트족, 왈론족과 게르만족이 혼합했습니다. 마찬가지로 영국도 켈트족과 앵글로색슨족, 나중에 프랑스에서 넘어온 노르망디인들에 의해 더 높은 국가 통일체가 되었습니다. 특히 서유럽의 세 가지 중요한 인종인 켈트적 요소, 로마적 요소, 그리고 게르만적 요소는 게르만족의 지도하에 칼빈주의 국가들의 계보를 우리에게 제공한다고 말할 수 있습니다. 칼빈주의가 더 많은 자유 가운데 성장하기 위해 건너간 미국에서 우리는 심지어 과거에도 볼 수 없던 광범위한 혼혈이 나타났음을 볼 수 있습니다. 여기서 피는 고대 세계의 모든 나라들의 종족에서 흘러나와 함께 흐르고, 다시 아일랜드 출신의 켈트족, 독일과 스칸디나비아 출신의 게르만족이 러시아와 폴란드와 갈리시아 출신의 슬라브족과 결합하여 새로운 혼혈을 위해 이미 강력하게 혼합된 종족들에 추가됩니다. 그리고 이러한 마지막 혼혈은 심지어 단지 종족과 종족의 혼혈만 아니라 모든 구별된 나라들의 구성원들이 하나의 더 높은 통일 가운데 녹아져 점차 미국의 형태로 동화된 더 높은 표현 가운데서도 발생합니다. 이런 관점에서도 칼빈주의는 인류의 삶에 나타난 모든 새로운 발전 단계에 부과된 조건을 전적으로 만족시킵니다. 칼빈주의는 로마교 아래에서보다 혼혈이 더 강력했던 영역에서 확장되었으며, 이러한 혼혈은 여기 미국에서 가장 높은 단계의 혼합이 이루어졌습니다.

칼빈주의는 단지 제시된 혼혈의 필요조건만 충족하는 것이 아니라 인간 발전의 거대한 과정에서도 **더 진전된** 단계를 대표합니다. 바벨론에서 혼혈은 여전히 부차적 역할에 지나지 않았습니다. 그리스인들과 로마인들에게서 혼혈은 더 중요한 의미를 지녔습니다. 혼혈은 이슬람에서 더 중요했고, 로마교 아래서는 지배적이었습니다. 하지만 혼혈은 칼빈주의 나라들에서 비로소 완전하게 되었습니다. 여기 미국에서의 혼혈은 우리 옛 세계의 모든 나라들의 혼합입니다. 이제 마지막으로 칼빈주의는 칼빈주의의 영향 하에 비로소 삶의 추진력이 **백성들 자체로부터 나**

온다는 다른 관점에서도 인류 발전 과정의 유사한 완성을 보여줍니다. 나라들의 삶에도 미숙함에서 성숙함으로의 발전이 있습니다. 가정에서 자녀들이 성장하지 못했을 때 모든 지도력의 책임은 가정의 머리이듯이, 국가 차원에서도 그들이 아직 자발적으로 행동하기에 능력을 갖추지 못한 경우에는 아시아의 독재가 있었고, 나중에 관리들이 있었으며, 그 뒤에 관리와 성직자, 그리고 더 나아가 오로지 성직자만 운동의 선두에 선 일들은 자연스럽습니다. 바벨론에서, 바로의 치하에서, 그리스와 로마에서, 나중에 이슬람의 치하에서, 그리고 그 뒤에 교황 제도 하에서 지속적인 역사로서 지내온 것은 또한 이런 발전 과정을 확증합니다. 하지만 동시에 여기 머물 수만은 없다는 것 또한 자명합니다. 나라들이 다름 아닌 진전된 발전을 통해 성숙해지기에 마침내 백성이 스스로 각성하고, 스스로 권익을 주장하며, 자신의 원천으로부터 또 다른 운동을 이끌 행동을 낳은 하나의 단계에 이르게 되었습니다. 그리고 진실로 칼빈주의의 등장으로 이런 단계에 도달한 것으로 보입니다. 지금까지 모든 진보적 운동은 국가와 교회의 권세자들, 학문 영역의 권위자에게서 출발하였고, 위로부터 아래로 백성에게 내려갔습니다. 반면에 칼빈주의에서는 처음으로 다양한 계층의 백성이 스스로 일어났고, 자신의 **자발성**을 발휘하여 더 높은 형태의 인간 사회를 추구했습니다. 칼빈주의는 백성 자체에서 등장했습니다. 심지어 루터교 나라들에서조차 여전히 관리들이 진보를 위한 행동을 이끈 반면, 스위스 위그노파, 벨기에, 네덜란드, 스코틀랜드, 그리고 나중에 미국에서 백성들 자신이 추진력을 제공했습니다. 백성은 성숙한 것 같았고, 성숙해 보였습니다. 귀족이 고상한 충동으로 압제 받는 자들을 위해 용감하게 변호했을지라도 **그의** 활동은 거의 모든 방면에 걸쳐 헛된 것으로 끝난 반면, 신념을 확고히 하고 나선 것은 오직 시민들이었습니다. '침묵공 빌럼'(Willem de Zwijger)[25]은 이러한 시민들 가운데 민초(民草)들(kleyne luyden)의 용감한 주도권 덕분에 자신의 활동이 성공한 것이라고 여겼습니다.

그래서 제가 여러분에게 보여드린 것은 칼빈주의가 인류 발전의 핵심적 삶의 현상으로서 단지 이교적, 이슬람적, 그리고 로마교적 발전 양식들과 나란히 영광의 자리를 차지하고 그런 양식들처럼 동등하게 삶 전체를 지배하는 보편적인 원칙을 대표할 동등한 권리를 전적으로 가질 뿐만 아니라 또한 인류 발전의 흐

---

25 역자주: '침묵공 빌럼'(1533-1584)은 네덜란드 공화국 초대 총독(stadhouder)으로 스페인에 저항하여 독립운동을 이끈 네덜란드 국부(國父)이자 빌럼 판 오란여 1세(Willem van Oranje I)의 별명이다. '침묵공'이란 별명은 그가 말수가 적은 까닭이 아니라 특정한 사안에 대해 의견을 다 드러내지 않고 침묵했기에 붙여진 이름이다.

름을 **한 단계 진전시키기 위한** 모든 조건도 충족시킨다는 것입니다. 하지만 칼빈주의가 **실제로** 인간 삶의 흐름을 다른 수로(水路)로 인도**했고** 국가들의 사회적 삶의 면모를 변화시켜 고상하게 **했다**는 것을 역사가 보여주지 않았다면, 이 모든 것은 **실상**을 제공하지 않는 단지 **가능성**에 불과할 것입니다. 그러므로 이제 제가 결론적으로 여기에 덧붙이려는 것은, 칼빈주의가 단지 이런 가능성을 담지할 뿐만 아니라 또한 그와 같이 값진 열매를 진실로 **맺었다**는 사실입니다. 이것을 파악하기 위해 칼빈주의가 16세기 중반의 상황에서 동시에 서유럽 전체의 수평선 위로 갑자기 나타나지 않았다면, 여러분은 유럽이, 미국이 어떻게 되었을지 자문해야 합니다. 칼빈주의가 일어나지 않았다면, 스페인이 네덜란드를 압도했을 것이며, 잉글랜드와 스코틀랜드에서 스튜어트가(家)가 그곳의 군주로 남았을 것이며, 스위스에서는 정신적 나태가 승리했을 것이며, 이 새로운 세계에서 삶의 출발은 전혀 다른 성격을 지녔을 것입니다. 여기에 따른 결과로서 16세기와 17세기 유럽 국가들 사이의 균형은 전혀 다른 방식으로 형성되었을 것입니다. 즉, 개신교는 정치 영역에서 유지될 수 없었을 것이며, 그 어떤 것도 합스부르크가(家), 부르봉가(家), 그리고 스튜어트가(家)의 로마교적 보수적 권세에 저항할 수 없었을 것입니다. 그리고 현재 서유럽과 미국에서 등장한 국가들의 자유로운 발전은 쉽게 말해 언급될 수조차 없었을 것입니다. 아메리카

대륙 전체가 스페인의 권세에 종속되어 있었을 것입니다. 두 대륙의 역사는 전혀 다른 모습으로 훨씬 더 어두웠을 것이며, 독일에서 '라이프치히 잠정협정'(Leipziger Interim)[26]의 정신이 로마교화된 개신교의 다리를 지나 점차 북유럽을 다시금 세상적 지배와 교회적 통치 하에 둘 수 있는 우세를 되찾지 못했을 것이라는 질문이 제기되기조차 합니다. 금세기[19세기] 후반에 최고의 역사가들은 거듭하여 놀라움 가운데 스페인에 대한 네덜란드의 저항을 그들 연구의 가장 멋진 소재들 가운데 하나로 삼았습니다. 왜냐하면 당시 스페인의 압도적 우세가 칼빈주의 정신의 영웅주의에 의해 전복되지 않았더라면, 단지 네덜란드만 아니라 유럽 전체 역사가, 진실로 전세계 역사가 칼빈주의 덕분에 현재 희망차고 기쁜 것과 마찬가지로, 그만큼 고통스럽게 흘러갔을 것이라는 확신이 지속적으로 지배했기 때문입니다. 그래서 프라인 교수는 다음과 같이 올바르게 지적합니다. "스위스, 프랑스, 네덜란드, 스코틀랜드, 영국, 그리고 개신교가 칼로써 정착해야 했

---

26 역자주: 신성로마제국의 황제 카를 5세(Karl V, 1500-1558)가 비텐베르크를 들이닥쳤을 때, 루터파 지도자인 필립 멜랑히톤(Philipp Melanchthon, 1497-1560)은 이신칭의 교리를 지키되 다른 문제들은 '아디아포라(adiaphora, 비본질적인 문제)'로 간주하고 로마교를 받아들이기로 타협하는데, 이것이 '라이프치히 잠정협정'(Leipziger Interim, 1548년 12월 22일)이다.

던 모든 곳에서 **그 투쟁을 이겼던 것은 칼빈주의였다.**"[27]

　이제 여기에 덧붙여야 할 것은 인간 마음에 **다른** 원리를 심는 것 외에, 그리고 인간 정신에 **다른** 사상의 세계를 열어 보여주는 것 외에는 세계 역사에서 이런 반전이 일어날 수 없었다는 사실입니다. 상상해보십시오. 어떻게 불안한 양심이 자유의 시편을 노래하게 되었는지. 오로지 칼빈주의에 의해서입니다. 어떻게 우리의 헌법상 시민권이 획득되고 보장되었는지. 오로지 칼빈주의에 의해서입니다. 어떻게 학문과 예술을 꽃피우고, 무역과 산업에 새로운 길들을 열고, 가정생활과 사회생활을 품위 있게 하고, 시민의 지위를 영예롭게 높이고, 노동자의 권리를 그의 후견인의 권리와 나란히 동등하게 만들고, 박애주의를 풍부하게 번성케 하였는지. 무엇보다, 청교도적 진지함으로 인류의 도덕적 삶을 고양하고, 정결하고도 고상하게 한 그 강력한 운동이 어떻게 다름 아닌 서유럽에서 나왔는지 상상해 보십시오. 그런 다음에는 하나님이 우리에게 주신 칼빈주의가 이미 끝난 드라마로서 한참동안 역사의 기록보관소로 추방되어야 하겠는지, 그리고 바로 그 칼빈주의가 우리에게 다시금 복을 가져다주고 미래에 대한 아름다운 희망을 품고 있다는 것이 과연 상상 못 할

27　R. Fruin, *Tien jaren uit den tachtigjarigen oorlog, 1588-1598*, I, ed., 151.

일인지 스스로 판단해 보십시오.

남아프리카에서 지난 20년간 벌어진 일을 여러분은 알고 있습니다. 트랜스발(Transvaal)에서 영국의 패권에 대항한 보어인들(Boeren)의 투쟁[28]은 틀림없이 여러분 자신의 역사 가운데 나타난 투쟁[29]을 생각나게 할 것입니다. 이제 마주바(Majuba) 혹은 스핏츠콥(Spitskop)에서 발생한 일에서, 그리고 최근에 제임슨(Jameson) 박사의 침입 때 크루거(Kruger)와 그의 소수의 충실한 자들이 가장 강력한 제국에 대항했던 일에서 다시금 옛 칼빈주의의 영웅적 용기가 빛났습니다. 만일 칼빈주의가 조상들로부터 보어인들에게 전수되지 않았다면, 그들은 헛된 피를 흘렸을 것이며 트랜스발은 더 이상 존재하지 않았을 것입니다. 그러므로 칼빈주의는 죽지 않았습니다. 칼빈주의는 과거 영광의 시절에 지녔던 풍성한 삶의 에너지를 그 씨앗에 여전히 지니고 있습니다. 바로의 석관(石棺)에서 나온 곡식 종자가 다시 땅에 뿌려져 백 배 이상의

---

28 역자주: 1852년 트랜스발 지역에 남아프리카 공화국을 세운 네덜란드 후예들인 보어인들(Boeren)은 영국의 확장정책과 야욕에 저항하여 1880년 폴 크루거(Paul Kruger, 1825-1904)를 사령관으로 추대하여 전쟁을 선포하고, 1881년 2월 27일에 벌어진 마주바 언덕 전투(Battle of Majuba Hill)에서 크게 승리한다. 그후 크루거는 남아프리카 공화국의 대통령(1883)으로 선출되고, 그후 세 번(1888, 1893, 그리고 1898) 더 대통령으로 선출되었다.

29 역자주: 18세기 후반 영국의 절대 왕정에 대항한 북아메리카의 13개 영국 식민지 주들의 미국 독립전쟁(1775-1783)을 가리킨다.

결실을 맺듯이, 칼빈주의 역시 열방의 미래를 위한 놀라운 능력을 여전히 지니고 있습니다. 트랜스발에서 존재했던 것은 또한 우리의 시대정신과의 씨름 가운데 재현(再現)될 수 있습니다. 칼빈주의는 우리에게서 기독교를 빼앗고자 하는 시대정신에 대항하여 그 어떤 다른 방향보다 더 좋고 더 많은 것을 제공합니다. 이는 근본적인 저항의식, 곧 불굴의 저항의식입니다.

칼빈주의와 종교

두 번째 강연

칼빈주의와 종교

저의 첫 번째 강연의 결론은 학문적 의미에서 칼빈주의는 개신
교 발전의 완성으로 16세기에 인류의 삶의 발전을 새롭고 더 높
은 단계로 이끌었다는 것이었습니다. 또한 프랑스 혁명에서 출
발한 현대 세계관은 다름 아닌 이러한 칼빈주의에 대한 무신론
적 "풍자화"에 지나지 않으며, 더 높은 발전 단계로 여겨질 수 없
다는 것이었습니다. 그러므로 무신론(atheïsme), 더 정확하게는 반
신론(antitheïsme)을 출발점으로 삼지 않는 각 사람은, 우리 시대
에 걸맞는 형태로 발전하려면, 칼빈주의 원칙에서 사고하고 살

아가는 법을 배우기 위해 칼빈주의로 돌아가야 합니다.

이제 **칼빈주의와 종교**라는 두 번째 강연에서 저는 여러분께 칼빈주의가 **종교적** 영역에서 취하는 입장을 설명하고자 합니다. 칼빈주의가 종교 영역에서 고유하고도 인상적인 입장이라는 것은 아무도 부인하지 않습니다. 칼빈주의는 마술봉을 휘두른 것처럼 고유한 종교형태, 고유한 신학, 고유한 교회의 모습, 고유한 교회법, 고유한 예배와 고유한 종교적 실천을 창조했습니다. 연이은 역사적 연구는 칼빈주의 영역의 이 모든 것에는 하나의 동일한 근본 사상이 지배하였고 하나의 동일한 원리가 구현되었음을 점점 더 설득력 있게 보여줍니다.

칼빈주의가 이를 통해 보여준 힘을 현대 생활이 각 영역에서 보여준 전적인 무능력에 비추어 판단해 보십시오. 이 현대 생활 역시 신비주의 시대에 접어든 이후로 유럽과 미국 양쪽에서 고유한 종교형태를 요구했습니다. 계몽주의(Aufklärung)의 화려한 깜박거림 이후 1세기가 지난 지금 유물론은 학문적 영역에서 퇴각 나팔을 울렸고, 경건을 다시금 부추키고, 신비주의의 따뜻한 물결 속에 뛰어드는 것이 또다시 유행했습니다. 이 현대 신비주의는 무한자의 감로잔에서 절제함 없이 독주를 진탕 마셔댑니다. 청교도적 교회 생활의 폐허 위에 새로운 예배를 취하는 새로운 종교가 종교 생활의 더 높은 발전을 예고했습니다. 사반세기가 넘도록 이 새로운 성소의 봉헌과 시작이 우리에게 약속되었습니다. 그럼에도 불구하고 그것은 헛수고로 끝났습니다. 손으로 만질 수 있는 어떤 것도 나오지 않았습니다. 그 무엇도 형성하는 원리랄 것이 나타나지 않았습니다. 그 어떤 공동체도 나타나지 않았습니다. 기대했던 작물의 첫 번째 새싹조차 보이지 않았습니다.

이와 대조적으로 16세기 칼뱅의 위대한 정신이 있습니다. 그 정신은 숙련공처럼 정교한 스타일로 완전한 종교적 건축물을 세웠습니다. 여러분이 건축물의 기초를 거의 기억하지도 못할 만큼 빠르게 건물 전체를 완공했습니다. 현대 사상이 종교적 영역에서 지금까지 강력한 손으로 창조했다기보다는 어설프게 손보던 것 가운데서는, 한 나라도, 한 가정도, 한 영혼도, 아우구스티누스가 말했던 '**쉼 없는 마음**을 위한 **안식**'[1]을 발견하지 못했습니다. 반면에 제네바의 종교개혁자는 당시 대국을 형성했던 다섯 나라에 동시에 안식을 주었고, 3세기가 지난 지금까지도 삶의 지침을 주고, 영혼들의 아버지께 마음을 올리게 하고, 거룩에 대한 명확성을 주었습니다. 그러므로 자연스럽게 이런 질

---

1   Augustinus, 쉼 없는 마음을 위한 안식. 역자주: 아우구스티누스(354-430)는 13장으로 구성된 자신의 자서전적 『고백록』(*Confessiones*, 397-98)에서 유명한 고백을 소개한다. "당신은 우리가 당신을 향해 살도록 창조하셨으므로 우리 마음이 당신 안에서 안식할 때까지는 편안하지 않습니다."

문이 나옵니다. 그런 놀라운 힘의 비밀은 무엇이었는가? 이 질문에 대하여 저는 첫째, **종교 자체**에 대해, 그 다음에 **교회 생활**에 나타난 종교적 계시 형태에 대해, 마지막으로 **실제적 삶**을 위한 종교적 열매에서 답을 찾고자 합니다.

✢

첫 번째로, 종교 그 자체는 원초적으로 상호 관련되는 네 가지 근본적인 질문에 달려있습니다. (1) 종교는 **하나님**을 위한 것인가 아니면 **사람**을 위한 것인가? (2) 종교는 **직접적으로** 작용하는가 아니면 **매개적으로** 작용하는가? (3) 종교는 **부분적인가** 아니면 우리 전인격과 우리의 삶 전체를 포함하는가? (4) 종교는 **정상적** 특성을 지닐 수 있는가 아니면 **비정상적**, 즉 구원론적 특성을 지녀야만 하는가? 네 가지 질문에 대해 칼빈주의는 다음과 같이 대답합니다. (1) 종교는 이기적으로 사람을 위한 것이 아니라 이상적으로 하나님의 뜻을 위한 것이다. (2) 종교는 교회나 사제를 통해 매개적으로 작용하는 것이 아니라 마음으로부터 직접적으로 작용한다. (3) 종교는 삶 옆에 있는 부분적인 것이 아니라 삶 전체를 요구한다. (4) 종교는 또한 구원론적이어야 한다. 즉 종교는 현재의 비정상적 본성에서 나오는 것이 아니라 중생(palingenesie)에서 나와야 한다.

저는 네 가지 요점을 여러분께 각각 설명하려고 합니다.

새로운 현대 종교철학은 창조되지 않은 종교의 등장을 허용하되 비정상적인 자들, 즉 타락한 인간에게 있는 종교를 지지하고 보존합니다. 이 철학은 살아있는 나무 잔가지의 작은 버팀대를 잔가지 자체로 여겼습니다. 이런 맥락에서 이제 사람들은 인간과 그를 둘러싼 우주의 압도적인 힘 사이의 대조를 직시했고, 종교는 이 위협적인 우주에 대해 두려움에 사로잡힌 인간을 돕는 구원의 수단으로 찾아왔습니다. 인간은 자신의 영이 자신의 몸을 어떻게 지배하는지 스스로 느끼며 이 우주를 그 자신에 비추어 측정하면서, 또한 자연 가운데 숨은 영적 존재의 활동이 있음을 추측합니다. 그는 자연의 운동을 자연 속에 숨은 정령들의 힘을 숭배하는 것과 연결지어 설명하며, 이 영들을 붙잡아 불러들여 자신의 뜻에 귀 기울이도록 합니다. 혹은 이러한 원자론적 개념에서 보다 일원론적 개념으로 올라가 계급적으로 한 하나님 아래에 있는 신들을 믿고 집중하는데, 이 신들은 자연을 **초월**하기에 자연에 **대항**하여 그를 도울 수 있는 신들입니다. 마지막으로, 인간은 영적인 것과 물질적인 것 사이의 대조를 파악하여 모든 가시적인 것에 맞선 존재인 **최고의** 영(*Urgeest*)을 존중합니다. 그래서 결국 모든 물질적인 것의 대척점에 서 있는 자기 자신의 영의 고상함으로 그 **최고의** 영을 버리고 그 자신이 영웅적 담지자인 이상(理想) 앞에 절합니다. 그러나 이 이기적 종교는 어떤 단계를 지나 진보하든 항상 주관적이며 **인간을 위해** 존재합니다. 사람은 자연의 영들을 불러내어 우주에 대항하여 자신을 해방시키고 자신의 영적 권세를 인식하여 스스로를 모든 가시적인 것 위에 두는 종교적 존재입니다. 라마(Lamah) 제사장이 악한 영들을 그들의 항아리에 가두든지, 자연에 맞서 동양의 자연신들에게 도움을 구하든지, 보다 지적인 그리스 신들의 자연을 초월한 어떤 영적 권세가 경배를 받든지, 혹은 마지막으로 관념철학에서 인간의 정신 자체가 경배의 대상이 되든지 상관없이, 그것은 인간에게 안전, 자유, 자기예찬, 부분적으로 심지어 죽음에 대한 승리까지 확증하는 종교이자 그런 종교로 남습니다. 그리고 종교가 단일신론적으로 강화된 곳에서도 사람들이 경배하는 하나님은 사람을 돕기 위해 존재하는 하나님이며, 만국의 질서와 안정을 보장하고, 환란의 시기에 도움과 구원을 제공하고, 품위를 저하시키고 낮추는 것에 대항하여 고상하게 만들고, 더 높은 영감을 확증하기 위해 존재하는 하나님입니다. 그결과, 그런 모든 종교는 기근과 역병의 때에 번성하고, 가난한 자들과 핍박받는 자들 가운데 번성하며, 작고 힘없는 자들 가운데서 번창하지만, 번영의 시기에는 시들해지고, 평안 중에 있는 자들을 끌어들이지 못하고, 개화된 사람들에 의해 버림받습니다. 사람은 안정되고 평안을 느끼는 순간, 그리고 학문 덕분에 우주와 그의 파괴적 힘에 의해 더 이상 위험을 받지 않는다는 것을 아는 순간, 종교의 목발을 버리고 **비**종교적으로(onreligieus) 자기

발로 걸어갑니다. 이기적 종교는 이기적 관심이 충족되는 순간 쓸모없어 사라집니다. 이것은 모든 비기독교적 나라들에게서 있었던 종교의 과정이었고, 금세기에 전적으로 동일한 현상이 고상하고 평안하고 개화된 사회 계층의 명목상 그리스도인들 가운데 반복되었습니다. 유럽 대륙에서 현대 문명 계급은 자신이 이미 모든 종교에서 벗어났다고 여깁니다.

하지만 칼빈주의는 바로 이것과 정면 대립합니다. 칼빈주의는 종교 역시 그 인간적 측면과 주관적 측면을 지니고 있음을 부인하지 않습니다. 어려운 때 도움을 구하고, 자연의 힘에 대항할 용기를 구하고, 감각적인 것에 맞서 정신적 고상함을 구하려고 종교를 지지하고 장려하기도 한다는 사실을 부정하지 않습니다. 하지만 칼빈주의는 사물의 질서를 뒤바꾸어 그 가운데서 종교의 **본질**과 **목적**을 추구한다고 주장합니다. 칼빈주의자에게 그런 모든 것들은 진실로 종교에서 나온 열매들이며, 종교를 지지하는 버팀목이지만, 종교가 존재할 이유 자체는 아닙니다. 모든 종교는 사람을 위한 복(福)도 제공하지만, 인간을 위해 존재하는 것이 아니라 **하나님을 위해** 존재합니다. 하나님이 그의 피조물을 위해 존재하는 것이 아니라 피조물이 하나님의 뜻을 위해 존재합니다. 하나님은 자신을 위하여 만물을 창조하셨습니다. 이것 때문에 그는 심지어 자연 전체에, 식물과 동물, 그리고 어린 아이에게조차 종교적 표현을 새겨 두셨습니다. "온 땅에 여호와의 영광이 충만하도다"[사 6:3]. "여호와여 주의 이름이 어찌 그리 아름다운지요"[시 8:1]. "하늘이 하나님의 영광을 선포하며 궁창이 그 손으로 하신 일을 나타내도다"[시 19:1]. "어린아이와 젖먹이의 입으로 말미암아 권능을 세우심이여"[시 8:2]. 서리와 우박, 눈과 수증기, 심연과 태풍, 모든 것이 하나님을 찬양합니다.

하지만 모든 피조물이 인간에게서 절정에 이르듯, 피조물의 영광스런 완성도 오직 하나님의 형상을 따라 지음 받은 인간에게서 발견될 수 있습니다. 이는 인간이 그것을 추구했기 때문이 아니라 하나님이 친히 **'종교의 씨앗'**(semen religionis)을 통해 참으로 본질적인 종교적 표현을 오로지 인간의 마음속에 심어두셨기 때문입니다. 하나님은 인간 마음의 현(絃)들을 연주하도록 하신 '신적 감각'(sensus divinitatis)[2]을 통해 친히 그들을 종교적으로 **만드십니다.** 고통의 표현이 마음의 현들 속에 흘러 들어가지만, 이는 오로지 죄의 결과일 뿐입니다. 종교는 본래 그 성격상 배타적으로 마음을 고양시키고 끌어당기는 **감탄**과 **경배**의 표현이지, 분리시키고 압박하는 의존의 표현이 **아닙니다.** 보좌 주위의 스랍들이 **"거룩하다 거룩하다 거룩하다!"**[사 6:3]를 외치듯 인간 세상의 종교 역시 인간을 창조하고 영감을 주신 그 하나님께 영

---

2   영원자에 대한 감각.

광을 돌려야만 합니다. 종교에서 중요한 것은 하나님이지 인간이 아닙니다. 인간은 도구와 수단으로 머무는 반면, 오직 하나님만 원인과 목적, 출발점과 도착점, 물이 흘러나오는 원천이며 물이 흘러들어가는 대양입니다. 비종교적이라는 것은 인간 최고의 삶의 목적을 거부하는 것이며, 반대로 하나님과 그의 뜻을 위해 존재하며, 주의 영광스런 이름에 전적으로 몰입하는 것이 모든 참된 종교의 중심이자 핵심입니다. "이름이 거룩히 여김을 받으시오며, 나라가 임하시오며, 뜻이 이루어지이다"[마 6:9-10]라는 기도는 모든 훌륭한 기도 가운데 우선되는 삼중적 기도입니다. 우리의 표어는 "먼저 하나님의 나라를 구하고"[마 6:33] 그 다음에 비로소 자신의 필요를 생각하라는 것입니다. "만물이 주에게서 나오고 주로 말미암고 주에게로 돌아감이라"[롬 11:36]. 무엇보다 먼저 하나님의 **절대적 주권**에 대한 고백이 있습니다. 기도는 모든 종교에 있어서 삶의 가장 깊은 표현입니다. 그러므로 이것은 칼빈주의 영역에서 종교의 근본 개념이며, 그 누구도 이보다 더 높은 개념을 발견하지 못했고 발견할 수도 없습니다. 칼빈주의 근본 사상은 유일한 성경적 근본 사상과 순수한 기독교적 사상과 마찬가지로 종교적 영역에서 가장 높은 이상(理想)의 실현입니다. 금세기의 종교철학이 제아무리 대담하게 성취했다 할지라도 여전히 더 나은 관점이나 더 이상적인 개념을 발견하지 못했습니다.

✣

    모든 종교에서 두 번째 중요한 질문은, 종교란 **직접적인가** 아니면 **"매개적"인가** 하는 것입니다. 하나님과 당신의 마음 사이에 교회, 사제, 권위자, 비밀을 알려주는 자가 있어야 합니까? 아니면 모든 중간 고리를 내던지고 종교의 끈이 직접적으로 영혼을 하나님께 매야 합니까? 모든 비기독교적 종교에는 중간 매개자가 필수적이며, 기독교 내에서도 마리아와 성인들을 부르거나, 사제 계급에서의 성직자, 심지어는 순교자들을 숭배함으로써 다시금 중간 매개자가 등장했습니다. 비록 루터가 사제라는 매개를 대항하여 싸웠다 할지라도, 그의 이름이 붙여진 교회에도 '**가르치는 교회**'(*ecclesia docens*)[3]가 신비의 중간 매개자와 분배자로서 남아있었습니다. 이 점에 있어서도 순수 종교의 이상을 실현한 것은 칼뱅이 처음입니다. 그가 이해했던 것처럼, 종교는 '**중간의 매개 없이**'(*nullis mediis interpositis*) 하나님과 인간 마음의 직접적 교제를 실현해야 합니다. 그래서 칼뱅은 회피하거나 망설임 없이 거룩한 분노로 영혼과 하나님 사이에 개입한 모든 것에 대항했습니다. 사제에 대한 미움이나 성인들에 대한 혐오에서나 천사들의 중요성을 평가절하해서가 아니라 오로지 종교

---

3   사제가 '**가르치는 교회**'를 형성한다.

의 본질 때문에, 그리고 그 본질 가운데 하나님의 영광을 주장하기 위해 그러했습니다. 그는, 물론 타락한 인간이 참된 종교에 이를 수 없기에 중보자가 필요하지만 이 중보자는 동등한 인간일 수 없다는 것을 분명히 인식했습니다. 오직 신인(神人), 하나님 자신만이 그런 중보자가 되실 수 있었습니다. 그리고 이 중보자직은 우리 편에서가 아니라 성령 하나님의 내주(內住)를 통해 하나님 편에서 확증되어야만 했습니다. 모든 종교에서 하나님 자신이 지속적으로 능동적 권세이십니다. 하나님은 우리를 종교적으로 만드시어 종교적 성향을 갖도록 하시고, 우리는 단지 하나님 자신이 우리 안에서 불러낸 종교적 표현에 소리와 형태를 제공할 뿐입니다. 여기서 우리는 칼뱅을 단지 '다시 태어난 아우구스티누스'(Augustinus redivivus)정도로 여겼던 사람들의 실수를 발견합니다. 아우구스티누스 자신은 삼위일체 하나님과 평신도 사이에 여전히 감독으로 남아있었고, 다른 사람들을 위한 참된 종교의 합리적 요구를 크게 인식하지 못하여 자신의 교의학에서 교회를 신비적 전달자로 칭송했습니다. 하나님이 모든 은혜를 교회의 가슴에 흐르게 하시고, 모든 사람은 교회의 보고(寶庫)로부터 그 은혜를 받아야 했습니다. 그러므로 피상적으로 그저 예정에만 관심을 두고 종교의 밑바닥까지 파고들지 못하는 사람은 아우구스티누스주의와 칼빈주의를 혼동할 수 있습니다. **인간을 위한** 종교는 인간 자신을 중간 매개자로 불러들이는 반면, **하나**

님을 위한 종교는 필연적으로 중간 매개자를 배제합니다. 인간을 돕는 것이 종교의 주된 목적이라면, 인간이 자신의 종교성으로 이런 도움을 획득해야 한다면, 덜 경건한 사람이 보다 거룩한 사람의 중재를 요청하는 것은 전적으로 자연스러운 일입니다. 그가 스스로 획득할 수 없는 것은 다른 사람이 그를 위해 획득해야 합니다. 열매가 높은 가지에 달려 있다면, 더 높은 곳까지 손을 뻗칠 수 있는 사람이 그 열매를 따서 키가 작은 사람에게 전해 주어야 합니다. 하지만 **모든** 인간의 마음이 하나님께 영광을 돌리는 것이 종교의 요구라면 어떨까요. 한 사람이 다른 사람을 위해 대신**할 수** 없으므로 각 사람은 개인적으로 **반드시** 나서야 하며, 종교는 오직 신자의 **보편적 제사장직**에서 그 목적을 달성합니다. 심지어 갓 태어난 아기에게조차 종교적 표현은 하나님 자신에 의해 그 마음에 심겨있어야 하기에 그 갓난아기는 세례를 받지 않은 채 죽었을 때 '**무죄한 자의 림보**'(limbus innocentium)[4]로 보내지는 것이 아니라 하나님을 영원토록 찬송하기 위해 개인적으로 하나님과의 교제 속으로 들어갑니다.

종교에 대한 두 번째 질문에 있어서 이 칼빈주의 입장의 핵

---

4   어린 아기들이 죽어 머무르는 장소. 역자주: 로마교는 공식적으로 '유아 림보'(Limbus Infantum)라고 부른다.

심은 하나님의 선택 교리에 대한 고백에서 가장 뚜렷하게 표현됩니다. 모든 종교는 인간을 **자유롭게 만드는데** 봉사해야 할지라도 결국 인간은 본성 가운데 심겨진 종교적 표현을 **자유로운** 의식(意識)에서 해석했던 반면, 그와 반대로 종교적 영역에서 모든 중간 매개자의 등장은 경건의 강도가 증가함에 따라 더욱 해롭게 인간의 정신을 얽매었습니다. 로마교회에서 '보편적 선'(bons catholiques)은 지금도 여전히 사제의 족쇄에 매우 단단히 묶여 있고, 오직 덜 경건한 가톨릭 교도만이 자신의 교회에서 느슨해져 절반의 자유를 다시 얻습니다. 루터파 교회에서 성직자의 족쇄는 덜 죄지만, 그럼에도 불구하고 결코 거기서 벗어난 것은 아닙니다. 신자가 필요한 경우 직분자에 대항하는 독립성은 오로지 칼뱅의 종교적 근본 사상을 파악한 교회들에서만 발견됩니다. 오로지 스스로 하나님 **앞에** 그리고 하나님과 **교제**하는 자만이 찬란한 날개 짓으로 자유의 날개를 펼칠 수 있습니다. 프랑스처럼 네덜란드에서도, 그리고 미국만 아니라 영국에서도, 역사적 결과는 말해줍니다. 인간에 대한 인간의 폭정은 **'칼뱅의 후예'**(issus de Calvin)라는 대적자를 결코 무찌를 수 없었으며, 반대로 경건한 사람의 자유는 칼뱅의 추종자보다 더 굳세고 용감한 동지를 발견하지 못했습니다. 이런 현상의 가장 근본 원인은 중간 매개자가 모든 종교를 외형적으로 만들고 우리를 형식 가운데 얽어매어 꼼짝 못하게 한다는데 있습니다. 반면에 오직 **모든** 중개자가 사라지는 곳에서, 하나님의 선택은 여러분을 하나님과 직접 연결하고, 영원한 광선이 하나님에게서 곧바로 저와 여러분의 영혼 속에 비추고, 절대적 의미에서 종교는 **마음의** 열망이 되었습니다.

❖

이것은 자연스럽게 저를 종교의 세 번째 문제로 이끕니다. 종교는 **부분적입니까** 아니면 모든 것을 지배하고 모든 것을 포함하는 것입니까? 절대적 의미에서 **보편적입니까**? 종교의 목적을 인간에게서 찾거나 종교적 중간 매개자를 도입한다면, 종교는 부분적일 수밖에 없습니다. 이런 경우 인간은 종교를 결과적으로 그리고 논리적으로 자신이 필요로 하는 삶의 부분에 국한하고, 중간 매개자의 처분에 달려있는 경우들로 제한합니다. 종교의 이런 부분적 특성은 세 가지 관점에서 드러나는데, 종교가 번성하게 될 종교적 **기관**, **영역**, 그리고 개인들의 **집단**입니다.

최근의 논쟁은 첫 번째 제한에 대해 두드러진 예를 제공합니다. 금세기의 지혜로운 사람들은, 종교란 자고로 인간의 지성적 **기관**을 사용하지 말아야 하며, 오로지 신비적 감정을 통해서든 실제적 의지를 통해서든 표현되어야 한다고 주장합니다. 사람은 종교적 영역에서 신비적 윤리적 경향을 허용하기 원하지만, 지성은 그 영역에서 입을 막아야만 합니다. 형이상학과 교의학은 점점 더 금지된 것으로 여겨지고, 불가지론에서 해결책을 추구합니다. 감정의 강에서 자유로운 항해가 이루어지고, 윤리적 활동은 진짜 금을 시험하는 시금석으로 여겨지는 반면, 형이상학은 수렁과 늪 취급을 받아 꺼려집니다. 자명한 공리적 교의의 경향을 띠는 모든 것은 비종교적 불법으로 거부됩니다. 사람 자신이 종교적 천재로 존경하는 동일한 그리스도께서 "단지 네 마음과 힘만 다하여가 아니라 또한 **네 지성을 다하여** 하나님을 사랑하라"[눅 10:27]고 단호하게 말씀하셨을지라도, 사람들은 종교적 기관인 지성을 감히 사용하지 않으려 합니다.

종교가 보편적으로 우리의 전(全)존재와 더불어 등장하지 않고 부분적으로 단지 감정이나 의지에서 나오기에 그 결과 종교가 작용하는 **영역**은 **부분적**입니다. 종교는 학문에서 배제되고, 공공 생활의 영역에서 배제되고, 안방으로, 기도처로, 마음의 은밀한 처소로 보내집니다. 칸트(Kant)는 **"너는 ~해야 한다"**(Du sollst)는 말로 종교의 영역을 윤리적 삶으로 국한했습니다. 우리 시대의 신비주의자들은 종교를 감정의 은신처로 추방합니다. 이런 식으로 종교는 다양한 형태로 삶과 나란히 서거나 삶의 넓은 영역에서 단지 옆에 따로 격리된 사적인 영역을 지닐 뿐입니다.

그래서 이것은 자연스럽게 세 번째 부분적 특성에 이릅니다. 종교는 모든 사람을 위한 것이 아니라 단지 인류 가운데 경건한 사람들의 **집단**을 위한 것입니다. 그래서 종교적 **기관**의 제한에서 종교적 **영역**의 제한이 나오고, 그에 따라 사람들 사이의 종교적 **집단** 혹은 모임이 국한됩니다. 예술이 고유한 기관, 고유한 영역, 고유한 숭배자 모임을 갖는 것처럼 종교도 마찬가지입니다. 정서가 부족하고 의지력이 부족한 사람들은 따뜻한 신비를 느끼지 못하고 경건한 행동을 할 수 없습니다. 이런 사람들에게 종교는 의미 없고 중요하지도 않습니다. 하지만 무한자에 대한 감각을 지닌 감성이 풍부한 사람들이 있는데, 그들 가운데 경건이 번성하고 그 경건 가운데 종교는 상상의 시를 쓰듯 번창합니다.

　로마교는 전혀 다른 측면에서 그와 똑같은 부분적 입장을 더 많이 취했습니다. 로마교는 종교를 오직 자신의 교회 안에서만 이해했고, 종교의 영향은 자신이 봉헌한 삶의 부분 이상 더 나아가지 못했습니다. 물론 로마교는 인간의 모든 삶을 자신의 교회적 영역 안으로 최대한 끌어들였지만, 이 영역 밖에 놓인 것, 즉 세례 받지 않은 것과 성수가 뿌려지지 않은 것은 모든 본질적 종교적 능력을 상실한 채 머물렀습니다. 그러므로 로마교가 삶의 종교적 부분과 비종교적 부분 사이에 경계선을 그었던 것처럼, 자신의 고유한 영역을 다시금 다양한 열정의 강도에 따라 나누었고, 성직자와 수도원은 **지성소**를 구성하고, 실천적 신자들의 모임은 **성소**를 형성하고, 세례를 받았으되 교회에 관심을 두지 않는 자들은 **바깥뜰**에 서 있었습니다. 그래서 평신도가 차례를 따라 다시 추구했던 구분과 제한은 실제적으로 자기 실존의

10분의 9를 종교와 상관없는 것으로 만들고, 이런 방식으로 종교를 부분적인 것으로 만들며, 이를 통해 일상적 날들에서 거룩한 날들로, 번영의 날들에서 위험과 병든 날들로, 그리고 장수하는 삶에서 죽음의 침상으로 옮겨갔습니다. 종교를 부분적으로 만든 것은 사육제에서 가장 충격적으로 드러납니다. **온전한** 종교는 오로지 금식 기간에만 있고, 육체는 어둠의 골짜기에 들어가기 전 쾌락, 어리석음, 그리고 오락에 빠져 자신에게 보상합니다.

이것과 정면으로 대립되는 것은 종교의 **보편적** 성격을 주장하는 칼빈주의입니다. 모든 것이 하나님을 위해 존재한다면, 피조물 **전체**는 반드시 하나님께 영광을 돌려야 합니다. 인간은 제사장이 되어 저 위에 있는 새들, 궁창의 해와 달과 별들, 우리 주변의 자연, 하지만 무엇보다도 이 모든 피조물과 이 창조 속 모든 생명을 하나님께 마땅히 봉헌해야 합니다. 비록 죄가 모든 피조물이 하나님께 돌릴 영광을 빼앗았다 할지라도, **모든** 피조물은 종교의 물결 속에 잠겨 종교적 존재가 되고, 결국 전능자의 제단에 종교적 제물로 놓일 것이라는 요구와 이상(理想)은 여전히 남아있습니다. 따라서 배타적인 감정의 종교나 배타적인 의지의 종교란 칼빈주의자에게 상상할 수 없는 일입니다. 피조물에 불과한 제사장에 대한 거룩한 기름부음은 반드시 그의 수염과 옷깃에 흘러내려야 합니다. 모든 능력과 힘을 포함한 그의 전 존재는 반드시 '**신적 감각**'에 의해 적셔져야 합니다. 그렇다면 그의 의식(意識), 사람 안에 있는 로고스, 하나님이 그에게 비추는 사유의 빛이 어떻게 배제될 수 있습니까? 하나님을 의지의 행동 밖 감정의 토대에 두고 자신의 자의식 가운데, 즉 자신의 의식과 사유하는 존재의 중심에 두지 않는다면, 하나님을 감정의 세계 속에 그리고 자신의 윤리적 실존의 세계 속에 두고 사상의 세계 밖으로 배제한다면, 그리고 창조주에 관한 사유에서 확고한 주된 요점 **없이** 자신의 자의식 속에 자연과 실천에 대한 확고한 출발점, 곧 피조물의 지식에 대한 공리적 확실성을 둔다면, 이것은 칼빈주의자에게 영원한 로고스를 부인하는 것과 마찬가지입니다.

이런 식으로 종교적 **기관**에 대한 보편적 성격은 전적으로 모든 인간적 능력 전체 안에서 주장되었습니다. 마찬가지로 칼빈주의자는 종교의 이 보편적 성격을 종교의 **영역**과 사람들 사이의 **모임**에 관하여 단호하게 호소했습니다. 그 어떤 것도 목적 없이 창조된 것은 없습니다. 하나님은 **모든** 생명을 자신의 규례를 따라 창조하셨으므로 칼빈주의자는 **모든** 생명이 하나님을 섬길 것을 주장합니다. 칼뱅에게 있어서 안방, 기도처, 혹은 교회에 국한되는 종교란 상상할 수 없습니다. 그는 시편 기자와 더불어 하늘과 땅, 모든 민족과 나라들을 불러 하나님께 영광 돌리라고 말합니다. 하나님은 편재(遍在)와 전능으로 모든 생명 가운데 임재하십니다. 그러므로 종교가 하나님을 찬양하고, 하나님의 규례가 준수되고, 모든 **노동**(labora)을 통해 **기도**(ora)[5]가 동반됩니다. 그렇지 않은 인간 삶의 영역이란 없습니다. 사람이 어디에 있든, 무엇을 하든, 사업이나 정신적 삶, 예술과 학문에서 무슨 일을 착수하든지 그는 모든 일에 있어서 언제나 하나님의 면전에서 있으며, **하나님을 섬기고** 하나님께 순종해야 하며 무엇보다도 하나님의 영광을 추구해야 합니다. 그 결과 칼빈주의자에게 종교란 몇몇 사람들의 **집단**이나 몇몇 모임으로 국한될 수 없습니다.

종교는 인류 전체와 연관됩니다. 이 인류는 하나님이 창조하신 예술 작품입니다. 따라서 이 인류 **전체**는 늙은이나 젊은이나, 낮은 자나 높은 자나, 헌신된 자나 그렇지 않는 자나 모두 하나님을 두려워함으로 전율해야 합니다. 하나님이 모든 사람을 창조하시고 모든 사람을 위해 모든 것이 되셨을 뿐만 아니라, 하나님의 은혜는 단지 택함 받은 일부만이 아니라 '일반 은총'(gemeene gratie) 가운데 모든 사람에게 비추기 때문입니다. 확실히 교회 안에 집중되는 것이 있지만, 이 교회의 벽에는 창문이 있고, 영원자

---

5 기도와 노동은 하나가 될 것이다. 역자주: 여기서 우리는 카이퍼가 거룩한 것과 세속적인 것을 구분하는 성속이원론 반대자임을 분명하게 볼 수 있다. 종교개혁자 칼뱅의 전통에 충실한 개혁주의자들은 이미 '경건과 학문'(Pietas et Scientia)이 분리되는 것이 아니라 항상 함께 손을 맞잡고 가는 것임을 강조하였다.

의 빛은 그 창문을 통해 온 세상에 비칩니다. 여기 산 위에 있는 한 도시가 있는데, 이 도시는 모든 사람이 멀리서 볼 수 있습니다. 여기 소금이 있는데, 이 소금은 모든 것에 스며듭니다. 비록 이 높은 빛을 받지 않은 자라 할지라도 똑같은 단호함으로 모든 일 가운데 주의 이름을 영화롭게 하라고 요청을 받습니다[마 5:13-16]. 모든 부분적 종교는 삶에 이원론의 쐐기를 박지만, 칼빈주의자는 일원론적으로 살아갑니다. 모든 것은 반드시 하나여야 합니다. 왜냐하면 한 분 하나님께서 모든 것을 창조했듯이 그가 모든 것을 보존하시기 때문입니다. 심지어 종교의 반대 이미지로서의 죄조차도 이 일원론에서 배제될 수 없습니다.

❖

이로써 우리는 종교의 본질에 관해 네 번째 문제에 이르게 됩니다. 종교는 **정상적**이어야 합니까 아니면 비정상적 즉 **구원론적**이어야 합니까? 제가 아는 바, 일반적으로 종교의 구원론적 개념은 **법적** 개념에 의해 대립되는데, 이 마지막 구분은 전혀 다른 관념의 질서에 속합니다. 제가 의미하는 대립은 우리가 종교의 문제에서 **사실상** 인간을 정상적 인간으로 여겨야 하는가 아니면 타락하여 죄 가운데 있는 **비정상적** 인간으로 여겨야 하는가라는 질문입니다. 후자의 경우, 종교는 당연히 구원론적 성격을 지녀야만 합니다. 현재 유행하는 견해는 정상적 인간이라는 입장을 선호합니다. 물론 인류 전체가 이미 최상의 종교적 기준에 응답한 것처럼 보는 것은 아닙니다. 아무도 그렇게 주장하지 않습니다. 아무도 그런 말도 안 되는 소리를 하진 않습니다. 경험적으로 사람들은 훨씬 더 허다한 비종교성과 불완전한 종교적 발전에 직면하고 있습니다. 단지 사람들은 가장 낮은 단계에서 가장 높은 이상(理想)으로 올라가는 바로 이 느린 과정을 정상적으로 요구되는 발전으로 여길 뿐입니다. 종교의 첫 번째 흔적은 이미 동물에게서 나타납니다. 이 흔적은 자기 주인을 아주 좋아하는 개에게서 발견됩니다. 종교는 침팬지에서 호모 사피엔스(homo sapiens)[6]의 발아(發芽)와 더불어 더 높은 단계로 들어갑니다. 그 이후로 종교는 모든 단계를 거쳤습니다. 현재 종교는 더 높은 단계, 즉 **미지의 무한자에 대한 무의식적 접촉**으로 옮겨가려고 교회와 교의(教義)의 배내옷에서 벗어나려고 하고 있습니다.

이제 이 이론과 근본적으로 전혀 다른 이론이 대립합니다. 그것은 동물 가운데 상당히 많은 인간적인 것이 사전형성(事前形成) 되어있음을 부인하지 않고, 사람이 하나님의 형상을 따라 지음 받은 것처럼 동물이 사람의 형상을 따라 창조되었다는 사실

---

6   린나이우스(Linnaeus)는 인간을 **호모 사피엔스**(homo sapiens), 즉 자의식의 은사를 지닌 존재로 부른다.

을 부정하지 않습니다. 역시 이 이론은 최초의 사람이 하나님과의 순수한 관계 속에서 창조되었고, 순수하고 참된 종교 속에 있었으며, 결과적으로 죄 가운데 타락하게 되었음을 인정합니다. 또한 이처럼 창조의 결과가 아닌 타락의 결과로서 나타난 저 훨씬 더 낮고 순수하지 못한 종교 형태들을, 단순히 낮은 데서 높은 데 이르는 과정이라고 여기지 않습니다. 오히려 구원론적 방식을 통해 진실로 참된 종교의 회복으로 가야 마땅한 비참한 타락이라고 이해합니다.

이런 양립하는 관점에 대해 칼빈주의의 선택은 단호합니다. 모든 것 가운데 자신을 하나님의 면전에 두었던 것처럼, 여기서도 칼빈주의자는 압도적으로 하나님의 거룩하심에 사로잡힙니다. 죄의식으로 인해 그의 영혼은 찢기며, 죄의 끔찍함으로 인해 그의 마음은 감당할 수 없는 무게에 짓눌렸습니다. 죄를 완전에 이르는 길에 있는 하나의 불완전한 단계로 설명하려는 모든 시도는 하나님의 위엄에 대한 모욕으로서 그분의 진노를 불러 일으킵니다. 칼빈주의자는 버클(H. T. Buckle, 1821-1862)이 『영국 문명사』(*History of Civilization in England*)[7]에서 경험적으로 전혀 다른 입

---

7. 역자주: Henry Thomas Buckle, *History of Civilization in England*, 2 vols. (London: J. W. Parker and Son, 1857-61). 버클은 실증주의 역사학자로서 과학적 입장에서 문명의 진보를 기술하였다.

장에서 지적한 것을 처음부터 고백했습니다. 즉, 죄가 나타나는 모습들은 세련되었지만 세월이 흘러도 인간 마음의 상태는 옛날 그대로입니다. 크게 계몽된 금세기 신자들의 감동된 영혼은 다윗과 같은 영혼이 4천년 동안 하나님께 부르짖었던 그 **깊은 심정**(é profundis)에서 약해지지 않은 울림으로 응답합니다. 모든 인간적 비참의 원천으로서 죄의 부패에 대한 개념이 칼빈주의보다 더 깊이 드러난 곳은 그 어디에도 없습니다. 그리고 칼빈주의자가 성경을 따라 지옥과 저주에 대해 언급한 곳에 거친 말은 나타나지 않고, 삶의 진지함과 그 당연한 귀결로서의 용기가 명료하게 드러났습니다. 가장 부드럽고 가장 감동적인 말씀을 하신 하나님께서 친히 동일하게 단호하고 반복적으로 '가장 어두운 바깥', '꺼지지 않는 불', 그리고 '죽기 않는 구더기'를 말씀하시지 않았습니까? 그래서 용기를 내어 이렇게 말하지 않는 것은 다름 아닌 냉담함이며, 죄의 파괴적 성격에 관한 고백을 단지 반만 말하는 것입니다.

이제 칼빈주의자에게 있어서 **존재**를 위한 **중생**의 필요성과 **의식**(意識)을 위한 **계시**의 필요성은 죄를 칼빈주의의 절대적 대립으로 고백하기 위한 그 자체의 경험에, 삶의 비참에 대한 이런 경험적 관찰에, 하나님의 거룩에 대한 이런 고상한 감명에, 그리고 당연한 귀결로서의 그 용기에 뿌리를 두고 있습니다. 비뚤어진 삶의 바퀴를 다시 그 축에 바르게 놓으시는 하나님의 직접적

행위로서의 중생에 대해 더 자세히 논할 필요는 없겠습니다. 다만 성경과 성경의 권위에 대해서는 간략하게 언급하겠습니다.

사람들은 성경을 단지 개혁파 신앙고백의 형식적 원리로 매우 부당하게 여겼던 반면, 진정한 칼빈주의의 성경관은 훨씬 더 깊은 곳으로 나아갑니다. 칼뱅의 의도는 '**성경의 필요에 관하여**'(de necessitate S. Scripturae)라는 교리에서 표현됩니다. 이것은 먼저 모든 것을 지배하는 성경의 중요성을 의미했고, 동시에 칼빈주의자에게 성경을 비평적으로 해석하고 이해하는 것은 어떤 이유로든 기독교 자체를 포기하는 것과 같은 것이었습니다. 타락 전 낙원에는 성경이 없었고, 장차 다가올 영광의 낙원에도 성경은 없을 것입니다. 만일 창조가 당신에게 선명하게 직접 말하고, 당신 마음의 내면의 소리가 순수하고, 모든 사람의 말이 참되고, 그 소리를 들을 때 당신의 귀가 때 묻지 않았다면, 성경이 여러분에게 무슨 도움이 될 수 있겠습니까? 자녀들이 자신의 주변에서 놀고 자녀들의 사랑을 온전히 누릴 수 있는 순간에 그 누가 아이 사랑에 대한 책을 보겠습니까? 오늘날 성경의 권위에 대항하여 나타난 거부감의 근원은 다름 아닌 우리의 종교가 구원론적일 필요가 **없고** 모든 것이 **정상적**이라는 그릇된 가정에 놓여 있습니다. 그래서 성경은 당연히 감정을 거스르는 방해물이고 하나님과 당신의 마음 사이에 끼어든 책입니다. 성경을 갖고 식탁에 앉아 있는 동안 누가 자기 부인과 편지를 주고받겠습니까? 종교는 바다처럼 밀물과 썰물을 갖기에 종교의 바다에서도 수위의 높고 낮음이 있고, 오늘날 썰물은 우리 조상의 시대에 밀물이 높았던 것처럼 그만큼 낮은 상태에 있습니다. 그래서 죄의식은 마음속에서 바스락거리며 희미하게 사라지고, 사람들은 더 종교적인 시대에 전적으로 비정상적이며 퇴보된 것으로 심각하게 느꼈던 것을 정상적인 것으로 여깁니다. 태양빛이 당신의 집안을 환하게 비출 땐 전기불을 끄지만, 밝은 태양빛이 저물 땐 **'인공조명의 필요'**(necessitas luminis artificiosi)를 느끼고, 인공조명이 각 방에 켜집니다. 이제 여기서도 마찬가지입니다. 만일 우리 영혼의 눈앞에 신적인 밝은 빛을 어둡게 하는 안개가 없다면, 당신 발에 "등불"이나 당신 길에 인공조명이 무슨 필요가 있겠습니까? 하지만 하늘의 빛이 사라지고 당신이 황혼 어둠 속에서 헤맨다고 역사와 경험, 그리고 당신 자신의 감각적 의식이 증거할 때, 당신을 위한 보조등이 **반드시** 켜져야 하는데, 하나님은 자신의 말씀 가운데 당신을 위해 이 인공조명을 켜두셨습니다.

그러므로 칼빈주의자에게 성경에 대한 신앙의 필요성은 추론이 아니라 성령의 직접적인 증거, **'성령의 증거'**(testimonium Spiritus Sancti)입니다. 칼빈주의자의 영감에 대한 통찰은 도출되었고, 성경에 대한 모든 정경적 선언도 도출되었습니다. 하지만 자석이 쇠를 끌어당겨 달라붙게 하는 것처럼, 성경이 그의 영혼을 끌어당기는 마술적 능력은 추론이 아니라 직접적인 작용입니다. 그리고 이것은 마술적으로 혹은 헤아릴 수 없는 신비적 방식으로 일어나지 않습니다. 하나님이 먼저 그의 마음을 거듭나게 하시고, 이 중생을 통해 그의 마음과 그를 둘러싼 거짓이 가득한 세상 사이에 화해할 수 없는 투쟁이 일어나게 하신 것처럼, 이제 이 성경 가운데서 그에게 그의 거듭난 마음에 적합하고 일치하며, 참된 본질적 세계로서 그 거듭난 마음에 속하는 사상의 세계, 힘의 세계, 삶의 세계를 열어줍니다. 정체성을 보여주고 확인하는 것, 성경의 세계로 자신의 거듭난 마음을 보여주는 것은 성령의 증거를 그의 마음속에 가져오는 것입니다. 그는 자신의 하나님을 다시금 소유하기를 원하고, 거룩한 자를 찾으며, 그 안에 있는 모든 것은 무한자를 향해 갈망하고, 그래서 성경 밖에서 단지 희미한 그림자만을 발견하고, 오로지 성경의 프리즘을 통해 높으신 자를 바라보며 다시 자기 하나님을 본질적으로 발견합니다. 따라서 그는 학문을 속박(束縛)하지 않습니다. 누구든지 비평하고자 한다면 비평하게 둡니다. 이 비평조차도 그 안에 성경에 대한 우리의 통찰력을 심화시키는 약속을 갖고 있습니다. 훌륭한 칼빈주의자는 그 누구도 신적 광선을 파악할 수 있는 색깔로 분해하는 프리즘 자체를 손에서 결코 놓지 않습니다. 영혼의 구원에 호소하지 않아도, 성령의 열매를 가리키지 않아도 종교의 구원론적 입장을 수반하는 **필요성**(necessitas)은 충분합니다. 우리는 **존재**(entitas)로서의 생명을 동식물과 함께 지니고, 신비적 "존재"로서의 생명을 어린 아이와 잠자는 사람과 공유합니다. 우리를 성인으로, 가장 많이 깨우친 사람으로 구별하는 것은 **선명한 의식**(意識)입니다. 따라서 종교가 최상의 삶의 기능으로서 또한 의식의 최상의 잠재력 가운데 작용한다면, 구원론적 종교는 자신에 대한 **중생의 필요성**(necessitas palingeneseos)과 나란히 우리 황혼의 어둠 속에서 밝혀질 돕는 빛의 **필요**를 제시할 것입니다. 그리고 하나님 자신의 빛은 사람의 손에 의해 밝혀진 인공조명을 통해 **성경**으로부터 우리에게 비추입니다.

우리가 발견한 것을 요약하면 다음과 같이 정리할 수 있습니다. 칼빈주의는 종교의 네 가지 커다란 문제에서 매번 특징적인 **교의로 그러한** 선택을 하는데, 이는 지금도 여전히 우리를 가장 만족시키며, 가장 풍요로운 발전에 이르도록 합니다. 첫째, 종교는 공리주의적 혹은 행복주의적 의미에서 인간을 위해 존재하는 것이 아니라, **하나님을 위하여**, 그리고 **오로지 하나님만**을 위하여 존재합니다. 이것이 하나님 주권이라는 칼빈주의 교의입니다. 둘째, 종교에서 하나님과 영혼 사이에는 그 어떤 중보자도 존재하지 않습니다. 모든 종교는 하나님께서 **직접** 영혼에 역사하는 것입니다. 이것이 **선택** 교리입니다. 셋째, 종교는 부분적이 아니라 **보편적**입니다. 이것이 **일반 은총**이라는 교의입니다. 마지막으로, 종교는 우리의 죄악된 상태를 정상적이라고 하지 않고 구원이 필요한 상태임을 역설합니다. 그 해답은 **중생**과 **성경의**

필요성이라는 이중적 교의 속에 들어 있습니다.

❖

이제 저는 종교 자체를 고찰하되 그 조직된 계시 형태로서의 **교회**를 다루고, 이어서 교회의 **본질**, 교회의 **현현**, 그리고 교회 등장의 **목적**에 관한 칼빈주의 견해를 개략적으로 말씀드리고자 합니다.

칼빈주의자에게 교회는 **본질**상 하늘과 땅을 포함하는 영적 유기체이지만, 그 생명력 있는 활동의 중심과 출발점은 땅이 **아니라** 하늘에 있습니다. 하나님은 자신을 위해 우주를 창조하셨습니다. 그는 이 우주의 영적 중심을 지구 중심적으로 우리 행성에 두셨고, 이 지상 자연의 모든 왕국을 우리 인류에게서 절정에 이르게 하셨습니다. 단 하나의 전체로서 취해진 인류는 반드시 하나님의 형상으로서 제사장처럼 하나님의 모든 피조물을 하나님께 바쳐야 했습니다. 인간은 왕, 제사장, 그리고 선지자로서 이 피조계 가운데 서 있습니다. 비록 죄가 이 고귀한 계획을 어지럽혔을지라도 하나님은 그 계획을 계속 추진하십니다. 하나님은 세상을 이처럼 사랑하사 자기 독생자 안에서 자기 자신을 세상에게 다시금 주시며, 우리 인류를 다시금 영생 가운데 두십니다[요 3:16]. 우리 인류의 나무에서 모든 종류의 가지와 잎들이 떨어졌을지라도, 이 나무 자체는 살아남을 것이고, 그리스도 안에서 새로운 뿌리를 내리고 영광스럽게 꽃피울 것입니다. 중생은, 나중에 하나의 집합체로서 함께 모이게 될 몇몇 개인들을 구원하는 것이 아니라 우리 인류라는 유기체 자체를 구원합니다. 그러므로 거듭난 인간 생명은 하나의 '몸'(σῶμα), 하나의 유기적 전체를 형성하는데, 그리스도는 그 몸의 머리이며, **그리스도와의 신비적 연합**(unio mystica cum Christo)은 그 몸을 함께 묶는 끈입니다. 그러나 이 새로운 유기체는 재림시에 피조계 전체 가운데 그 모습을 드러낼 것입니다. 현재 이 유기체는 영적으로 여전히 감추어져 있고, 이 땅에서 단지 자신의 실루엣을 흐릿하게 비칠 뿐입니다. 이 '**새로운 예루살렘**'은 하늘로서 하나님에게서 내려올 것이지만, 지금은 여전히 보이지 않는 것 속에 숨어 있습니다. 참된 성소는 현재 **하늘 위**에 있습니다. 거기에 속죄의 제단과 기도의 향단이 있습니다. 성소에서 제단을 섬기는 유일한 대제사장이신 그리스도가 하늘 위에 계십니다.

중세에 교회는 이러한 자신의 하늘의 영적 본질을 점점 더 상실했습니다. 교회는 본질상 세상적인 것이 되었습니다. 성소는 다시 땅에 내려왔고, 제단은 다시 돌로 만들어졌으며, 제단을 섬기기 위해 사제의 계급제도가 형성되었습니다. 당시의 교회는 이 땅의 희생제물을 필요로 했으며, 미사(Mis)라는 피 없는 제사에서 그 희생제물을 발견했습니다. 칼빈주의는 이 모든 것을 반대했는데, 원칙적으로 제사장직과 제단과 제사를 반대한 것은 아니었습니다. 왜냐하면 제사장직은 소멸될 수 없으며, 죄를 아는 사람은 속죄 제사 외에 다른 곳에서 해결책을 발견할 수 없기 때문입니다. 칼빈주의가 이것들을 반대한 것은 이 모든 세속의 잡다한 것들을 제거하고, 신자들이 그 눈을 들어 그리스도께서 제단을 섬기는 참된 성소를 바라보도록 촉구하기 위함이었습니다. 투쟁은 사제직(sacerdotium)에 대한 것이 아니라 사제주의에 대한 것이었고, 이 투쟁은 원리적으로 오직 칼뱅에 의해 끝까지 수행되었습니다. 루터파와 감독파는 제단을 이 땅에 **보존했고**, 오직 칼빈주의만 제단을 전적으로 제거하려고 열망했습니다. 따라서 지상의 제사장직은 감독파의 경우 심지어 계급을 따라 보존되었고, 루터파 나라들에서 군주가 최고의 주교가 되었고, 사람들은 영적인 신분 차이를 유지했습니다. 하지만 칼빈주의는 교회를 섬기는데 참여하는 모든 사람의 절대적 동등성을 선언했고, 교회의 지도자들에게 **봉사자들**(Dienaren)의 성격 외에 다른 특성을 부여하지 않았습니다. 구약 경륜의 그림자 아래 가시적으로 예언적 교훈을 제공했던 것은 이제 성취되었고, 그리스도의 영광을 가로 막고, 교회의 천상적 본질을 저하시켰습니다. 그러므로 칼빈주의는 이 지상의 인조 금박(金箔)이 시선 끌기를 멈추기 전까지 쉴 수 없었습니다. 사제주의라는 누룩의 마지막 알갱이가 추방된 후에야 비로소 교회는 이 땅에서 다시 앞마당이 될 수 있었고, 이 앞마당에서 신자들은 하나님이 거하시는 성소를 우러러 보고 기대했습니다. 웨스트민스터 신앙고백서는 우리 인류 전체를 포괄하는 이 천상적 교회의 본질을 다음과 같이 아름답게 표현합니다. "교회는 그리스도를 그 머리로 하여 하나로 모였고, 모이고, 모이게 될 모든 선민으로 구성된 비가시적 몸이며, 그렇게 해서 스스로 만물 가운데 만물을 충만케 하시는 분의 몸을 형성한다."[8] 이와 같이 비가시적 교회라는 교의는 종교적으로 성별되었고, 교회의 우주론적, 영구적 의미에서 이해되었습니다. 본질적인 것, 그리스도의 교회 역시 이제 땅에 존재**할 수** 없었습니다. 이 땅에는 기껏해야 매번 단 하나의 신자들의 세대가 앞마당에 머물렀으나, 세상의 시작부터 존재했던 세대들은 이 땅을 떠나 이제 하늘 위에 있습니다. 거기에 우리의 시민권이 있습니다[빌 3:20]. 거기에 본질적인 것이 있습니다. 따라서 이 땅에서 교회의 본질을 찾는 모든 사람은 순서를 뒤바꾸는 것입니다. 여기 이 땅에 여전히 머무는 자는 '그 자체로'(eo ipso) **순례자**입니다. 그는 순례자로서 앞마당에서 성소로 나아갑니다. 이와 관련하여 칼빈주의는 이 땅에서 이미 그리스도와 함께 하늘에 앉지 않은 자에게 죽음 이후에도 여전히 구원과 회심의 가능성이 남아있다는 모든 생각을 잘라 내었습니다. 이 땅에

---

8   역자주: 웨스트민스터 신앙고백서 25장 1항.

서 죽은 자들을 위한 미사나 윤리적 방식으로 무덤 저편에서의 회개 요청은 있을 수 없었습니다. 이 모든 과정의 이행(移行)은 하늘에 있는 교회의 본질과 여기 이 땅의 어둡게 된 교회의 본질 사이의 절대적 대조를 깨트립니다. 교회의 본질은 여기 이 땅에서 위쪽으로 투과되는 것이 아니라 위로부터 여기 이 땅의 교회에게 비추는 것입니다. 눈앞에 커튼이 드리워져 이 땅에 있는 교회의 본질을 선명하게, 완전하게 깨닫지 못하는 것과 같습니다. 그러므로 여기 이 땅에서 가능한 모든 것은 성령 안에서의 삶을 통해 본질적인 교회와 교통하는 것이며, 우리 앞 투명한 커튼에 드리워진 그림자를 향유하는 것입니다. 따라서 이 땅에 있으며 커튼 뒤에 있는 참된 교회는 단지 우리의 상상의 산물이 아니라, 반대로 그리스도께서 우리 육체의 모양으로 보이지 않는 성소에 들어가셨기에, 그분과 함께, 그분 때문에, 그분 안에서 본질적인 교회이며, 그 교회의 본질은 성령을 통해 우리에게 역사합니다.

✧

이렇게 인류 전체의 재창조를 위한 교회의 취지와 다가올 그리스도의 재림을 기다리는 교회의 우주론적 중요성을 포함한 그리스도의 교회의 **본질**을 믿는다면, 이제는 이 땅에서의 교회의 **현현 형식**을 다룰 차례입니다. 교회는 이제 우리에게 **신자들의 모임**, 그리스도의 규례에 순종하여 교회적으로 연합하여 살아가는 **신앙고백자들**의 공동체를 보여줍니다. 은혜의 의약품을 나누어주는 "**구원의 기관**"(Heilsanstalt)은 없으며, 평신도들을 마술적으로 조작하는 신비적 영적 수도회는 존재하지 않습니다. 다름 아닌 신자들, **믿는 신앙고백자들**이 있을 뿐인데, 이들은 모든 종교의 사회학적 경향으로 모임을 구성하고, 위에 계신 왕이신 그리스도께 복종하여 함께 살아가기를 시도합니다. 이것이 땅 위에 있는 교회입니다. 건물도, 제도적 기구도, 영적 신분도 아닙니다. 칼뱅에게 교회는 **신앙을 고백하는 사람들 자신**입니다. 각 개인 자체가 아니라 모두가 함께 모인 것입니다. 자신들이 좋다고 여겨 모인 것이 아니라 그리스도의 규례를 따라 모인 것입니다. 신자들의 보편적 제사장직은 이 땅에서 실현되어야 합니다. 이 말을 오해하지 마십시오. 저는 경건한 사람들이 종교적 목적을 가지고 집단으로 모인 것을 말하지 않습니다. 이는 그 자체로 **교회**와 공통점을 갖는 것이 아닙니다. 하늘의 비가시적 참된 교회는 반드시 지상 교회 안에 비춰지고 드러나야 합니다. 그렇지 않다면 하나의 연합체가 있을 뿐 교회가 아닙니다. 참된 교회는 그리스도의 몸이며, 그 몸의 지체들은 거듭난 사람들입니다. 그러므로 이 땅의 교회는 다름 아닌 **그리스도께 연합된 자들**로만 구성되는데, 그들은 그에게 복종하고, 그의 말씀으로 살고, 그의 규례들을 지킵니다. 따라서 교회는 **말씀**을 전파하고, **성례**를 집행하고, **권징**을 시행합니다. 모든 일이 **하나님의 면전**

에 서 있어야 합니다.

동시에 이는 이 땅의 교회 정치를 결정합니다. 이 통치는 하늘로부터, 그리스도에게서 나옵니다. **그는** 자신이 교회에 준 말씀을 통해, 그리고 교회 지체들 안에서 역사하는 성령을 통하여 자신의 교회를 다스리십니다. 더 나아가 신자들 사이에 계급은 있을 수 없습니다. 단지 섬기고, 인도하고, 규제하는 봉사자들이 있을 뿐입니다. 철저한 장로교회 정치가 있습니다. 그리스도께서 회중에게 부여한 권력은 회중으로부터 봉사자들에게 주어지고, 형제들이 회중을 섬깁니다. 그리스도의 왕직은 군주제이지만 이 땅의 교회 정치는 골수와 뼛속 깊이 민주적입니다. 그러므로 하나의 지역교회가 다른 교회에 대하여 통치권을 발휘할 수 없고, 모든 교회가 평등하기에 오직 **연합**을 통해서만 총회와 연결됩니다. 그러다 보면 교회의 구별이 발생하는데, 순수성의 차이로 인해 저절로 교회가 구별되기도 합니다. 교회가 계급적 사제직에 의해 보물을 나누어주는 은혜 기관이라면, 이 계급제도는 모든 나라와 국가에서 모든 교회 생활에 동일한 표식을 남길 것입니다. 하지만 교회가 **신자들의 모임**이라면, 교회가 신앙고백자들로 생겨난다면, 일차적으로 일치를 위한 연합에 의해 결합된다면, 삶의 변화는 당연히 교회의 영역에도 다양성을 초래할 것이며, 따라서 모든 공동체적 삶은 **반드시** 하나의 교회에서 다른 교회보다 더 순수하게 구현되어야 합니다. 칼빈주의 신학자들이 처음부터 이것을 선포했다고 제가 말하는 것은 아닙니다. 지배 욕구의 죄가 그들 가운데도 스며들었습니다. 하지만 이 죄된 성향은 젖혀 두고라도, 그들은 이론적으로 점점 더 각각의 교회에 그들의 이상을 지속적으로 요구했다는 것은 당연합니다. 그러나 이것은 그들이 교회를 계급이나 제도가 아니라 신앙고백자들로 여기고, 교회적 영역에서 자유의 원칙 자체를 출발점으로 삼았다는 사실의 커다란 중요성을 조금도 축소하지 않습니다. 결국 이 원칙으로 인해 연합을 통해 설립된 이 교회들 자체 외에 이 땅에서 지역교회들보다 높은 다른 권세는 없었습니다. 사람과 사람을 나누는 차이는 **반드시** 쐐기처럼 외적 교회의 통일성 가운데 침투해야만 했습니다. 국가적 특성과 도덕성의 차이, 성향과 정서적 삶의 차이, 심오함 혹은 피상성의 차이는 필연적으로 여기서는 이쪽, 저기서는 다른 쪽, 즉 단 하나의 동일한 진리의 이미지의 한 면만을 보다 더 편파적으로 바라보게 되었습니다. 그 결과 많은 교단과 교파가 생겼는데, 이 원칙으로 인해 교회적 삶은 일치되지 못하고 나누어졌습니다. 풍성하고 깊고 온전한 칼빈주의 고백에서 상당히 벗어나거나 심지어 여러 조항에서 칼빈주의와 적대적이 되었던 교단들조차, 그 교단들이 생겨난 것은 많은 점에서 사제주의의 후퇴와 "신자들의 모임"으로서의 교회를 인정하는 데서 생겨났습니다. 칼빈주의는 이 진리로 그 근본 사상을 선언했습니다. 그 결과 거룩하지 못한 많은 경쟁과 또한 때때로 잘못된 탈선조차 발생한 것은 당연한 일입니다. 이 다양한 교단들 사이의 씨름은 때때로 의심스럽지만, 3세기의 경험을 통해 칼빈주의 원칙의 실천에서 분리될 수 없는 이런 다양성은 로마교가 구원이라 여겨 추구했던 강제적 통일성보다 종교적인 삶의 번영을 훨씬 더 강하게 촉진했다는 것도 승거했습니다. 만일 교회적 사유의 원칙이 교회적 무관심으로 퇴화되지 않고, 여전히 골수까지 칼빈주의적인 교회가 자신의 원칙이 지닌 영예를 다른 이들에게 권장하는 사명을 버리지 않는다면, 미래에는 이 씨름으로부터 하나의 열매를 기대할 수 있습니다.

이쯤에서 하나의 요점을 소개해야 합니다. "신자들의 모임"으로서 교회에 대한 개념은 마치 신자들의 자녀들과는 상관없이 그들만 해당한다는 개념에 이를 수 있습니다. 하지만 이것은 결코 칼빈주의 교리가 아닙니다. 유아세례에 대한 칼빈주의적 고백은 다르게 가르칩니다. 함께 모인 신자들은 그들의 후손과의 자연적 유대를 끊지 않고, 이 유대를 거룩하게 구별하여 자기 자녀들을 교회에 데리고 가며, 만일 그 자녀들이 믿지 않는다면 성인이 되어서야 교회를 떠날 것입니다. 이것이 칼빈주의 **언약** 교리입니다. 이 중요한 신앙고백은 교회가 인류와 상관없이 존재하지 않고 오히려 이 인류의 거듭난 핵심을 포함하기에 인류의 자연적인 유기적 번식과 함께 나란히 간다는 것을 선언합니다.

언약과 교회는 동일하지 않습니다. 언약은 교회와 인류를 함께 묶고, 언약의 신실함 가운데서 교회와 우리 인류 사이의 연관성을 인친 것은 하나님 자신이십니다. 인류와의 연관성이 교회를 손상시키려는 순간, 징계가 이 언약을 거룩하게 보존합니다. 그러므로 칼빈주의 입장에서 국가교회는 있을 수 없습니다. 단 하나의 국민을 포함하는 국가 교회는 이교적 개념이며, 기껏해야 유대교적 사상입니다. 그리스도의 교회는 세계적입니다. 단일 국가가 아니라 전 세계가 교회의 영역입니다. 루터파 개혁이 군주들의 부추김을 받아 교회를 국가화하고, 개혁파 교회 역시 이로 인해 유혹을 받았을 때, 사람들은 로마교의 세계교회 입장보다 더 높은 입장을 취하지 못했고, 오히려 **더 낮은** 입장으로 내려갔습니다. 도르트 회의, **그리고** 웨스트민스터 회의는 이 골치 아픈 자기비하에 대항하여 개혁 교회의 세계적 특성을 존중했습니다.

❖

지금까지 여러분에게 교회의 **본질**과 **현현 형식**을 간략하게 소개하였기에, 세 번째로 이 땅 위에 교회가 등장한 **목적**에 주목하기로 합시다. 여기서 저는 교회와 국가 사이의 분리를 언급하지 않을 것입니다. 그 주제는 다음 강연에서 다룰 것입니다. 지금은 교회가 지시하는 **목적**에 국한할 것입니다. 이 목적은 인간적으로 이기적인 것이 아니고 하늘나라를 위해 신자들을 준비하는 것입니다. 요람에서 죽은 거듭난 아이는 그 어떤 준비도 없이 천국에 들어갑니다. 성령께서 영생의 씨앗을 영혼에 심으신 반면, 성도의 견인은 영원한 구원의 확실성을 보증합니다. 하지만 교회는 **하나님을 위해** 존재합니다. 중생은 선택 받은 자가 자신의 영원한 운명을 확신하는네 충분하지만, 하나님께서 사람들 가운데 자신의 사역이 갖는 영광을 갖도록 하는 데는 충분하지 않습니다. 이 목적을 위해서는 중생 다음에 반드시 **회심**이 뒤따라야 하며, 교회는 말씀 선포를 통해 이 회심에 이르게 해야 합니다. 중생한 자에게서 불꽃이 서서히 타지만, 회심한 자에게 이르러 비로소 불길이 솟아오릅니다. 그리고 이 불길은 하늘에 계신 우리 아버지께서 영광을 받으시도록 세상이 반드시 보아야 할 빛입니다. 여러분의 회심과 선한 행위로 나타나는 성화는 예수께서 요구하시는 오직 고상한 성품을 드러내는 것인데, 이것은 주로 여러분 자신의 천국에 대한 보장이 아니라 여러분의 하나님의 영광을 드러내는 데 있습니다.

둘째, 여러분의 교회는 반드시 성도의 교제를 통해, 그리고 성례를 통해 이 불길을 강하게 밝히 비추어야 합니다. 동일한 촛대 위에 있는 한데 묶인 수백 개의 초가 촛불의 충만한 빛을 비추듯, 그렇게 신자의 교제 역시 많은 작은 빛들을 한데 모아 하나의 빛이 다른 빛을 더 밝게 비추고 그리스도께서 일곱 촛대 사이에 거니시도록 해야 합니다[계 2:1]. 이렇게 그리스도께서 일곱 촛대 사이를 거니시는 동안 개별 신자에게서 나오는 빛을 성례전적으로 밝게 비추십니다. 즉, 교회의 목적은 여러분에게 있지 않고 하나님의 이름의 영광에 있습니다. 이러한 목적에서 칼빈주의가 교회에서 하나님께 바쳐지기를 원하는 엄격한 영적 예배가 나옵니다. 심지어 불신 철학자인 폰 하르트만(Von Hartmann)조차 외적 비춤을 무시하고 오직 영혼의 영적 아름다움을 예배 가운데 드러나게 할 용기를 가질수록 예배가 더욱 종교적이 된다고 이해했습니다. 감각적 예배는 사람을 종교적으로 어루만지되, 오직 칼빈주의의 순수한 영적 예배만이 영과 진리로 드리는 순전한 경배를 목표로 합니다[요 4:24].

동일한 경향은 모든 칼빈주의 교회 생활에서 필수 요소인 교회 권징에서 드러나야 합니다. 권징은 결코 추문을 제거하거나 심지어 야생의 가지들을 일차적으로 잘라내기 위한 것도 아닙니다. 교회 권징의 목적은 **하나님의 언약을 거룩하게 보존하기 위해**, 그리고 하나님은 그 눈이 너무도 정결하여 악을 바라보지 못하신다[합 1:13]는 인상을 교회 밖 세상에도 깊이 새겨지도록 하는 데 있습니다.

마지막으로 오직 칼뱅만 이해했고 영예가 회복된 집사 제도가 가지고 있는 자비의 봉사를 봅시다. 로마교도, 그리스 정교회도, 루터교도, 감독교회도 집사 제도를 알지 못했습니다. 오직 칼빈주의만 집사 제도를 교회 생활에 필수적 요소로서 다시 영예의 자리로 회복했습니다. 이 집사 제도에서도 고상한 원칙이 지속되는데, 이는 구제하는 여러분이 아니라 그의 교회에서 오직 사람의 마음을 자선(慈善)으로 움직이시는 그분만 영화롭게 하려는 원칙입니다. 집사들은 **여러분의** 종들이 아니라 그리스도의 종들입니다. 여러분이 그들에게 위임하는 것은, 그분의 소유를 맡은 청지기로서 여러분이 그리스도께 돌려드리는 것이며, 그리스도의 가난한 자들에게 그분의 소유로서 그분의 이름으로 나누는 것입니다. 집사 혹은 구제하는 자에게만 감사하는 가난한 자는 스스로 집사 제도 안에서 신적 수여자이신 그리스도를 부인하며, **그리스도**께서 가난한 자들에게 단지 영혼만 아니라 육체의 필요까지, 즉 전인과 삶 전체를 위한 **위로자**이시며 하나님께서 그의 교회에 임명하신 구원자이심을 드러내고자 하시는 것을 부인하는 자입니다.

그래서 **교회**의 근본 사상은 칼빈주의에서 전적으로 **종교**의 근본 사상과 일치합니다. 모든 이기주의와 행복주의는 둘 다 마지막까지 배제됩니다. **종교**와 **교회**는 언제나 하나님을 위한 것이며, 사람을 위한 것이 **아닙니다**. 교회의 기원은 **하나님께** 있으며, 그 현현의 모습은 **하나님께로부터** 받았으며, **그 목적**은 처음부터 끝까지 **하나님께** 영광을 돌리는 것입니다.

✤

실제적인 삶을 위한 종교의 열매 혹은 **도덕적 문제**에서 칼빈주의가 취하는 입장은 마지막 세 번째 주요 부분인데, 이로써 **칼빈주의와 종교**에 대한 이 강연은 자연스럽게 그 정해진 종착지에 도달할 것입니다.

여기서 우리의 관심을 끄는 첫 번째 것은 사람들이 주장하는 도덕적 자극을 전적으로 무디게 한다는 고백과 도덕적 진지성 가운데 다른 모든 종교의 실천을 초월하는 실천적 삶 사이에서 발생하는 명백한 모순입니다. 반율법주의자와 청교도는 이 영역에서 가라지와 알곡처럼 섞여 있었습니다. 처음에 비쳐진 모든 것은 마치 반율법주의자가 논리적으로 신앙고백에서 나온 것처럼 보였고, 오직 청교도만 다행스런 불일치로 모든 것을 얼어붙게 만드는 예정론의 냉기에 대해 자신의 도덕적 진지한 온기를 보존할 수 있는 것처럼 보였습니다. 로마교와 루터파, 항론파와 방종파는 항상 칼빈주의를 비난했습니다. 칼빈주의가 성도의 견인을 절정으로 삼는 절대 예정을 확고하게 견지함으로써 필연적으로 실천에는 미약하고, 양심의 굴레에서 벗어나 방종한 행실을 만든다고 말입니다. 그러나 칼빈주의는 이런 비난에 대해 추론에 대한 맞대응의 추론이 **아니라** 거짓된 결론에 대해 세상에 잘 알려진 사실을 제기함으로써 조용하고 겸손하게 응답합니다. 칼빈주의는 다른 종교가 청교도주의에 대응하여 고상한 삶의 진지함을 위해 과연 무엇을 제시할 것인가라고 질문합니다. "은혜를 더하게 하려고 죄에 거하겠느뇨?"[롬 6:1]는 동일한 결론을 통해 이미 거룩한 사도를 비난했던 것이며, 16세기 하이델베르크 요리문답은 그 질문에 대해 반박했습니다. "이 교리가 부주의하고 불경한 사람을 만들지 않는가?"[9] 이 질문은 다름 아닌 동일한 중상을 반복적으로 표현했습니다. 확실히 내주하는 죄를 붙들고 심지어 소중히 여기기까지 하며, 결국 반율법주의조차 매번 칼빈주의 신앙고백을 방패로 삼아 그 뒤에 자신의 세상적 생각을 숨기고, 그럼으로써 자신의 육적인 욕구를 덮었습니다. 하지만 신앙고백을 추상적으로 반복하는 자들은 결코 종교와 그 어떤 연관도 없었던 것처럼, 칼빈주의 고백을 입으로만 복창하는 자들은 결코 진정한 칼빈주의자들이 아니었습니다. 오직 개인적으로 자기 영혼 속에 전능자의 위엄에 휩싸여 그의 영원한 사랑의 강력한 힘에 굴복하고, 하나님께 선택받았다는 믿음 안에서 위엄에 찬 사랑과 **범사**에 **그분**에게 감사한다는

---

9   역자주: 하이델베르크 요리문답 64문. 하에델베르크 요리문답(*Heidelberger Katechismus*)은 팔츠(Palts)의 개신교 선제후였던 프리드리히 3세(Friedrich III, 1515-1576)의 요청에 따라 카스파르 올레비아누스(Caspar Olevianus)와 자카리아스 우르시누스(Zacharias Ursnus) 등 다수의 신학자와 목회자들이 기독교의 기본 교리를 문답식으로 작성한 것으로 학교와 교회에서 가르치도록 의도되었고, 1년 52주 동안 모든 기독교 교리를 설교하도록 계획된 팀 프로젝트 결과물이다. 하이델베르크 요리문답은 웨스트민스터 소요리문답(*Westminster Shorter Catechism*, 1646-47)과 더불어 개혁주의 요리문답의 쌍벽을 이룬다.

것을 사탄과 세상, 그리고 자기 마음의 세상적 욕구에 대항하여 고백하기를 갈망하는 자만이 진정한 칼빈주의자입니다. 그런 사람은 하나님과 그의 말씀 앞에서 떨지 **않을 수** 없었으며, 주님을 경외하는 것을 자기 삶의 실천적 원칙으로 삼았습니다.

이런 이유로 사람들은 칼빈주의를 **율법주의적**이라 불렀고, 칼빈주의를 구원론적 종교들에서 분리했습니다. 그러나 이는 부당합니다. 율법주의란 누군가가 율법 성취를 통해 자신의 구원을 확신하고자 하는 것인 반면, 칼빈주의는 그리스도의 거룩한 인격과 그의 무한한 공로에서 비롯된 구원이 죄인에게 흐르게 한다는 차원에서 전적으로 구원론적입니다. 하지만 칼빈주의는 신자가 단지 그의 교회에서만 아니라 그의 개인, 가정, 사회와 국가 생활에서도 **하나님의 면전에 서게 만듭니다**. 하나님은 칼빈주의자의 인간 실존 전체에 깊은 인상을 남기십니다. 신자는 자신에게 상관없는 세상을 통과한다는 의미에서가 아니라 먼 길을 걸어가는 매 순간 종착점에서 기다리시는 위엄 가득한 하나님을 기억하며 살아간다는 의미에서 순례자입니다. 그가 영원으로 들어가는 입구의 문이 열리기 전에 마지막 심판이 기다립니다. 이 심판은 긴 순례길이 하나님의 규례의 요구를 따라 그리고 하나님을 추구하는 마음으로 이루어졌는지 확인하는 광범위하고 포괄적인 시험입니다.

이제 칼빈주의자에게 **하나님의 규례**를 믿는 것은 어떤 의미입니까? **모든** 생명이 먼저 하나님의 계획 속에 있었고, 그 다음에 하나님에 의해 실현되었으며, 그로 인해 모든 피조된 생명 안에는 그 생명을 위해 제정된 하나님의 법이 있다는 흔들리지 않는 내적 토대를 갖춘 확신과 다르지 않습니다. 여러분의 바깥 자연 속에 혹은 사람들이 오늘날 자연법칙이라고 부르는 삶의 규칙들 속에 생명은 없습니다. 자연법칙을 자연**에서 나오는** 법칙이 아니라 자연**을 위한** 법칙으로 이해한다면 우리가 수용할 수 있는 단어입니다. 그래서 위의 궁창에 대한 하늘의 규례가 있고, 이 땅이 유지되는 아래의 땅의 규례가 있습니다. 왜냐하면 시편 기자가 말하듯이 **이 규례들은 하나님의 종들이기 때문입니다.** 그러므로 이와 같이 또한 내 몸을 위한, 정맥을 통해 흐르는 피를 위한, 그리고 폐의 호흡을 위한 하나님의 규례도 있습니다. 이런 식으로 더 나아가 논리학에서 나의 사고를 위한 하나님의 규례가 있고, 미학의 영역에서 나의 상상에 대한 하나님의 규례가 있으며, 그리고 또한 **도덕적 영역**에서 모든 인간 삶을 위한 하나님의 규례가 있습니다. 이 규례는, 구체적인 것은 매번 내가 결정하도록 넘겨주는 몇몇 간략한 일반적인 계명들이 아닙니다. 마치 하나님의 규례가 가장 강력한 태양의 위치만 아니라 가장 작은 소행성의 궤도 역시 다스리듯, 하나님의 규례는 도덕적 영역에서도 가장 작고 특별한 부분까지 내려와 하나님의 뜻이 무엇인지 나에게 알려줍니다. 그리고 가장 강력한 문제와 겉보기에 가장 사소한 삶의 표현에서 나에게 촉구하는 하나님의 규례는, 법률책의 조항이나 내가 책에서 읽은 규칙이나 한 순간이라도 하나님 밖에서 권위와 견고함을 소유할 수 있다는 식으로 말하는 삶의 법전 같은 것이 아닙니다. 매 순간 우리의 삶을 규정하시고, 명령하시고, 도덕적 규칙으로 나에게 촉구하시는 편재하고 전능하신 하나님의 **변함없는 뜻**입니다. 칼빈주의자는 칸트(Kant)와 달리 **"너는 ~해야 한다"**(*Du sollst*)는 것에서 입법자에 대한 관념으로 추론하여 올라가지 않습니다. 그는 하나님 앞에 서 있고, 그의 전 실존으로 하나님을 **느끼기** 때문에 자연 속에서, 자신의 몸에서, 생각하고 행동하는 실재 속에서 매번 하나님으로부터 직접적으로 자신에게 다가오는 **"너는 ~해야 한다"**는 것을 듣습니다. 그가 그 규례를 따르는 것은 강압에 의해서가 아니요, 마치 흔들어 벗어버리고자 하는 멍에와 같은 것도 아니요, 미지의 나라에서 **안내자는** 길을 알지만 자신은 알지 못한다는 인식하에 그 **안내자를** 따르는 것만이 안전하다는 생각에서 따르는 것과 같습니다. 여러분의 숨이 가쁠 때 숨을 정상적으로 쉬고자 노력하여 숨이 고르게 될 때 안도감을 얻듯이, 신자 역시 자신의 도덕적 삶에서 매번 장애를 겪을 때마다 하나님의 규례와 계명에 따른 영적 호흡을 다시금 빨리 고르게 회복하고자 노력해야 합니다. 그제야 그는 다시 자유를 느끼고 앞으로 나아갈 수 있기 때문입니다. 그러므로 그는 일반 계명과 기독교 계명

사이의 차이를 알지 못합니다. 하나님이 처음에는 다르게, 그런데 지금은 그리스도 안에서 그것을 원했을 것이라고 상상해 보십시오. 마치 하나님이 창조부터 영원까지 하나의 동일한, 확고한, 도덕적 세계질서를 원하고 유지하셨던 영원자, 불변자가 아닌 것처럼 상상해 보십시오. 확실히 그리스도는 세계질서를 덮었던 죄의 먼지를 닦아내시어 다시금 그 본래의 청결한 세계질서를 우리 앞에 빛나게 하십니다. 그리스도는 이 세계질서 가운데 선언하는 하나님의 영원한 사랑을 다시금 우리 앞에 드러내셨습니다. 무엇보다도 그리스도는 우리가 이 세계질서 가운데 거닐도록 우리 능력을 강하게 하십니다. 하지만 이 세계질서 자체는 처음이나 나중이나 변함이 없습니다. 처음부터 존재했던 이 세계질서 자체는 마치 불신자에게 충분하지 않은 것처럼 단지 신자에게만 적용되는 것이 아니라, 모든 복잡한 인간관계 속에서 인간이라 불리는 모든 자에게 적용됩니다.

그러므로 칼빈주의는 마치 **우리가** 도덕적 삶을 창조하고 관찰하고 규제해 오기라도 했던 것처럼, 소위 **도덕적 삶**에 대해 철학적으로 생각하도록 놓아두지 않습니다. 칼빈주의는 그저 우리를 하나님의 엄위에 대한 감명과 그의 규례와 계명의 위엄 아래에 복종시킵니다. 따라서 칼빈주의자에게 모든 윤리적 연구는 시내산 율법에 기초합니다. 이는 마치 도덕적 세계질서가 당시에 생겨났거나 새롭게 생겨났던 것이 아니라 하나님이 사람을 창조하셨을 때 사람의 마음속에 쓰시고, 그가 회개할 때 다시 그 사람의 마음에 새기신 것을 존중하는 시내산 율법 속에 참된 표현이 담겨 있기 때문입니다. 그러므로 양심을 따르는 것은 각 사람이 개별적으로 자신 안에 품고 있는 개인적 입법자를 따르는 것과 같은 것이 아니라, 하나님이 친히 우리의 깊은 내면에서 자극하시고 그의 심판에 복종하도록 하는 직접적인 **신적 감각**을 따르는 것과 같습니다. 우리들은 윤리학을 교의학과 별도로 분리해서 도덕적인 삶을 **제 2의 어떤 것**으로 삼으려는 행태를 보이지만, 하나님은 우리를 하나님 면전에 세우는 종교을 통하여, 자신의 거룩한 뜻을 우리에게 관철하십니다. 사랑과 경배 자체는 모든 영적 활동의 동기이며, 따라서 삶 전체, 즉 가정과 사회에서, 학문과 예술에서, 개인 생활에서, 그리고 정치적 활동에서의 실체로서 하나님을 경외하는 것입니다. **모든** 일과 인생의 **모든** 선택에서 언제나 자신과 함께 하시고 돌보시는 하나님께 대한 깊은 경외심으로 다스림을 받는 구원 받은 자에게서 참된 칼빈주의자의 모습이 드러납니다. 언제나 그리고 모든 일에 인생의 안내자로서 언제나 현존하시는 하나님께 대한 가장 깊고 거룩한 경외심, 이것이 본래의 청교도의 모습입니다. 세상에 대한 기피는 결코 **그의** 표지가 아니라 재세례파의 슬로건이었습니다. "기피"(Mijdinghe)라는 재세례파 교의가 이것을 입증합니다. 이 재세례파 "성도들"은 그 교의의 외침에 따라 이원론적으로 세상과 대립합니다. 그들은 그 어떤 맹세도 거부하고, 그 어떤 병역의 의무도 회피하고, 모든 공직을 거절합니다. 옛 세상과 아무런 상관이 없는 새로운 세상이 여기서 이미 그들에게 주어졌습니다. 그들은 옛 세상에 대한 모든 의무, 모든 책임을 벗어던지고, 더러움과 오염에 대한 두려움에서 체계적으로 옛 세상을 회피했습니다. 하지만 칼빈주의자는 바로 이것을 논박하고 부인했습니다. 악한 세상과 선한 세상과 같은 서로 밀고 당기는 두 개의 세상이 존재하는 것이 아닙니다. 하나님이 의롭게 창조하였으나 나중에 타락하여 죄인이 된 하나의 동일한 인격이 있고, 거듭나서 영생에 들어가는 옛 죄인이 있습니다. 마찬가지로 한때 낙원을 누렸다가 그 이후 저주를 받고, 일반 은총을 통해 보존되고, 이제는 그리스도를 통해 구속되고 구원받았으며, 나중에 세상의 심판을 지나 영광의 상태에 이르는 하나의 동일한 세상이 있습니다. 바로 이런 이유 때문에 칼빈주의자는 교회 안에 갇혀 세상을 내버려 **둘 수** 없습니다. 오히려 칼빈주의자가 지닌 높은 소명은 이 세상을 하나님의 계획에 따라 최상으로 발전시키고 이 세상 가운데서 하나님을 높이기 위해 사람에게 존중할 만하고 사랑스럽고 칭찬받을 만한 모든 것을 행하는 것입니다. 그러므로 여러분은 역사에서, 이제 나의 선조들에 대해 말해도 된다면, 어떻게 칼빈주의자들이 네덜란드에서 거의 사반세기도 안되어 정착했는지, 삶의 소리가 사방으로 퍼지고, 인간 활동의 모든 영역에서 불굴의 에너지가 소용돌이치고, 그들의 해상운송과 무역, 수공예와 산업, 농업과 원예, 예술과 학문이 전례 없이 찬란하게 발전하고 서유럽 전체에 인간 삶의 전적인 새로운 발전을 위한 추진력을 제공했는지 목도하고 있습니다.

✤

오직 하나의 예외가 있음을 인정합니다. 제 의도는 이 예외를 바르게 비추고 주장하는 것입니다. 칼빈주의는 회개치 않은 세상과의 모든 **친밀한** 교제를 위험하지 않다고 보지 않았습니다. 칼빈주의는 특히 **카드놀이**, **극장구경**, 그리고 **춤**에 대해 결정적으로 결별함으로써 세상의 불경한 영향에 대해 요새를 세웠습니다. 저는 이 세 가지 삶의 표현들을 다루는데, 먼저 각각의 개별적 의미를 평가하고 그 다음에 통합된 결과를 다루고자 합니다.

카드놀이는 칼빈주의 편에서 금지되어 왔습니다. 이는 모든 놀이가 금지되었다거나 카드 안에 악마적인 어떤 것이 숨어 있기 때문이 아니라, 카드놀이가 하나님을 떠나 **행운**을 신뢰하는 위험한 성향을 조장하기 때문입니다. 오로지 날카로운 눈, 재빠른 행동과 능숙한 연습을 통해서만 결과가 결정되는 놀이는 고상한 것으로 여겨집니다. 하지만 카드가 주로 어떻게 놓여있고 어떻게 돌아가며 나누어지는지에 대한 질문을 통해 통제받는 카드놀이와 같은 놀이는 하나님 밖에 있는 우연이나 행운이라 불리는 하나의 힘을 믿도록 조장합니다. 이런 미신에 빠지는 경향은 이제 모든 죄인의 본성입니다. 도박의 열기는 변덕스런 운이 우리에게 영향을 끼쳐 도박의 매력이 얼마나 강한 것인지를 날마다 보여줍니다. 그래서 칼빈주의자는 **이런** 경향에 대해 다음 세대가 반드시 무장해야 하며, 정확히 이와 반대로 카드놀이를 통해 그 악한 경향이 조장될 수 있다고 판단했습니다. 이제 참된 칼빈주의자는 하나님의 임재와 지속적인 교제 속에 삶의 강렬한 진지성과 고상한 생명력이 흘러나오는 원천을 발견했기에 하나님의 계획보다 행운, 확고한 신앙보다 우연을 갈망하는 것을 중요시하는 놀이를 혐오했습니다. 하나님을 두려워하는 것과 행운을 추구하는 것은 그에게 물과 불처럼 비쳐졌습니다.

극장구경에 대해서는 또 다른 반대가 제기되었습니다. 허구 안에 그 자체로 죄악된 것은 전혀 없습니다. 상상력 또한 하나님의 선물입니다. 연극적 상상력에도 악한 것이 없습니다. 밀턴(Milton)이 셰익스피어(Shakespeare)를 그렇게도 높이 칭찬하지 않았습니까? 그 자신이 희곡 형태로 글을 쓰지 않았습니까? 심지어 그와 같은 대중적 연극 상연 자체에도 악은 전적으로 숨어 있지 않았습니다. 칼뱅 시대 제네바에서 대중적 상연이 시장에서 모든 시민들 앞에서 펼쳐졌습니다. 여기서 기분을 상하게 했던 것은 희극이나 비극, 오페라나 짧은 오페라 자체가 아니었습니다. 그것은 관객을 즐겁게 하려고 남녀 배우에게 요구되었던 **부당한 희생**이었습니다. 특히 당시 연극단은 대체적으로 낮은 도덕적 관념을 지닌 단체였습니다. 부분적으로는 항상 다른 인물로 등장하여 연기해야 했기에 자신의 모든 인격을 발전시키기에 불가능했습니다. 또 다른 부분에서는 그리스인들과 전혀 다르게 여성도 무대에 설 수 있었기 때문에 극장의 재정적 번창은 여성에게 요구되는 가장 거룩해야 할 것, 여성의 명예와 미덕을 상실하는 것과 흥망성쇠를 같이 했습니다. 확실히 엄격한 희극도 생각할 수 있지만, 몇몇 매우 큰 도시들을 제외하면, 그런 극단은 재정적으로 살아남을 수 없었습니다. 그리고 실제적인 형편은 세상 전체를 고려할 때, 최근에 홀 케인(Hall Cayne)이 자신의 『그리스도인』(The Christian)에서 확언했듯이, 극장의 수입은 연극 단체가 도덕적 의미를 덜 고려했을 때 훨씬 더 많이 증가했습니다. 그러므로 극장이 번창하기 위해 인격저하와 도덕적 고상함을 저버리는 등 수많은 희생이 요구되었다고 대체적으로 언급할 수 있습니다. 하나님을 위해 인간 속에 있는 모든 인간적인 것을 존중한 칼빈주의자는 그런 희생을 대가로 눈과 귀의 쾌락 구매를 곧바로 심판했습니다.

마지막으로 **춤**과 관련하여 피가로(Le Figaro)와 같은 세속적인 신문들도 칼빈주의자가 정당하다고 판단합니다. 이 신문은 최근에 한 아버지가 자기 딸을 처음으로 무도장으로 데리고 갔을 때 느꼈던 도덕적 아픔에 대해 기사로 썼습니다. 이 도덕적 아픔은 이 집단에서 그 어투와 눈빛과 행동을 아는 사람이라면 그 누구에게도 비밀이 아니었습니다. 그러므로 여기서도 칼빈주의자는 춤 자체를 반대하는 것이 아니라 오로지 춤 속에 부어진 죄와 춤이 유혹하는 죄를 반대합니다.

이런 맥락에서 저는 앞서 말했던 요새로 돌아가고자 합니다. 우리 선조들은 세상이 거의 광적으로 사랑한 것으로 비친 춤, 놀이, 그리고 희극이 바로 어떤 것이었는지 잘 파악했습니다. 그것은 세상 사람들의 영역에서 삶의 부차적인 것이 아니라 주된 것으로 여겨졌습니다. 그리고 이 세 가지 영광스런 것들을 공격하고자 갈구하는 자는 가장 쓰라린 비난과 가장 격렬한 괴롭힘을 당했습니다. 바로 이런 이유로 그들은 사실상 어떻게 이 세 가지 안에 건널 수 없는 루비콘 강이 놓여 있는지, 혹은 인생의 게임을 위해 진지한 삶을 내려놓고 감각적 쾌락을 위해 하나님께 대한 경외를 포기하는지 고백했습니다.

그래서 이제 질문한다면, 그 결과가 그들의 용감한 저항을 영예롭게 하지 않았습니까? 이제 3세기가 지난 후 저의 조국에서 세상의 감각이 침투하지 못하고, 삶이 외부에서 내부로 회복되고, 거룩한 집중 덕택에 다른 모든 집단이 우리를 질투하는 더 높은 것에 대한 감각과 거룩한 것에 대한 에너지가 촉진된 전반적인 삶의 영역들을 가리킬 수 있습니다. 그 영역들에서 나비의 날개는 손상되지 않고 보존되었을 뿐만 아니라, 이 날개 위에서 금가루가 여전히 끊임없이 찬란하게 빛납니다.

이제 저는 여러분이 이것을 확인해 볼 것을 정중하게 요청합니다. 우리 시대는 도덕적 문제들과 도덕적 삶에 대한 많은 글들의 홍수 속에서 칼뱅의 시대를 훨씬 뛰어 넘습니다. 철학자들과 신학자들은 우리를 위해 도덕적 영역에서, 여러분이 원하는 대로 표현한다면, 길을 표시하든 길을 잃게 하든 서로 경쟁합니다. 하지만 그들이 할 수 **없었던 것**은 충격을 받은 양심에 **도덕적 확고함**을 다시 주는 것입니다. 오히려 도덕적 건물의 모든 토대가 점점 더 무너지고, 결국 많은 대중이 도덕적 미래를 위한 흔들리지 않는 확고함을 제공한다고 느끼는 그 어떤 확고함도 남지 않는다는 것을 불평해야 합니다. 강자의 권리가 옹호되고, 소유는 도둑질이라고 일컬어지며, 자유로운 연애가 선포되고, 정직은 조롱을 당하고, 범신론자는 예수와 네로를 동일 선상에 두려고 애씁니다.

이제 이 모든 것을 칼빈주의가 3세기에 걸쳐 획득한 놀라운 결과와 비교해 보십시오. 칼빈주의는 세상이 윤리적 철학이 아닌 오직 부드러운 양심의 회복을 통해서만 구원받을 수 있다는 것을 깨달았습니다. 그러므로 칼빈주의는 추론하지 않고 영혼을 붙잡아 전능자의 얼굴 앞에 대면하게 했습니다. 그래서 마음은 다시 그분의 거룩한 위엄 앞에 떨었고, 그 위엄 가운데 그분의 영광스런 사랑을 발견했습니다.

그래서 여러분이 역사로 되돌아갈 때, 여러분은 칼빈주의가 당시에 세상이 얼마나 부패했다고 보았는지, 당시에 모든 나라에서 궁정과 평민, 성직자들과 학문의 지도자들, 남자와 여자, 사회의 높은 계층과 낮은 계층의 도덕적 삶이 얼마나 깊은 나락으로 떨어졌는지 볼 것입니다. 그리고 여러분은 칼빈주의가 어떻게 한 세대에 다섯 나라에서 동시에 지금까지 고상한 개념과 자제력에서 능가할 수 없는 넓은 도덕적 삶의 영역을 창조했는지 볼 것입니다. 여러분 가운데 그 누가 최소한 도덕적 영역에서 칼빈주의가 승리의 종려가지를 흔들었다는 것을 감히 부인하겠습니까?[10]

---

10 **종교**(*Religie*)에 대한 이 강연에서 **예배**(*Godsdienst*)가 언급되지 않은 것은 의도적인 것이었다. "예배"(*Godsdienst*)는 경배와 실제에서 하나님을 섬기는 것이다. "종교"(*Religie*)는 우리 선조들이 하나님과 인간 피조물 사이의 의식적인 관계를 표현하기 위해 사용했던 단어이다.

칼빈주의와 정치

HET CALVINISME

세 번째 강연

칼빈주의와 정치

저의 세 번째 강연은 **종교**의 영역을 떠나 **국가**의 영역으로 넘어갑니다. 거룩한 영역에서 세속적 삶의 넓은 들판으로 들어가는 첫 번째 이동입니다. 칼빈주의가 그저 **교회적**, **교의적** 운동만을 대표했던 것처럼 여기는 오해에 대한 원리적이고 실제적인 논박부터 살펴봅시다. 칼빈주의의 종교적 운동력은 정치적 사회의 밑바탕에까지도 자신의 근본사상을 깔아 놓았습니다. 이는 칼빈주의가 그저 몇몇 가지를 잘라내고 줄기를 정리한 정도가 아니라, 삶의 뿌리 자체까지 이르렀기 때문입니다. 이는 당연한 일인데, 자고로 특정 종교관에 근거를 두지 않은 그 어떤 정치적 체계도 주도권을 잡은 적이 없었음을 아는 사람에게는 이것은 너무도 분명한 사실입니다. 그리고 칼빈주의와 관련하여 이것이 **그러했다**는 것은 정치적 자유를 누리는 네덜란드, 영국, 그리고 미국이라는 세 곳의 역사적 국가에서 가시적으로 드러난 정치적 전환에서 입증됩니다. 그래서 모든 역사 전문가들 역시 밴크로프트(G. Bancroft, 1800-1891)의 말에 전적으로 동의합니다. "칼빈주의를 열렬히 추종했던 자는 자유의 열광자였다. 왜냐하면 자유를 위한 도덕적 전쟁에서 그의 신조는 전투에서 그의 군대와 가장 신실한 동맹군의 일부였기 때문이었다."[1] 그래서 흐룬 판 프린스터러(G. Groen van Prinsterer, 1801-1876)는 다음과 같이 말했습니다. "우리의 헌법적 자유의 기원과 보증은 칼빈주의 안에 놓여있다."[2]

칼빈주의가 헌법을 처음에는 서유럽, 나중에는 두 대륙, 그리고 지금은 점점 더 모든 문명국가에서 새로운 길로 이끌었다

---

[1] George Bancroft, *History of the United States from the Discovery of the United States*, 15th ed. (Boston, 1853), I, 464. Dip.: 열렬한 칼빈주의자는 동시에 자유를 위한 열광적 전사였다. 왜냐하면 민족들의 해방을 위한 도덕적 투쟁에서 그의 **신앙고백**은 전쟁터에서 그의 군대와 그가 가장 신뢰하는 연합군의 일부와도 같은 것이었기 때문이었다.

[2] 역자주: 카이퍼는 이미 1874년에 *Het Calvinisme: Oorsprong en waarborg onzer constitutioneele vrijheden. Een Nederlandsche gedachte* (Amsterdam: B. van der Land, 1874)라는 주제로 강연했다.

는 사실은, 일반 대중은 아직 인정하지 않지만 모든 학문적 연구에서는 인정받고 있습니다. 하지만 제가 제시했던 목적을 위해 이 중대한 사실의 관찰만으로는 충분하지 않습니다. 확신을 불러일으키고 장차 우리의 합법적 발전에 칼빈주의의 영향을 활력 있게 하기 위해서는 칼빈주의가 어떤 정치적 근본사상을 소개했으며, 이 정치적 개념이 어떤 방식으로 칼빈주의의 종교적 뿌리와 연관되는지 반드시 드러나야 합니다. 칼빈주의의 근본원리는 가시적이거나 비가시적인 모든 피조된 생명에 대한 삼위일체 하나님의 절대주권입니다. 그러므로 이 땅에는 **파생된 주권** 외에 다른 것은 없습니다. 이 주권은 삼중적인데, 국가, 사회, 그리고 교회에서의 주권입니다. 저는 여기서 이 세 가지 **파생된** 주권을 차례로 살피면서 논거를 제시하겠습니다. (1) **국가의 주권**, (2) **국민들의 삶의 영역에 있는** 주권, 그리고 (3) **지상에 있는 그리스도의 교회의** 주권.

❖

첫째, 사람들이 **국가**라고 일컫는 정치 영역에서의 주권을 살펴봅시다. 국가를 형성하려는 본능은 인간의 정치적 본성에서 나온다는 사실을 반드시 인정해야 합니다. 그래서 아리스토텔레스(Aristoteles, 384-322 BC)는 이미 인간은 '정치적 동물'(ζωον πολιτικον)이라고 불렀습니다. 하나님은 인간을 따로 떨어진, 서로 나란히

서 있는, 상호 접촉하지 않는 개인들로 창조하셨을 수도 있었습니다. 아담이 따로 떨어져 창조되었던 것처럼, 두 번째, 세 번째, 그리고 그 다음에 각 사람이 고유한 권리를 갖고 존재할 수도 있었을 것입니다. 하지만 그런 식으로 창조하지 않았습니다. 사람은 사람에게서 태어났으며, 이 출생으로 인해 유기적으로 인류 전체와 연관됩니다. 수백만으로 나뉜다 할지라도 우리는 함께 하나의 인류를 형성합니다. 지금 살아있는 자만 아니라 우리 뒤에 있거나 다음에 다가올 모든 세대와도 함께 한 인류를 형성합니다. 인류 전체는 한 핏줄에서 나옵니다. 그러나 땅을 대륙으로 나누고, 대륙을 다시 작은 조각으로 나누는 국가의 개념은 이런 생각과 조화를 이루지 못합니다. 그래서 우리 세대의 유기적 통일체는 단 하나의 왕국이 세상 전체를 포함할 때, 그리고 이 단 하나의 세상 왕국에서 인류 전체가 유기적으로 함께 살아갈 때 비로소 완전하게 실현될 것입니다.

죄가 없었다면 이것은 실현되었을지도 모릅니다. 만일 죄가 그 해체하는 힘으로 인류를 여럿으로 나누지 않았다면, 그 어떤 것도 인류의 통일성을 방해하거나 깨트리지 않았을 것입니다. 알렉산더, 아우구스투스 그리고 나폴레옹 같은 사람들의 실수는, 그들이 단 하나의 세상 왕국에 대한 꿈에 매료되었던 것이 아니라 그들이 이런 사상을 죄로 망가진 세상에 구현하기를 원했던 것에 있습니다. 마찬가지로, 사회민주주의 정책의 국제적, 세계적 노력이 연합 사상을 기반으로 하나의 이상(理想)을 드높이고 있는데, 비록 그들이 실현하고자 하는 높고 거룩한 이상이 악한 이 세상에서는 헛된 노력임을 알면서도 그 이상만큼은 우리에게 매력적입니다. 심지어 정부와 함께 사람 사이의 모든 기계적 연결을 폐지하고 새로운 유기적 연결을 자연스런 것으로 받아들이려는 무정부 상태조차도, 잃어버린 낙원으로 되돌아가자는 것이었습니다. 왜냐하면 죄만 없었다면 사실상 행정관도 국가 질서도 없었을 것이며, 가족 단위의 삶 전체는 가부장적으로 서로 연결되었기 때문입니다. 죄가 없는 곳에서는 그 어떤 법정, 경찰, 군대, 해군도 생각할 수 없고, 마찬가지로 모든 규정과 규례와 법률도 사라질 것입니다. 삶이 자신의 본능으로부터 방해받지 않고 정상적으로 발전한 곳에는 그와 마찬가지로 모든 통제와 행정적 개입 역시 사라질 것입니다. 깨진 곳이 없는데 누가 붕대를 감겠습니까? 빨리 달릴 수 있는데 누가 목발을 집겠습니까? 모든 국가의 형성, 모든 정부의 등장, 삶의 질서와 평안한 삶을 보장하는 모든 기계적, 강압적 수단은 언제나 자연스럽지 **못한** 것이며, 우리 본성의 깊은 특성이 저항하는 어떤 것입니다. 바로 이런 이유 때문에 권세자들은 끔찍할 정도로 권세를 오용하고, 수많은 대중들은 오만하여 반란을 일으키는 계기가 되었습니다. 여기서 **권위**와 **자유** 사이의 매우 길고도 오랜 다툼이 발생했습니다. 그리고 권위가 아주 쉽게 폭정의 권위로 변질

될 때 그 권위를 통제하는 것이 하나님의 정하신 수단임을 증명한 것은 자유를 향한 천성적인 갈망이었습니다.

그러므로 한편으로 국가생활의 성격과 정부의 등장, 다른 한편으로는 자유를 위한 경계석을 세우는 권리와 의무에 대한 모든 올바른 통찰은, 바로 칼빈주의가 이런 맥락에서 원초적 진리로 전면에 내세운 것에 근거합니다. 즉, 하나님이 **죄 때문에** 정부를 제정하셨다는 것입니다. 국가 생활의 밝은 면과 **어두운 면** 모두가 이 한 가지 사상에 담겨 있습니다. 국가 생활의 어두운 면으로서, 인위적으로 형성된 국가들이 존재할 필요가 없었기 때문에, 오직 단 하나의 세계왕국이 있어야 했습니다. 정부는 기계적으로 다스리기에 사실상 우리의 본성에 속하지 않습니다. 그리고 정부의 권위 역시 악한 인간에 의해 행사되고, 따라서 온갖 통치욕구에 물든 의도들에 시달립니다. 하지만 또한 국가 생활의 **밝은 면**으로서, 국가들로 나뉘지 않고, 법과 정부가 없고, 규제하는 권위 없이 사는 악한 인류가 오늘날 이 땅 위에 지옥을 초래하기 때문에, 하나님이 야수화된 첫 번째 세대를 홍수로 심판하셨을 때 이 땅에 존재했던 것이 반복됩니다. 그러므로 칼빈주의는 자신의 **죄**에 대한 심오한 개념으로 국가 생활의 참된 뿌리를 드러내었고, 동시에 우리에게 두 가지를 각인시켰습니다. 첫째, 국가 생활과 정부는 없어서는 안 될 구원의 수단으로 감사하게도 하나님께서 우리에게 친히 주신 것이다. 둘째, 그러나 우리는 우리의 자연적 본성에 힘입어 국가 권력 안에 내재된 위험성을 우리들 각자의 자유를 위해서 지속적으로 주의해야만 한다.

그러나 칼빈주의는 더 많은 것을 했습니다. 어둠의 깊이가 빛과의 대조가 아니고서는 이해될 수 없는 것처럼, 죄의 깊이 역시 이 점에 있어서 모든 나라와 백성을 하나님의 얼굴빛 앞에 세우지 않고서는 깨달을 수 없습니다. 여기서도 하나님이 단지 위험에 빠진 백성을 돕기 위해 오신 것처럼 **백성**이 결코 주된 것이될 수 없었습니다. 반대로 하나님은 그 위엄 가운데 모든 민족의 눈앞에 찬란하게 빛나시며, 저울에 달린 모든 민족은 그에게 아무것도 아닌 것처럼 여겨졌습니다. 하나님은 땅 끝에서부터 나라와 민족을 자신의 높은 심판대 앞에 소환하십니다. 그들은 하나님 덕분에 존재합니다. 그들은 그분의 소유입니다. 그러므로 이 모든 나라와 그들 안에서 인류 전체는 하나님의 영광을 위해 존재해야 합니다. 그분의 규례를 따라 살 때 비로소 **복을 누리기** 때문에, 그분의 규례에 따라 하나님의 신적 지혜가 빛나도록 해야 합니다. 인류가 죄로 인해 많은 나라로 나뉘고, 죄가 이 나라들의 품속에서 분열시키고 찢고 온갖 수치와 불의를 휘저을 때, 하나님의 영광은 이런 끔직스런 일들이 억제되고, 혼란 가운데서 질서가 회복되고, 인간 사회를 가능하도록 만들 강제력을 갖는 외부에 있는 권세의 등장을 요구합니다. 오직 하나님 한 분만이 이를 위한 권리를 가지십니다. 그 어떤 사람도 다른 사람을 지배할 권리를 갖지 못합니다. 만일 그렇게 권리를 가져야 한다면, 그것은 즉시 **가장 강한 자의 권리**가 될 것입니다. 호랑이가 정글에서 저항할 힘이 없는 사슴을 지배하듯이, 바로는 나일 강 둑에서 이집트 농부들의 조상들을 지배했습니다. 또한 그 어떤 인간 집단도 고유한 권리로 합의를 통해 당신을 다른 사람에게 복종하도록 강요할 수 없습니다. 수백 년 전에 나의 조상 가운데 한 사람이 그 당시 다른 사람과 정치적 조약을 맺었다는 사실이 어떻게 개인을 묶을 수 있겠습니까? 사람으로서 개인은 각 사람에 대해 담대하고도 자유롭게 존재합니다. 저는 가족에 대해 말하지 않습니다. 왜냐하면 가족 관계에서는 자연적 유대가 지배하지만, 국가 영역에서는 저와 같은 사람에게 굴복하거나 절하지 않습니다. 사람을 다스리는 권위는 사람에게서 **나올 수 없습니다.** 또한 소수를 다스리는 다수에게서도 나올 수 없습니다. 역사는 거의 모든 페이지에서 다름 아닌 **소수**가 옳았다는 것을 보여주지 않습니까? 그러므로 오직 **죄로 인해** 정부의 권위가 등장할 필요가 생겼다는 칼빈주의의 첫 번째 명제에 다음과 같은 두 번째 명제가 덧붙여집니다. 이 두 번째 명제 역시 중요합니다. **이 땅의 모든 정부의 권위는 오직 하나님의 주권으로부터 흘러 나옵니다.**

하나님이 **"순종하라"**고 저에게 말씀하실 때, 이 말씀이 인간으로서의 제 개인 명예를 손상시킨다고 생각지 않기에 저는 진실로 경건하게 깊이 머리를 숙입니다. 여러분이 그 생기가 코에 있는 인간에게 절함으로써 자신을 낮춘다면 그것은 굴욕이겠지만, 하늘과 땅의 주님의 권위에 순복한다면 그것은 자신을 높이는 것입니다. 그래서 "나로 말미암아 왕들이 치리하며"[잠 8:15]라는 성경 말씀은 지속되며, "권세는 하나님으로부터 나지 않음이 없나니 모든 권세는 다 하나님께서 정하신 바라 그러므로 권세를 거스르는 자는 하나님의 명을 거스름이니"[롬 13:1-2]라는 사도의 말씀 역시 그러합니다. 정부는 방종과 불법을 방지하고 악에 대하여 선을 보호하기 위한 일반 은총의 수단입니다. 실제로 정부는 더 많은 일을 합니다. 정부는 이 모든 일에 있어서 인간 창조라는 하나님의 예술 작품이 전적으로 파괴되지 않도록 보존하기 위해 하나님이 **자신의 종**으로 세우신 것입니다. 이는 하나님의 규례이며, 하나님의 요구이며, 하나님의 공의이며, 최고의 예술가와 건축가이신 하나님의 영광입니다. 하지만 이것은 죄로 인해 공격을 당했습니다. 그래서 이제 하나님은 죄의 관영(貫盈)에 대해 **자신의** 공의를 유지하고자 행정관들을 제정하셨고, 이를 위해 정부에게 심지어 생명과 사망에 관한 엄청난 권한까지 주셨습니다. 그러므로 제국과 공화국, 도시와 국가의 **모든** 정부는 "하나님의 은혜로" 다스립니다. 그러므로 정의는 **거룩한** 성격을 지닙니다. 그러므로 우리 각 사람은 징벌만 아니라 양심을 위해서도 정부에 순종해야 합니다.

칼뱅은 명백하게 설명했습니다. 정부가 **어떻게** 세워졌고 어떤 형태로 등장하는가의 문제는 이와 같은 정부 권위의 본질을 조금도 변경시키지 않습니다. 칼뱅 스스로는 공화정을 선호했으며, 마치 군주제가 하나님이 원하셨던 유일한 통치형태인 것처럼 생각한다면 그것을 좋아하지는 않았을 것임을 충분히 알 수 있습니다. 죄가 없는 상태에서는 군주정이 그럴 수 있었을 것입니다. 결국 하나님 자신이 만물의 유일한 왕으로 남으실 것이며, 언젠가 하나님은 다시 모든 것 가운데 모든 것 되시며, 다가올 영광 가운데 회복시키실 것입니다. 하나님 자신의 직접적인 통치는 절대 **군주정**인데, 단일신론자들은 절대 군주정에 대한 반론을 용납하지 않습니다. 그러나 칼뱅은 오늘날 죄로 인해 우리 삶 가운데 들어온 기계적 권위의 제정에 대해 – 다름 아닌 죄와 함께 수반되는 위험 때문에 ("지략이 많으면 평안을 누리느니라"[잠 11:14]에 호소하여) 많은 사람이 권한을 나눠갖는 공화정을 원칙적으로 선호했습니다. 하지만 칼뱅의 체계에서 이것은 단지 실제적 탁월성에 대한 정도의 차이이지 결코 정부의 본질을 결정짓는 원리적 구별은 아닙니다. 군주정, 귀족정, 그리고 민주정 각각에서 모든 것을 지배하는 근본원리가 변함없이 확고하다면, 이 세 가지 모두는 칼뱅이 생각했던 것일 수 있고 사용 가능한 형태였습니다. 근본원리는 인간을 다스리는 권위가 **하나님의 은혜**로 주어지지 않는다면, 이 권위는 이 땅의 그 누구에게도 속하지 않는다는 것입니다. 그래서 사람이 아니라 하나님 자신이 우리에게 순종의 의무를 부가시키십니다.

칼뱅에 의하면, 하나님께로부터 정부의 권위를 입게 될 사람들에 대한 임명이 어떻게 발생하는지에 대한 질문에 모든 나라와 모든 시대에 동일한 방식으로 응답할 수는 없습니다. 그럼에도 불구하고 그는 주저하지 않고, 이상적으로 존재하는 가장 바람직한 상태는 **국민이 자기 자신의 정부를 선택할 때**라고 선언했습니다.[3] 칼뱅은 다름 아닌 여러분의 헌법 전문에 한 번 이상 "우리 자신의 행정관을 선택할 수 있는 힘을 우리에게 주신 전능하신 하나님께 감사하며"라고 표현된 것처럼, 국민이 이런 상태를 감사한 마음으로 하나님의 호의로 인정해야 한다고 생각했습니다.[4] 그러므로 칼뱅은 자신의 사무엘서 주석에서 그와 같은 백성들에게 외쳤습니다. "하나님이 여러분 자신의 정부를 선택할 자유를 주신 백성들이여, 여러분이 악한 자들과 하나님의 원수들을 가장 존귀한 자리에 선출하여서 이 호의를 상실하지

---

3 Calvin, *Opera*. Ed. Schippers, Tom. I, 321.

4 전능하신 하나님께 감사하는 바 그분이 우리에게 우리 자신의 정부를 선택할 수 있는 권세를 주셨다는 사실이다.

않도록 주의하십시오."⁵ 제가 여기에 덧붙이는 것은, 다른 규칙이 존재하지 않거나 기존 규칙이 사라진 곳에서 국민에 의한 이런 선택이 스스로 발생한다는 사실입니다. 정복이나 폭력이 아닌 방식으로 새로운 국가들이 설립될 때, 첫 번째 권위는 백성들의 선택에 의해 지속적으로 확립되었습니다. 그리고 또한 상속권 조정 없이 왕족이 소멸되었다든지 폭력적 반전(反轉)의 결과로 높은 권위가 상실된 때에도 국민들은 자신의 대표자들을 통해 지속적으로 그 권위를 회복하고자 했습니다. 그러나 마찬가지로 단호하게 칼뱅은 하나님이 전능하시어 자신의 섭리 가운데 한 백성이 가장 바람직한 상태에 적합하지 않거나 자신의 죄로 인해 그 상태를 상실했을 때, 그 백성에게서 이런 가장 바람직한 상태를 빼앗으시거나 처음부터 주지 않으신다고 강조합니다. 그래서 한 민족의 역사적 전개는 권위가 다른 어떤 방식으로 수여되었는지 자연스럽게 지시합니다. 그러므로 이 권위의 수여는 세습 군주제처럼 상속권에서 흘러나올 수 있습니다. 빌라도가 가이사에 의해 예수에 대해 "위로부터 주어진"[요 19:11] 권세를 가졌던 것처럼, 그것은 오랜 전쟁의 결과일 수도 있습니다. 그것은 고대 독일 제국처럼 선제후들로부터 나올 수 있습니다. 그

---

5   Calvin, *Comm.* in I Lib. Sam. c. II. 27-30.

것은 옛날 네덜란드 공화국처럼 지역 주(州)들에 기초할 수 있습니다. 간단히 말해 그것은 온갖 형태를 취할 수 있는데, 왜냐하면 민족들의 발전 정도는 끝없이 차이나기 때문입니다. 미국과 같은 정부 형태는 중국에서 단 하루도 존재할 수 없을 것입니다. 러시아 국민은 심지어 모든 헌법적 정부 형태에도 아직 적합하지 않습니다. 아프리카의 카페르(Kaffer)족과 호텐토트(Hottentot)족 가운데 심지어 러시아에 존재하는 것과 같은 정권은 상상할 수 없을 것입니다. 이제 하나님께서 자신의 섭리의 은밀한 경륜을 통하여 이 모든 것을 요구하시고 결정하십니다. 높은 권위가 어떤 방식으로 수여되었든지 간에 그 권위 자체는 신적 기원을 지니며, 하나님의 주권을 인정하는 자에게 수여됩니다.

그러므로 이것은 결코 **신정**(神政, *theocratie*)이 아닙니다. 신정은 오로지 이스라엘에게만 해당됩니다. 하나님은 이스라엘에서 **우림과 둠밈**으로, 그리고 **예언**으로, 자신의 구원하는 이적들과 심판들로 직접 개입하셨고, 친히 자기 백성의 사법권과 지도권을 자기 손에 쥐셨습니다. 그에 반하여 하나님의 주권에 대한 칼빈주의의 고백이 의미하는 바는, 온 세상에 적용되고, **모든** 민족에게 발생하고, 사람이 사람에 대해 발휘하는 **모든** 권위에 유효하며, 심지어 자녀들에 대한 부모의 권위에서도 유효합니다. 정치적 신조는 이 세 가지 근본 명제로 간략히 요약됩니다. (1) 결코 그 어떤 피조물도 아닌 오직 하나님만 민족들에 대한 주권적 권리를 갖고 계시는데, 왜냐하면 하나님 한 분만 나라들을 창조하셨고, 자신의 전능한 능력으로 보존하시고, 자신의 규례를 통해 다스리시기 때문이다. (2) 죄는 정치 영역에서 하나님의 직접적인 통치를 파괴했고, 따라서 기계적 도움의 수단으로서 정부 권위의 행사가 사람들 가운데 설립되었다. (3) 이 정부 권위가 어떤 형태로 등장하든, 하나님의 위엄으로부터 그에게 내려온 권위에 의하지 않고는 한 사람이 다른 사람을 지배하는 권세를 결코 가질 수 없다.

✤

이제 이 칼빈주의 신앙고백에 반대하는 두 종류의 다른 이론을 보겠습니다. 1789년 파리에서 반유신론적으로 선포되었던 **국민주권** 이론과, 독일의 역사적 범신론 학파가 상세하게 취급한 **국가주권** 이론입니다. 두 이론은 근본적으로 동일하지만, 선명하게 구분하기 위해 따로 논의해야 합니다.

위대한 프랑스 혁명에서 무엇이 사람들의 정신을 충동질시키고 고무했습니까? 은밀하게 침투한 오용에 대한 분노입니까? 왕의 폭정에 대한 혐오입니까? 국민의 권리와 자유를 위한 담대한 등장입니까? 부분적으로는 분명 그러하지만, 이 모든 것에는 죄악된 것이 거의 없어서 칼빈주의자 역시 오히려 감사함으로 그 세 가지 관점에서 당시 파리에서 시행된 하나님의 심판을 존중합니다. 하지만 프랑스 혁명의 추진력은 그 오용의 제거에 있지 않았습니다. 에드먼드 버크(Edmund Burke, 1729-1797)는 1688년의 "명예혁명"에서 승리했던 원리와 1789년의 혁명의 원리와 비교하면서 다음과 같이 말합니다. "우리의 혁명과 프랑스 혁명은 거의 모든 점에서 그리고 사건의 전체적인 정신에서 서로 정반대다."[6] 누구보다도 강하게 프랑스 혁명을 논박했던 에드먼드 버크는 영국에 대한 미국의 저항을 "힘의 원리에서 나와 이 선한 사람들 가운데 자유로운 정신의 주된 대의명분, 즉 지성과 의견의 모든 맹목적 복종에 대한 극렬한 저항을 보여주는 것"이라고 용감하게 옹호했습니다. 스페인에 대한 네덜란드의 저항도 동일하게 언급할 수 있습니다. 이 모든 혁명들은 하나님의 영광을 훼손하지 않았으며, 다름 아닌 그분의 위엄을 인정한 데서 출발했습니다. 침묵공 빌럼의 영도하에 이룬 스페인에 대한 저항에 대해서도 모든 사람이 동의할 것입니다. 이것은 또한 스튜어트가의 전복을 이끈 오란여가의 윌리엄 3세의 "명예혁명"에 대해 조금도 의심할 여지가 없습니다. 이것은 미국의 혁명에도 마찬가지로 적용됩니다. **독립선언서**에서 존 핸콕(John Hancock, 1737-1793)[7]

---

6   Edmund Burke, *Works*, III, 52. Ed. Mc. Lean, London.

7   역자주: 존 핸콕은 미국 부유한 상인, 정치가, 그리고 미국 혁명의 탁월한 애국자였다. 그는 독립추진위원회 위원장으로서 미합중국 독립선언서(1776)에 첫 번째로 크고 멋드러

은 다음과 같이 다양하게 표현했습니다. 미국은 "자연법과 하나님의 본성의 법"에 힘입어 등장했고, 사람은 "창조주에 의해 어떤 양도불능의 권리를 수여받은" 자로서 행동했으며, "자신의 청렴한 의도를 위해 세상의 최고 심판자"에게 호소했으며,[8] "하나님의 섭리의 보호를 확고하게 의존함으로" 자신의 "독립선언서"를 공포했습니다.[9] "동맹 조약"(Articles of Confederation)의 전문은 "그것은 입법자들의 마음을 움직이시는 세상의 위대한 통치자를 기쁘게 했다"고 고백했습니다.[10] 대부분 주들의 헌법 **전문**에도 "시민적, 정치적, 그리고 종교적 자유를 주신 전능하신 하나님께 감사드리는데, 이 자유는 우리가 즐기고 우리의 수고에 축복하신 그분을 바라보도록 그렇게 오랫동안 그분이 허락하신 것"[11]이라고 했습니다. 하나님은 "주권적 통치자와 우주의 입법자"로서 영광을 받으시며[12], 특히 우리 자신의 정부 형태를 선택

지게 서명한 것으로 기억되고 있다. 그래서 미국에선 "John Hancock"이란 용어는 '서명'(signatur)이란 뜻을 갖게 되었다.

8   Franklin B. Hugh, *American Constitutions* (Albany: Weed Parsons & C♀, 1872), Vol. I, 5.

9   Hugh, *American Constitutions*, Vol. I, 8.

10   Hugh, *American Constitutions*, Vol. I, 19.

11   Hugh, *American Constitutions*, Vol. II, 549.

12   Hugh, *American Constitutions*, Vol. II, 555.

할[13] 권리[14]가 하나님으로부터 국민에게 주어졌음을 인정합니다. 프랭클린은 협회의 한 대표자 회의에서 위태로운 순간에 기도로 하나님께 지혜를 구할 것을 제안했습니다. 그리고 만일 누구라도 미국 혁명이 파리의 혁명과 동질의 것인지 여전히 의심이 생긴다면, 1793년 제퍼슨과 해밀톤 사이의 치열한 논쟁이 그 의심을 완전히 제거합니다. 그리고 독일 역사가 폰 홀스트(H. E. von Holst, 1841-1904)의 판단은 논란의 여지가 없습니다. "루소의 저술이 미국의 발전에 영향을 미쳤다고 말하는 것은 어리석은 일이다."[15] 해밀톤 자신이 이것을 다음과 같이 예리하게 표현했습니다. "미국 혁명의 원리와 프랑스 혁명의 원리가 닮았다는 것은 정숙한 청교도 가정의 어머니와 추문을 다루는 프랑스 소설의 부정한 여인이 똑같이 닮았다는 것과 같다."[16]

이제 프랑스 혁명은 기도하는 입술과 하나님의 도움을 신뢰하여 취해진 이 모든 국가적 혁명들과 원리적으로 반대 입장에 서 있습니다. 프랑스 혁명은 하나님을 무시하고, 하나님을 반대

---

13 Hugh, *American Constitutions*, Vol. II, 549.

14 Hugh, *American Constitutions*, Vol. II, 555.

15 H. E. von Holst, *Verfassung und Demokratie der Vereinigte Staaten von Amerika* (Dusseldorf: J. Buddeus, 1873), I, 96.

16 John T. Morse, *Thomas Jefferson* (Boston/Houghton: Mifflin and Company, 1883), 147.

합니다. 프랑스 혁명은 자연 가운데, 즉 인간 자신 가운데 있는 삶의 토대보다 더 깊은 삶의 토대를 인정하지 않습니다. 여기서 "하나님도 없고 주인도 없다"라는 표어는 가장 완벽한 불신앙 고백의 제 1조입니다. 전능하신 하나님은 폐위되고, 자유 의지를 가진 인간이 그 보좌에 앉습니다. 인간의 의지가 처리합니다. 인간의 기뻐하는 뜻이 결정합니다. 모든 권세, 모든 권위는 인간에게서 나옵니다. 그래서 사람은 소수에서 다수로 옮겨갑니다. 그래서 국민으로 취해진 그 다수 가운데 모든 주권의 가장 깊은 원천이 숨어 있습니다. 그러므로 미국의 헌법에 있는 것처럼 하나님이 특정한 환경 가운데 국민에게 **심어 놓으신** 파생된 주권이란 존재하지 않습니다. 여기서는 어디서나 모든 국가에서 국민 자체로부터 나오고, 단순히 인간의 의지에 기초한 본래적 주권이 있습니다. 그러므로 국민주권은 하나님을 부인하는 것과 전적으로 일치합니다. 그리고 이제 여기에 자기 비하가 있습니다. 여러분의 헌법에 있는 것처럼 칼빈주의 영역에서 하나님 앞에서는 무릎을 꿇되 인간에 대해서는 담대하게 머리를 높이 듭니다. 하지만 여기서는 국민주권의 입장에서 하나님에 대해 무모하게 주먹을 쥐는 반면, 인간으로서 자신의 동료 인간에게 굽실거리며, 이런 자기 굴욕을 사람들이 수천 년 전에 **사회 계약**(*contrat social*)을 체결했다는 아무도 기억하지 못하는 허무맹랑한 이야기로 겉만 화려하게 꾸밉니다. 그래서 결과적으로 네덜란드의 저항, 영국의 "명예혁명", 그리고 영국에 대한 미국의 저항이 어떻게 자유를 존귀하게 만들었는지 보여줍니다. 반면에 프랑스 혁명은 다름 아닌 자유가 국가 전능의 쇠사슬에 매이고 말았다는 결과를 낳았습니다. 참으로 19세기에 프랑스보다 더 슬픈 역사를 지닌 나라는 없습니다.

학문적인 독일은 더 사비니(De Savigny)와 니버(Niebuhr) 이후로 이미 허구에 기초한 국민주권의 망상과 결별했습니다. 그들에 의해 설립된 역사학파는 1789년의 선험적 허구를 공개적으로 비난했습니다. 오늘날 모든 역사 전문가들은 그것을 비웃습니다. 하지만 그들이 그 대신 제시했던 것은 우리를 혼란스럽게 만들었을 뿐이었습니다. 이제 국민주권이 아니라 독일의 철학적 범신론의 산물인 **국가주권**이 되었습니다. 이념들은 실재 가운데 구현되었고, 인간과 인간의 모든 관계 가운데 국가 이념이 가장 높고, 가장 풍성하고, 가장 완벽했습니다. 이런 식으로 국가는 하나의 신비적 개념이 되었습니다. 국가는 숨은 **자아**를 지니고, 스스로 발전하는 **의식**(意識)을 가지며, 자신을 강화시키는 **의지**를 가지고, 느린 과정을 통해 국가의 최고 **목표**를 향해 움직이는 신비적 존재였습니다. 그러므로 국민은 루소(J. J. Rousseau, 1712-1778)의 경우처럼 개인들의 총합으로 여겨지지 않았습니다. 사람들은 국민이란 집합체가 아닌 유기적 전체라고 매우 올바르게 이해했습니다. 이제 이 유기체에는 유기적 지체들이 있습니다. 이 지체들은 역사적으로 서서히 나타났습니다. 국가 의지는 이 유기적 기관들을 통해 작용하고, 모든 것은 그 앞에 굴복해야 합니다. 이 국가 의지는 최고의 주권자였습니다. 이 주권적 국가 의지는 공화정, 군주정, 카이사르, 아시아의 전제 군주, 스페인의 펠리페와 같은 폭군이나 나폴레옹 같은 독재자 안에서 나타날 수 있었습니다. 이 모든 것은 단지 하나의 **국가 이념**이 구현된 형태일 뿐이었고, 발전 단계들은 결코 끝나지 않은 과정이었습니다. 하지만 국가라는 이 신비적 존재가 어떤 형태로 나타나든 그 이념은 최고의 것으로 머물렀고, 국가는 단순히 자신의 주권을 주장했으며, 이 국가의 신격화 앞에 굴복하는 것이 모든 국가 **구성원**에게 현자의 시금석으로 남았습니다.

그래서 압제 당하는 자들이 고개를 들어 쳐다보았던 하나님 안에 있는 모든 초월적 권리는 사라집니다. 법에 기록된 내재적 권리 외에 다른 권리란 존재하지 않습니다. 법은 옳은데, 이는 그 내용이 그[유일한] 권리의 영원한 원리들에 상응하기 때문이 아니라 법률이기 때문입니다. 만일 내일 법이 정반대의 것을 정한다면, 이것이 옳은 것이 될 것입니다. 그리고 이 파괴적 이론의 결과는 권리 의식이 둔감하게 되고, 모든 권리의 확고함이 마음에서 떠나가고, 모든 고상한 열정이 소멸되는 것입니다. 존재하는 것은 좋은데, 왜냐하면 그것이 존재하기 때문이며, 이는 우리를 창조하셨고 우리를 알고 친히 모든 국가 권세를 초월하시는 하나님 때문이 아니라, 자기 위에 아무도 두지 않고, 그로 인해 사실상 스스로 하나님이 되어 우리 삶이 어떠해야 하는지 줏대 없이 결정하는 국가 의지 때문입니다. 그리고 이제 여러분이 이 신비적 국가가 오로지 **사람**을 통해 자신의 의지를 표현하고, 오로지 **사람**을 통해 자신의 의지를 추진하고 유지한다는 것을 고려한다면, 이 국가주권 역시 **사람에 대한** 사람의 복종을 벗어날 수 없고 양심을 통제하는 순종의 의무까지 올라가지 못한다는 사실에 대해 여전히 논쟁이 필요하겠습니까?

그러므로 저는 백과사전 학파[17]의 국민주권과 독일 범신론의 국가주권에 맞서 하나님의 주권을 높이 옹호합니다. 이는 칼빈주의가 인생들 가운데 모든 권위의 원천으로 선포한 것이기도 합니다. 칼빈주의는 모든 사람과 모든 민족을 우리 하늘 아버지의 면전에 둠으로써 우리의 열망 가운데 최상의 것과 최선의 것을 옹호합니다. 칼빈주의는 죄의 특성을 고려하는데, 이 특성은 사람이 처음에 요술 부리듯 제거하였고, 이제는 자신의 비관론적 방종을 우리 존재의 본질로서 환영하는 것입니다. 칼빈주의는 우리의 유기적 사회의 자연적 연관과 정부의 권위가 부여하

---

17 역자주: 백과사전 학파는 영국 프랜시스 베이컨(Francis Bacon, 1561-1626)의 경험론의 영향을 받은 프랑스 철학 사조로서 18세기 계몽주의 시대의 과학적 실증주의와 당대의 모든 지식들을 수집하여 하나의 백과사전을 만들자는 운동이었다.

는 기계적 연결 사이를 구별합니다. 칼빈주의는 권위에 대한 복종을 쉽게 하게 만듭니다. 왜냐하면 칼빈주의는 우리가 모든 권위에서 하나님 주권의 요구를 존중하도록 하기 때문입니다. 칼빈주의는 우리를 강력한 팔에 대한 두려움에서 비롯된 굴종으로부터 벗어나, 양심을 위한 순종에 이르게 합니다. 칼빈주의는 우리를 현존하는 법으로부터 하나님 안에 있는 영원한 권리의 원천을 바라보도록 가르치며, 최고 권리의 이름으로 쉼 없이 불의에 대해, 악법에 대해서도 저항할 수 있도록, 불굴의 용기를 우리 안에 부어줍니다. 국가가 강력하게 자신을 드러내고 개인의 자유로운 발전을 위태롭게 할지라도, 왕중의 왕의 위엄은 이 강력한 국가 위로 우리 영혼의 눈앞에서 점점 더 끝없이 더 강력하게 빛납니다. 이 왕중의 왕의 법정에는 모든 압제당하는 자들을 위한 호소의 권리가 언제나 열려있으며, 우리나라와 그 나라 안에 있는 우리와 우리 가족을 축복해 주시길 바라는 우리의 기도가 그분에게 계속 상달됩니다.

지금까지 **국가의** 주권에 대해 많이 언급했는데, 이제 우리는

"**영역 주권**"을 고찰하고자 합니다.[18] 칼빈주의가 이해하는 가정, 사업, 학문, 예술 그리고 많은 것들이 사회적 영역들을 구성하는데, 이 영역들은 국가로부터 생겨난 것이 아니며, 이 영역들의 삶의 법칙 역시 국가의 우월성에서 도출되지 않습니다. 이 사회적 영역들은 국가주권과 마찬가지로 **하나님의 은혜**로 다스리는 권위, 자신의 마음 속 높은 권위에 복종합니다. 이런 맥락에서 **국가**와 **사회**는 서로 대립하지만, 이 사회를 뒤죽박죽 된 것으로 이해하지 않고, 유기적 부분들로 나누어 그 부분들 각각에게 속하는 **독립적 성격**을 존중한다는 더 상세한 조건하에서 그렇습니다. 이 독립적 성격에서 **권위**는 필연적으로 드러납니다. 이 권위는 구별된 영역들에서 계단들을 통해 올라갈 수도 있지만, 그럼에도 불구하고 결국 그 영역에서의 최고 권위의 형태를 취합니다. 그리고 우리는 이제 이 최고 권위를 의도적으로 "**영역 주권**"이라는 명칭으로 부르는데, 이는 각 영역에서 이 최고 권위는 **오로지 하나님만 자기 위에 두는 것**이며, 국가는 여기서 그 둘 사이에 끼어들 수 없으며 자신의 권세를 명령할 수 없다는 것을

---

18 역자주: 카이퍼의 '영역 주권' 사상은 1880년 10월 20일 암스테르담 자유대학교 개교 연설의 핵심 사상이었다. 카이퍼의 연설문과 그 해설을 보려면 다음 책을 참고하라. Abraham Kuyper, *Souvereiniteit in eigen kring*, 박태현 옮김 및 해설, 『아브라함 카이퍼의 영역주권』 (군포: 다함, 2020).

선명하고 단호하게 표현하기 위함입니다. 여러분이 곧바로 느끼듯, 이는 우리의 **시민적 자유**에 대한 심오한 문제입니다.

이런 맥락에서 사회의 **유기적** 삶과 정부의 **기계적** 성격 사이의 정도 차이를 예리하게 파악하는 것은 지극히 중요하겠습니다. 이것은 제가 이미 반복해서 지적했지만, 여기서 더 넓게 해설할 필요가 있습니다. 사람들 가운데 창조에서 직접 나오는 모든 것은 자신의 발전을 위한 모든 자료를 인간 본성에 두고 있습니다. 여러분은 가정과 혈연관계와 친척관계에서 이것을 즉시 알아차립니다. 남자와 여자의 이원성에서 결혼이 나옵니다. 한 남자와 한 여자의 첫 출현으로부터 일부일처제가 나옵니다. 타고난 생식력으로 자녀들이 태어납니다. 자녀들은 자연스럽게 서로 형제와 자녀로 존재합니다. 그리고 나중에 이 자녀들이 차례로 결혼할 때, 가정생활을 지배하는 이 모든 혈연관계와 친척관계가 또한 자연스럽게 발생합니다. 이 모든 것 가운데 기계적인 것은 전혀 없습니다. 그것은 식물의 줄기와 잔가지처럼 스스로 발전합니다. 여기서도 죄가 끼어들어 복된 의도였던 많은 것을 저주로 만들었으나, 죄의 치명적인 결과는 일반 은총에 의해 저지되었습니다. 자유 연애가 결혼에 상처를 남기고 축첩 제도가 신성한 결혼을 더럽힌다 할지라도, 결혼은 여전히 우리 인류 대다수에게 인간 사회의 기초이며 가정은 여전히 사회학적 공동생활의 기본적 영역입니다.

이제 이것은 다른 삶의 영역에도 동일하게 적용됩니다. 우리 주변의 자연은 죄의 결과로 낙원의 풍요로움을 상실했고, 땅은 이제 가시와 엉겅퀴를 내어 우리 얼굴에 땀을 흘리지 않고서는 먹을 것이 없습니다[창 3:18-19]. 그럼에도 불구하고 모든 인간적 주요 관심사는 지금도 여전히 죄로 타락하기 전 창조로 인한 것입니다. 즉, **자연에 대한 통치**입니다. 이 통치는 창조 규례로 인하여 자연 속에 내재된 힘을 사용하지 않고서는 성취할 수 없습니다. 그 결과 모든 학문은 다름 아닌 세상에 대한 우리 안에 내재된 연구 능력과 사고 능력의 발휘에 지나지 않으며, 예술은 우리 삶의 상상력이 일궈낸 자연적 결실에 지나지 않습니다. 그러므로 비록 "일반 은총"에 의해 저지당한 죄가 이 다양한 삶의 표현들 가운데 많은 변화, 즉 먼저 낙원의 상실 이후에 나타났다가 나중에 영광의 나라가 임할 때 다시 사라질 많은 변화를 초래했다고 인정할지라도, 이 삶의 표현들의 근본적 성격은 본래 존재했던 것으로 남습니다. 그것은 모두 함께 창조규례에 따른 창조의 삶이며, 그러므로 유기적으로 발전합니다.

하지만 정부의 등장은 그와 같지 않습니다. 죄와 상관없이 많은 가정을 더 높은 통일체에 의해 통합할 필요가 있었을지라도, 이 통일체는 **내적으로** 결합되어 모든 마음과 모든 삶에서 규칙적으로, 직접적으로, 조화롭게 지배하는 하나님의 왕권 안에 놓였을 것이며, **외적으로는** 가부장적 위계 가운데 구현되었을 것이기 때문입니다. 국가들이 존재할 것이 아니라 단지 왕이신 하나님 아래 단 하나의 세계 제국이 존재했어야 했습니다. 정확하게 우리에게 예언되었던 것은 모든 죄가 사라진 후 일어날 미래에 대한 것입니다. 그러나 우리 인간의 삶에서 비롯된 죄가 바로 이 세계 제국을 추방했습니다. 이 통일체는 더 이상 존재하지 않습니다. 하나님의 통치는 더 이상 진행될 수 없습니다. 가부장적 위계는 깨졌습니다. 이제는 더 이상 그 어떤 세계 제국도 있을 수 없고 있어서도 안 됩니다. 그럼에도 불구하고 이것을 추구했던 것이 바벨탑 건설의 뻔뻔함이었습니다. 그래서 민족과 나라가 생겼습니다. 이 민족들이 국가들을 형성했습니다. 그리고 이 국가들 위에 하나님은 **정부들**을 세우셨습니다.

그러므로, 제가 이렇게 표현해도 된다면, 정부는 백성의 몸에서 유기적으로 자란 자연적인 머리가 아니라, 외부에서 백성의 몸통에 놓인 기계적인 머리입니다. 발생한 잘못에 대한 하나의 치료책입니다. 식물을 똑바로 세우기 위해 그 옆에 막대기를 덧붙여 놓은 것입니다. 그렇게 하지 않으면 그 식물은 자신의 내적 약화로 인해 쓰러질 것이기 때문입니다. 이제 이 정부의 주된 특징은 생명과 죽음에 대한 권리에 놓여 있습니다. 사도의 증거에 따르면, 정부는 태생부터 칼을 갖고 있으며[롬 13:4], 이 칼은 삼중적 의미를 지닙니다. 그것은 범죄자에게 신체적 형벌을 가하는 **정의**의 칼입니다. 그것은 국가의 영예와 권리와 관심사를 위하여 원수를 방어하는 **전쟁**의 칼입니다. 그것은 폭력적인 내란을 제압하기 위한 **질서**의 칼입니다. 그래서 루터를 비롯한 종교개혁자들 역시 하나님께서 사람의 피를 흘린 흉악한 자를 사형으로 벌줄 것을 명령하셨던 홍수 이후에야 비로소 정부가 실제로 수립되고 권세를 갖게 되었음을 지적했습니다. 누군가의 생명을 빼앗을 권리는 오로지 생명을 주실 수 있는 분, 즉 하나님에게 속합니다. 그 결과 하나님이 주신 바가 아니고서는 그 누구도 이 땅에서 합법적으로 이런 권세를 갖지 못합니다. 그러므로 **생명과 죽음의 권리**(*jus vitae et necis*)가 아버지에게 그리고 노예 주인에게 위탁된 로마법은 행정관이나 행정적 명령이 아니고서는 다른 사람의 생명을 빼앗지 못한다는 이스라엘의 법보다 원리적으로 훨씬 열등합니다. 그래서 정부의 최고 의무는 변함 없이 **정의**에서 나오고, 더 나아가 정부는 **통일체**로서 취해진 국민을 돌보되, 부분적으로 **국내에서는** 국민의 통일성이 점점 더 깊어지고 훼손되지 않도록 돌보고, 부분적으로 **외국**에 대해서는 국가적 존립이 해를 당하지 않도록 돌보아야 합니다.

이제 그 모든 결과, 한편으로 한 국민의 온갖 **유기적** 삶의 표현이 사회적 영역에서 발생하고, 그 위에 정부는 **기계적** 통합의 충동을 느낍니다. 여기에서 모든 알력과 충동이 발생합니다. 정부는 자신의 기계적 권위로 사회적 삶 가운데 침투하여 자신에게 복종시키고 기계적으로 조정하려는 경향을 점점 더 갖습니다. 이것은 국가만능주의입니다. 하지만 다른 한편, 사회적 삶은 점점 더 정부의 권위를 떨쳐 버리려고 시도하는데, 이런 노력은 이제 다시 기계적 권위제도를 완전히 제거하려는 목적 외에 다름 아닌 사회민주주의와 무정부주의에서 절정에 이르는 것과 같습니다.

이 두 가지 극단과는 별개로, 모든 건전한 국민 생활과 국가 생활은 언제나 이 두 권세들 사이의 투쟁이 빚은 역사적 결과였습니다. 그리고 이 둘의 상호 관계를 더욱 견고하게 조정하고자 시도되었던 것은 소위 "입헌적 공법"(constitutioneele staatsrecht)입니다. 이 투쟁에서 이제 칼빈주의가 처음으로 입장을 취했습니다. 칼빈주의는 하나님이 제정하신 행정적 권위를 높이 존중했던 것처럼, 마찬가지로 창조규례를 따라 하나님이 사회적 영역들에 심어놓으신 주권을 높이 존중했습니다. 칼빈주의는 이 둘의 고유한 영역에서의 독립성을 요구했고, **법률 가운데** 이 둘의 관계에 대한 규정을 요구했습니다. 칼빈주의는 이 엄격한 요구를 통해 자신의 근본 사상으로부터 '입헌적 공법'을 만들었다고 말할 수 있었습니다. 그래서 역사는 논쟁의 여지없이 이 입헌적 공법이 처음으로 그리고 가장 훌륭하게 발전한 것은 로마교 국가도 루터파 국가도 아닌 칼빈주의적 국가들이었다고 말합니다.

그러므로 하나님의 주권이 인간에게 내려올 때 두 개의 영역으로 나뉜다는 근본사상은 기초입니다. 한편은 **국가** 권위의 영역, 다른 한편은 **사회적 삶의 영역**에서의 권위의 영역입니다. 이 두 영역에서 내재적 권위는 주권자입니다. 즉, **자기 위에 오직 하나님만 둡니다**. 여기서 간과하지 말아야 할 것은 이 두 영역에서 이 주권의 성격이 동일하지 않다는 사실입니다. 국가 권위의 영역에서 주권은 **기계적으로**, 즉 외적으로 강력한 팔로 밀어붙이는 반면, 사회적 삶의 권위 영역에서 주권은 **유기적으로**, 즉 도덕적 권위와 내재적 권위로 밀어붙입니다. 그래서 고유한 성격을 지닌 이 둘은 서로 대립하는 반면, 오직 가정만 이 둘의 혼합을 드러냅니다. 훌륭한 부모는 도덕으로 다스리지만, 때때로 너무 지나칠 때는 매를 듭니다.

여기서 기계적으로 강제하는 정부의 권위는 더 자세한 해설이 필요 없겠지만, 유기적, 사회적 권위에 대해서는 해설이 더 필요합니다. 이 유기적, 사회적 권위의 지배적 특성은 학문 영역에서 가장 분명히 드러납니다. 박식한 토마스주의자는 롬바르두스의 『명제집』(Sententiae)과 토마스 아퀴나스의 『신학대전』(Summa Theologica)의 서문에서 다음과 같이 썼습니다. "롬바르두스의 작품은 150년을 지배하고 토마스를 배출했으며, 그 이후에 토마스의 『신학대전』은 꽉 찬 5세기 동안을 '유럽 전체를 지배했으며'(totam Europam rexit) 후대의 모든 신학자들을 길러내었다."[19] 표현은 좀 과했을지라도, 여기서 말하는 의견은 흠 잡을 데 없이 정확합니다. 아리스토텔레스와 플라톤, 롬바르두스와 토마스, 루터와 칼뱅, 칸트와 다윈 같은 사람들의 지배는 각각 수 세기에 걸쳐 있습니다. 천재는 주권적 능력이며, 학파를 형성하고, 불가항력적 능력으로 사람들의 정신을 사로잡고, 인간 삶의 전체 모습에 측량할 수 없는 영향을 미칩니다. 이제 이 천재의 주권은 오직 하나님의 은혜로 소유하는 하나님의 선물이며, 그 누구에게도 복종하지 않고 오직 이 천재적 능력을 주신 분에게만 책임을 집니다. 여러분은 예술의 영역에서도 동일한 현상을 볼 수 있습니다. 모든 천재적 예술가는 예술의 성전에서 제사장으로, 세습에 의한 것도 임명에 의한 것도 아닌 오로지 하나님의 은혜에 의한 제사장입니다. 이 대가들도 권위를 발휘하고, 그 누구에게도 복종하지 않으며, 모든 사람을 지배하고, 결국 모든 사람이 그들의 예술적 은사의 능력 앞에 엎드립니다.

인격의 주권적 능력에 대해서도 동일하게 고백되어야 합니다. 사람은 동등하지 않습니다. 참새의 날갯짓처럼 작고 연약하고 편협한 사람들이 있는 반면, 독수리의 날갯짓처럼 강하고 넓

---

19 Editie van Migne te Parijs 1841, Tome I, praef. 1.

고 인상적인 성격을 지닌 사람들도 있습니다. 여러분은 후자 가운데 다시금 왕적 특성을 지닌 몇몇 사람을 발견할 것입니다. 이들은 사람들이 그들 앞에서 물러서든 그들을 대항하든 상관없이 자신들의 영역에서 다스리고, 보통은 저항을 받을 때 훨씬 더 강력하게 다스립니다. 이제 전적으로 동일한 과정이 삶의 모든 영역에서 발생합니다. 수공업, 공장, 주식시장, 무역, 항해, 자선과 박애의 영역에서 발생합니다. 한 사람이 그의 인격, 그의 재능, 환경에서 다른 사람보다 더 강한 것으로 반복적으로 드러납니다. 어디에나 통치가 있으나, 유기적으로 작용하는 통치는 국가의 임명에 의한 것이 아니라 삶의 주권에서 나옵니다.

이것과 관련하여, 그리고 유기적 다수라는 전적으로 동일한 근거에서 이 인격적 주권과 나란히 **영역** 주권이 존재합니다. 대학은 학문적 권세를, 순수예술을 위한 아카데미는 예술의 힘을 소유합니다. 길드는 기술적 능력을, 노동조합은 노동력을 지배합니다. 이들 각각의 영역이나 조합은 자신의 고유한 영역에서 독립적 판단을 지니고 활기차게 행동할 수 있다는 것을 잘 압니다. 지적, 심미적, 혹은 기술적 주권을 지닌 이 유기적 영역들 배후에서 결혼의 권리, 가정의 평화, 양육권과 소유권을 가진 가정의 영역이 나타납니다. 그리고 이 각 영역의 머리는 자연스럽게 자신에게 주어진 내재적 권위의 행사를 의식하는데, 이는 정부가 그에게 그 권위를 허용했기 때문이 아니라 하나님이 그에게 부여하셨기 때문입니다. 아버지의 권위는 생명의 핏줄 자체에 근거하고, 제 5계명에서 선포되었습니다. 그리고 마지막으로 도시와 시골의 지역적 사회생활 역시 하나의 삶의 영역을 형성하는데, 이 삶의 영역은 삶의 필연성 자체로부터 나오고, 따라서 자신의 영역에서 반드시 자율적이어야 합니다.

그러므로 우리는 다양한 구분 가운데 영역 주권이 드러나는 것을 볼 수 있습니다. (1) 천재와 인격적 다수의 주권을 통한 개인 영역에서, (2) 대학, 길드, 협회 등의 집단 영역에서, (3) 가정과 결혼 생활이라는 가정 영역에서, (4) 공동체의 자율성에서. 이제 정부는 이 네 가지 영역에서 자기 마음대로 규례들을 부과할 수 없고, 삶의 내재적 법칙을 존중해야 합니다. 하나님이 국가 영역에서 정부를 통해 통치하는 것과 마찬가지로, 그분은 이 영역들에서도 절대적 능력으로 통치하십니다. 그러므로 자신의 고유한 명령서에 매인 정부는 이 영역들이 속한 신적 명령서를 무시하거나 수정하거나 찢어서는 안 됩니다. 하나님의 은혜로 말미암은 정부의 주권은 하나님을 위하여 동일한 신적 기원에서 비롯된 다른 주권 앞에 제한됩니다. 학문적 생활, 예술 생활, 농업, 산업, 무역, 항해, 가정, 가족생활, 공동체적 생활은 정부의 호의에 강요되어서는 안 됩니다. 국가는 모든 생활을 빨아들이는 기생식물(woekerplant)이 되어서는 안 됩니다. 국가는 숲속 다른 나무들 가운데서 자신의 뿌리를 둔 자신의 위치를 취해야 하고, 그래서 자신의 신성한 자율성 가운데 독립적으로 자라는 모든 생명을 보존해야 합니다.

그러면 이것은 정부가 이 자율적 삶의 영역들에 간섭할 권리가 **전혀** 없다는 말일까요? 결코 그렇지 않습니다. 정부에는 삼중 소명이 있습니다. (1) 영역과 영역 사이의 충돌에서 다시 각각의 경계들을 존중할 것을 강요할 소명. (2) 이 영역들에서 몇몇 개인들과 약한 자들을 권력의 남용으로부터 보호할 소명. (3) 모든 사람이 국가의 자연적 통일성을 유지하기 위한 **개인적** 부담과 **재정적** 부담을 담당하도록 강요할 소명. 하지만 바로 이로 인해 마찰과 충돌의 위험 또한 발생합니다. 여기서 정부가 일방적으로 결정할 수 없습니다. **오직 법률만** 각각의 권리를 지시할 수 있으며, 자신의 지갑에 대한 시민의 권리는 반드시 정부의 권력 남용에 대항해야 합니다. 그리고 여기에 정부의 주권과 **헌법**에 자신의 규정을 지닌 사회적 영역들의 주권이 서로 협력해야 할 출발점이 놓여 있습니다. 이것은 사물들의 조건에 따라 칼뱅에게 있어서 "하급 행정관"(magistratus inferiores) 교리가 되었습니다. 기사(騎士)의 신분, 시(市)의 권리, 길드의 권리, 그리고 더 많은 것들이 당시에 고유한 통치력을 지닌 사회적 "협의체들"(staten)의 등장으로 이어졌습니다. 칼뱅에 의하면 이 "협의체들"과 고위 정부와의 협력에서 **법률**이 등장하게 되었으며, 이 법을 통해 정부의 권력 남용이 제한되었습니다. 그 이후로 부분적으로 봉건제도에서 생긴 이 관계들은 전적으로 수정되었습니다. 이 조합들 혹은 지위들은 이제 행정적 권세를 더 이상 갖지 않았습니다. 이 모든 것 대신에 이제 의회나 혹은 여러 나라에서 불리는 일반적 대의기관의 명칭으로 등장하여, 모두를 위해(그리고 모든 사람의 이름으로) 국민의 권리와 자유를, 정부와 함께(필요한 경우 정부에 대항하여) 자신의 권리를 주장하게 했습니다. 사람들은 이 **공동의** 방어를 **사적인** 저항보다 선호했습니다. 이는 국가 설립의 구성과 운영을 더 단순하게 만들고 더 빠르게 작동하도록 하기 위함이었습니다. 그러나 형식이 어떻게 바뀌었든지 간에, 국민의 모든 계급과 지위에서, 모든 집단과 영역에서, 모든 조합과 독립적인 기관에서, 건전한 민주주의적 의미에서 법률 제정에 합법적인 영향을 끼치는 것은 근본적으로 여전히 옛 칼빈주의 사상입니다. 차이가 있다면, 그것은 오직 사람들이 개인의 참정권 속에 있는 모든 특별한 권리와 자유에 대한 유효한 해결책에 대해 인내해야 할지, 아니면 이것 외에 개별적 저항을 강화하는 집단적 참정권을 두는 것이 바람직할지에 대한 문제일 겁니다. 이제 조직에 대한 경향은 새롭게 상업과 산업의 영역에서, 그리고 그에 못지않은 노동의 영역에서도 나타납니다. 심지어 프랑스에서는 참정권을 이들 조직과 연계하려는 목소리도 일어났습니다. 개인적으로 저는 이것을, 한쪽으로 치우친 것만 아니라면 비판적으로 적용하고 환영합니다. 그러나 여기서 이런 부차적인 문제들은 다루지 않을 것입니다.

제 주장의 주된 목적은, 어떻게 칼빈주의가 하나님으로부터 받은 권리와 주권적 권위를 사회적 삶의 영역들에서도 유지하도록 하는지, 어떻게 국가의 막강한 권력에 저항하고, 현존하는 법률 위에 그리고 그 법률 밖에 그 어떤 권세도 존재하지 않는 것처럼 생각하는 끔찍한 생각에 저항하도록 하는지, 어떻게 군주의 호의로 인한 결과 외에 그 어떤 헌법적 권리도 인정하지 않는 절대주의의 교만에 저항하도록 하는지, 여러분께 보여주는 것입니다. 범신론의 등장으로 극히 위험하게 변질된 이 모든 세 가지 개념은 우리의 시민적 자유를 죽이고 있습니다. 칼빈주의는 국민의 폭력이나 인간의 위대함이라는 망상에 호소하지 않고, 시민사회의 권리와 자유를 정부의 높은 권위가 흘러나오는 동일한 원천, 즉 **하나님의 절대 주권에서** 이끌어냄으로써 이 절대주의적 흐름에 하나의 댐을 건설했다는 영예를 받습니다. 가정과 사회적 삶의 각 영역의 영역 주권은 국가 권위의 지배권과 마찬가지로 하나님 안에 있는 이 하나의 원천으로부터 직접 흘러 나옵니다. 그러므로 이 두 주권은 서로 이해해야 하며, 자신의 주권을 유지하고 하나님의 위엄을 섬기는 신성한 의무에 있어서 동일합니다. 정부의 간섭에 가정의 권리를 넘겨주는 국민이나 학문의 권리를 넘겨주는 대학은 정부의 법을 위반하는 나라와 마찬가지로 하나님 앞에 죄를 범합니다. 자유를 위한 투쟁은 단지 **허용되는 것**으로 선언될 뿐만 아니라 오히려 각 영역에서 각 사람을 위한 **의무**이기도 합니다. 이는 프랑스 혁명처럼 하나님을 옆으로 제쳐두고 인간을 전능자의 보좌에 두는 것이 아니라 다름 아닌 행정관을 포함한 모든 사람이 깊은 존경심을 가지고 전능하신 하나님의 위엄 앞에 절하게 함으로써 이루어집니다.

✛

이 강연의 세 번째 혹은 마지막 부분으로 우리는 더 골치 아픈 문제, 즉 국가 안에서 **교회의 주권**을 어떻게 판단되어야 하는지 논의해야 합니다. 제가 이 문제를 골치 아프다고 말한 것은, 결론에 대해 망설이거나 혹은 이 결론에 대해 여러분의 동의를 받을 수 있을지 의심하기 때문이 아닙니다. 예배의 자유 그리고 교회와 국가의 병치(倂置)에 대해서 여러분의 헌법에 선언되었고 나중에 여러분의 고백서에서 수정되었던 내용은 논란의 여지 없이 명확합니다. 개인적으로 저는 이미 25년 이상 나의 주간지[De Heraut] 윗머리에 "자유로운 국가 안에 있는 자유로운 교회"(De vrije kerk in den vrijen Staat)라는 모토를 기록했습니다. 힘겨운 투쟁에서 저는 이 모토를 높이 들었고, 우리 [네덜란드] 신앙고백서의 관련 조항도 개정될 예정입니다. 이 문제의 난점은 다른 데 있습니다. 그것은 세르베투스의 화형대에 있습니다. 독립파에 맞선 장로회파의 등장에 있습니다. 자유로운 예배의 제한과 심지어 네덜란드에서조차 수세기 동안 로마교도에게 적용되었던 "시민 무자격"(civil disabilities)[20]에 있습니다. 그 난점은 우리 신앙고백서의 "모든 우상숭배와 거짓 종교를 막고 근절"하는 임무를 정부에게 위임하는 조항에 있습니다.[21] 그 난점은 다름 아닌 종교 문제에 정부의 개입을 요구했던 칼뱅과 그의 추종자들이 한 목소리로 외친 만장일치의 주장에 있습니다. 그리고 이 난점은 지난 3세기 동안 칼빈주의에 대항하여 자유 교회의 이런 체계를 변호했던 침례파와 항변파가 적지 않았다는 부인할 수 없는 사실에서 더욱 강력하게 드러납니다. 그래서 종교의 자유를 위하여 우리가 칼빈주의를 위한 싸움이 아닌 칼빈주의와의 정면 도전을 선택했다는 비난은 명백한 일입니다.

이러한 불미스런 의혹을 피하기 위해, 저는 다음 규칙을 전면에 내세웁니다. 즉, 하나의 체계가 지닌 특별한 성격은 다른 선행하는 체계들과의 공통점에서 인식되는 것이 아니라 그 선행하는 체계들과의 차이점에서 구별됩니다. 모든 거짓 종교와 우상숭배를 근절하는 정부의 소명은 콘스탄티누스 대제로부터 시

---

20 역자주: '시민 무자격'은 법적 권한과 특권을 가졌던 사람이 범죄로 인해 그 권한이 폐지된 상태를 가리킨다.

21 역자주: 이 문장은 카이퍼와 그의 추종자들이 1896년 진정서를 제출한 뒤, 1905년 네덜란드 개혁교회 총회에서 네덜란드 신앙고백서 제 36조에서 제거되었다.

작되는데, 이는 그의 전임 이교도 황제들이 나사렛 당파에 가했던 끔찍한 박해에 대한 보복이었습니다. 그 이후로 이 체계는 모든 로마교 신학자들에 의해 옹호되고 모든 기독교 군주들에 의해 적용되었습니다. 이 체계 안에 진리가 담겨 있다는 확신은 루터와 칼뱅의 시대에 일반적으로 수용되었습니다. 그래서 유명한 모든 신학자들, 특히 멜랑히톤은 세르베투스(Servetus)의 화형을 승인했습니다. 철저한 칼빈주의자 크렐(Krell)을 처형하려고 루터파가 세운 라이프치히 교수대는 훨씬 더 의심스러웠습니다. 하지만 종교개혁 시대에 주로 개혁파만 수만 명의 희생자를 교수대와 화형대에 내주었던 반면 (루터파와 로마교 희생자들은 그렇게 많지는 않습니다), 사람들은 역사에서 세르베투스의 화형대 그 하나를 언제나 **끔찍한 범죄**(crimen nefandum)라고 비난함으로써 심각하고도 지나친 불공평의 잘못을 저질렀습니다. 그럼에도 불구하고 저는 그 하나의 화형대를 애도할 뿐만 아니라 그것을 무조건 반대합니다. 칼빈주의의 한 특별한 특성의 표현으로서 반대하는 것이 아니라 그와는 전혀 다르게 칼빈주의가 발견했던 매우 오래된 체계, 곧 칼빈주의가 그 체계 안에서 성장했고, 벗어나려고 아직 씨름하지 않았었던 체계의 치명적 표현으로서 반대합니다.

다른 한편, 이런 점에서 제가 칼빈주의의 고유한 원칙으로부터 무엇이 흘러나오는지 알고 싶다면, 그 문제는 전혀 다르게 제기해야 합니다. 정부의 형법적 관할권 아래 종교적 문제의 차이를 초래하는 이 체계는, 그리스도의 교회가 이 땅에서 단지 **하나의 형태**로 그리고 **하나의 기관**으로서 행동할 수 있다는 확신에서 곧바로 흘러나온다고 이해되고 인식해야 합니다. 오직 이 **하나의 교회**만 **유일한** 그리스도의 교회였으며, 이 교회로부터 떠난 모든 것은 이 **하나의 참된 교회**에 적대적인 것으로 여겨졌습니다. 그러므로 정부는 판단하거나 승인하거나 스스로 결정할 필요가 없었습니다. 이 땅에는 오직 **하나의** 그리스도의 **교회**만 있었고, 정부는 상상 가능한 이 유일한 교회를 분열, 이단, 그리고 분파로부터 보호해야 했습니다.

그러나 이 하나의 교회가 **나뉘고**, 그리스도의 교회가 여러 나라에서, 심지어 동일한 나라에서도 다양한 형태로 많은 기관으로 나타날 수 있으며, 가시적 교회의 통일성으로부터 흘러나오는 모든 것이 그 가시적 교회의 통일성과 함께 즉시 사라질 수 있음을 인정하십시오. 칼빈주의 자체가 사실상 교회의 통일성을 깨트렸고, 다름 아닌 칼빈주의 나라들에서 풍성하고 다양한 온갖 형태들이 등장했다는 것을 부정할 수 없다면, 이와 관련하여 참된 칼빈주의 특성은 칼빈주의가 잠시 옛 체계를 반복했던 것에서가 아니라 자신의 뿌리에서 새롭게 자란 것에서 찾아야 합니다. 그래서 3세기가 지난 후에도 여전히 그 결과가 증거하는, 모든 중요한 로마교 나라들에서, 심지어 남미 공화국들조차 로마교가 국가교회로 남아 있고, 모든 루터파 나라들에서 루터파 교회가 국가교회로 남아 있는 반면, 자유 교회는 칼빈주의의 숨결 아래 다가온 나라들, 즉 스위스, 네덜란드, 잉글랜드, 스코틀랜드, 그리고 북아메리카의 미국에서 예외적으로 발전했습니다. 로마교 나라들에서 비가시적 교회와 가시적 교회 사이의 동등성은 교황의 통일성 아래 여전히 옹호되고 있습니다. 루터파 나라들에서 사람들은 "누군가의 지역이 그들의 종교"(cuius regio eius religio)라는 표어를 갖고 어처구니없는 방식으로 제후의 고백을 국가 고백으로 만들었고, 개혁파를 심하게 다루어 망명자들을 거절하고 그리스도의 원수들로 학대했고, 심지어 라이프찌히에서는 그들을 살해하기까지 했습니다.

이에 반해 칼빈주의적 네덜란드에서는 신앙을 이유로 핍박받던 모든 자들이 피난처를 발견했으며, 심지어 유대인들조차 환대를 받았고, 루터파는 존경을 받았고, 메노파는 번성하였고, 또한 항변파와 로마교 신자들도 가정 교회를 이룰 수 있었습니다. 잉글랜드에서 쫓겨난 독립파는 칼빈주의적 네덜란드에서 안식처를 발견하였는데, 메이플라워(Mayflower) 호가 필그림 파더즈를 새로운 조국으로 데려다 주려고 출항했던 나라는 바로 그 네덜란드였습니다.

이것은 제가 피난처를 찾자는 변명이 아닙니다. 저는 분명한 사실인 역사에 기반해서 호소하고 있습니다. 저는 여기서 칼빈주의의 주된 특징은 반드시 칼빈주의가 과거로부터 **전수받았던**

것에서가 아니라 **새롭게 창조했던 것**에서 찾아야만 한다고 거듭 말합니다. 우리 칼빈주의 신학자들과 법률가들이 처음부터 종교 재판에 맞서 양심의 자유를 변호했던 사실에 주목합시다. 로마는 양심의 자유가 어떻게 교회의 통일성이라는 토대를 파헤치는지 매우 잘 파악했기에 양심의 자유를 반대했습니다. 그러나 그와 반대로 칼빈주의가 양심의 자유를 큰 소리로 찬양함으로써 **가시적 교회의 통일성을 원칙적으로 포기했다**는 것을 인정해야 합니다. 동일한 백성의 가슴에서 반쪽의 고백이 다른 반쪽의 고백에 대해 증거하는 순간, 균열은 사실이 되었고 현수막은 더 이상 도움이 되지 못했습니다. 신앙 때문에 핍박하는 것은 "영적 살인이며, 영혼의 암살이며, 하나님 자신에 대한 격노이며, 가장 끔찍한 죄"라고 이미 1649년에 선포했습니다. 칼뱅 자신이 비록 아직 올바른 결론에 이르지 못했을지라도, 그가 이미 그 결론의 전제를 기록했다는 사실은 로마교의 세례에 대한 그의 인정으로부터, 무신론자를 대적하여 로마교 신자조차 우리의 동맹자라는 그의 표현으로부터, 루터파 교회들에 대한 진심어린 그의 인정으로부터, 그리고 부분적으로 심지어 그의 단정적인 선언에서조차 드러납니다. "Scimus tres esse errorum gradus, et quibusdam fatemur dandam esse veniam, aliis modicam castigationem sufficere, ut tantum manifesta impietas capitali supplicio plectatur."[22] 즉, "기독교 진리에 대한 세 가지 종류의 일탈이 있다. 사람을 조용히 내버려 두는 사소한 일탈, 온건한 징벌로 회복되어야 할 온건한 일탈, 그리고 오직 뻔뻔한 사악함은 반드시 엄중하게 처벌되어야 한다." 저는 이것이 여전히 가혹한 판단이라는 것을 인정할지라도, 이것은 원리적으로 가시적 통일성을 포기하는 판단이며, 이 통일성이 깨지는 곳에 자유가 저절로 동터옵니다.

옛부터 교회의 깨지지 않은 통일성은 사람이 고백했던 **신앙고백서**가 **절대적 진리**의 고백서였다는 확신에 기초했습니다. 칼빈주의 역시 처음 등장했을 때 이러한 환상으로부터 벗어난 것은 아니었습니다. 그러나 다름 아닌 교회의 통일성을 깨뜨리는 것이 각각의 특별한 고백서에 대한 **상대적** 성격을 명백하게 드러나게 했기에, 칼빈주의는 교회 형태의 다수성을 통해 진리의 신앙고백서에서 우리들이 가진 이해의 한계를 드러내는 것이 가능하도록 만들었습니다.

더 많은 증거들이 있지만, 이제 우리는 이론 자체를 시험하

---

22   Calvin, Opera. Tome VIII, 516c. Ed. Schippers.

고, 그 다음에 영적인 일들에 있어서 정부의 소명을 살펴볼 것입니다. (1) **하나님**을 향해, (2) **교회**를 향해, 그리고 (3) **몇몇 개인들**을 향해.

첫 번째 요점에 대해, 정부는 여전히 "하나님의 종"으로 머뭅니다. 정부는 하나님을 최고 통치자로 인정해야 하며, 그 권력은 그분에게서 파생된 것입니다. 정부는 **하나님의** 규례를 따라 백성을 다스림으로 하나님을 섬겨야 합니다. 정부는 하나님의 위엄을 정면으로 모욕하는 신성모독을 억제해야 합니다. 정부는 헌법에서 하나님의 이름을 고백하고, 안식일을 잘 준수하고, 기도와 감사의 날들을 격려하고, 하나님의 복을 구하고, 교회들을 보호함으로써 하나님의 최상의 권능을 인정해야 합니다. 더 나아가 그분의 거룩한 규례들을 따라 다스리기 위해 모든 행정관은 스스로 자연적 삶과 그분의 말씀에서 하나님의 법을 탐구할 의무를 지니는데, 이는 어떤 교회의 결정에 복종하기 위해서가 아니라 스스로 하나님의 뜻을 아는데 필요한 빛을 받기 위함입니다. 그리고 신성모독에 관하여, 이것을 억제하기 위한 정부의 권리는 각 사람의 본성에 내재한 신인식(神認識)에 기초하고, 그것을 시행하기 위한 의무는 하나님이 모든 민족을 다스리는 최고의 통치자라는 사실로부터 흘러 나옵니다. 그러나 바로 이런 이유 때문에 신성 모독이라는 사실은 오직 민족 전체를 다스리시는 하나님의 최고 주권에 반항하고 모욕하는 것이 의도적이라는 것이 드러났을 때 발생합니다. 그래서 처벌을 받는 것은 종교적 일탈이나 불경건한 생각이 아니라, 국가와 정부가 기초한 국법의 토대에 대한 공격입니다.

한편, 한 사람의 군주가 절대적으로 통치하는 국가들(Staten)과 많은 정책 하에서 입헌적으로 통치하거나 혹은 사실상 광범위한 모임에 의해 공화정으로 통치되는 국가들(staten) 사이에 등장하는 차이는 주목할 만합니다. 절대 군주에게 의식(意識)이 하나이며 개인 의지도 하나이기에, 이 한 사람은 하나님의 규례들에 대한 자신의 개인적 통찰에 따라 통치하도록 부름을 받았습니다. **많은 사람**의 의식(意識)과 **많은 사람**의 의지 표현이 함께 작용할 때, 이 단일성은 사라지고 하나님의 규례들에 대한 많은 사람의 주관적 통찰은 단지 **간접적으로**만 작용할 수 있습니다. 하지만 여러분이 한 사람의 의지 표현과 관계를 갖든 많은 사람의 의지 표현인 투표에 의해 취해진 결정과 관계를 갖든 중요한 것은 정부가 독립적으로 판단하고 독립적으로 결정해야 한다는 것입니다. 정부는 교회의 부속 기관도, 교회의 추종자도 아닙니다. 국가의 영역 자체는 주님의 위엄 아래 있습니다. 그러므로 하나님께 대한 독립적 의무는 이 국가의 영역에도 적용됩니다. 교회의 영역이 신성하고 그 밖에 있는 국가의 영역은 세속적인 것이 아니라, 교회와 국가 모두 각각 자신의 고유한 영역에서 하나님께 순종하고 그분께 영광을 돌려야 합니다. 이를 위해 **하나님**

의 말씀이 이 두 영역을 다스려야 합니다. 그러나 국가의 영역에서는 오직 권세를 입은 사람들의 양심을 통해 하나님의 말씀이 다스려야 할 것입니다. 모든 나라는 기독교적으로, 즉 국가 정책이 그리스도로부터 흘러나오는 원리들에 따라 통치되는 것은 지당한 요구이고 당연히 그래야 합니다. 하지만 이것은 국가 정책을 위한 기독교적 원리가 요구하는 바에 대한 그들의 개인적 통찰에 힘입어 권세를 지닌 사람들의 주관적 확신이 아니고서는 결코 실현될 수 없습니다.

정부와 **교회**의 관계가 어떠해야 하는지, 이 두 번째 문제는 성격이 전혀 다릅니다. 가시적인 교회가 언제나 하나의 형태로 유지되는 것이 하나님의 뜻이었다면, 이 질문에 지금과는 전혀 다른 답이 주어졌을 것입니다. 사람들이 처음에 이 통일성을 추구했던 것은 당연합니다. 종교의 통일성은 백성들의 삶에 매우 매력적입니다. 그래서 단지 속 좁은 사람들만 16세기 로마교회가 종교의 통일성을 보존하기 위해 분투했던 절망적인 분노에 짜증을 낼 것입니다. 그리고 또한 이 통일성이 처음에는 확립되어 있었다는 것은 이해할 만합니다. 한 백성이 낮은 발전 단계에 처할수록 사고방식의 차이는 더욱 적었습니다. 거의 모든 민족이 종교의 통일성을 갖고 시작한 것을 사람들은 알고 있습니다. 하지만 개인의 삶이 지속적인 발전 과정에서 힘을 얻는다면, 이 통일성이 나뉘어지고, 더 풍성한 삶의 발전에 대한 거부할 수 없는 요구로서 다양성을 주장하는 것 또한 당연합니다. 그래서 이제 우리는 가시적 교회가 분열되고, 가시적 교회의 절대적 통일성이 그 어느 나라에서도 더 이상 유지될 수 없는 사실을 직면하고 있습니다.

그렇다면 이런 상황에서 정부의 소명은 무엇입니까? 가장 중요한 문제는 이제 정부가 많은 교회들 가운데 어떤 교회가 참된 교회인지, 그리고 다른 교회보다는 이 교회를 유지해야 하는지, 아니면 정부가 자신의 판단을 보류하고 이 모든 교단들의 다양한 복잡성을 이 땅에 있는 그리스도의 교회의 총체적 현현으로 볼 것인지 판단해야 한다는 것입니다. 칼빈주의적 입장에서 후자를 옹호해야 하는데, 이런 판단은 중립성이라는 잘못된 개념에서 나온 것도, 마치 칼빈주의가 참과 거짓에 무관심할 수 있는 것처럼 판단한 것도 아니라 **정부가 판단할 자료가 없고, 이 문제에 관한 모든 판단이 교회의 주권과 일치하지 않기 때문입니다.** 그렇지 않을 경우, 정부가 절대 군주일 때, 여러분은 칼빈주의 진영이 계속 투쟁해왔던 루터파 제후들의 선언인 "누군가의 지역이 그들의 종교" 아래 놓이게 됩니다. 혹은 정부의 권세가 다수성에 기초한다면, 투표 결과에 따라 어제 거짓된 교회로 불리던 것이 오늘 참된 교회로 여겨지고, 국가 정책의 모든 연속성이 사라질 것입니다. 그런 연유로 칼빈주의자들은 루터파 신학자들과 달리 그토록 자랑스럽고 용감하게 자유를 위해, 즉 **교회의**

영역 주권을 위해 계속 투쟁했습니다. 교회는 그리스도 안에서 자신의 고유한 왕을 모시고 있습니다. 교회가 국가 안에서 활동하는 것은 정부의 허가 때문이 아니라 **하나님의 법**(*jure divino*) 때문입니다. 교회는 자신의 고유한 조직을 갖고 있습니다. 교회는 고유한 직분자들이 있습니다. 그리고 또한 교회에는 진리를 거짓으로부터 구분할 수 있는 고유한 은사가 있습니다. 그러므로 고유한 표지들을 참된 교회의 표지들로 확정하고, 고유한 신앙고백서를 진리의 신앙고백서로 선포하는 권한은 정부에게 속한 것이 아니라 교회에 속한 것입니다. 이런 맥락에서 다른 교회들이 이 교회를 대적한다면, 이 교회는 그 교회들에 대항하여 영적, 사회적 무기들을 가지고 영적 싸움을 싸울 것입니다. 이 교회는 이 다양한 기관들 위에 있는 하나의 권세로서 자신과 자신의 자매 교회들 사이를 결정하는 권리가 다른 사람에게 혹은 정부에 속한다는 것을 거부하고 논박합니다. 정부는 영적 문제들을 결정하는 성령의 검이 아니라 상하게 하는 검을 지니고 있습니다. 바로 이런 이유로 칼빈주의자들은 **부권**(父權, *patria potestas*)이 정부에 수여되는 것을 계속 반대해 왔습니다. 분명히 아버지가 그의 가정에서 자기 가정의 종교를 규정합니다. 하지만 정부가 등장했을 때, 가정은 사라지지 않은 채 그대로 남아 있었고, 정부는 영역 주권을 통해 그리고 특히 교회 안에 있는 그리스도의 주권을 통해 단지 제한된 임무를 받았을 뿐입니다.

이제 이런 점에서 지나치게 청교도적이어서는 안 됩니다. 유럽에서는 역사적 상태의 여파를 고려해야만 합니다. 빈 땅에 새 집을 짓는 것과 기존의 집을 개축하는 것은 전혀 다릅니다. 하지만 그 어떤 것도 다음의 기본 원칙을 깨뜨릴 수는 없습니다. 즉, 정부는 그리스도의 교회의 복잡성을 이 땅에 있는 그리스도의 교회의 다양한 형태의 현시로서 존중해야 합니다. 정부는 자유, 즉 이 교회들의 고유한 영역에서의 그리스도의 교회의 주권을 존중해야 합니다. 교회가 가장 번창하는 때는 정부가 교회를 자신의 힘으로 살아가도록 허용할 때입니다. 그러므로 러시아 차르의 황제교황주의(Caesaropapie)[23]도, 로마교가 가르치는 국가의 교회 종속도, 루터파 법학자들의 "누군가의 지역이 그들의 종교"라는 것도, 프랑스 혁명의 비종교적인 중립적 입장도 아닌, 칼빈주의 입장에서 '자유로운 국가에서 자유로운 교회'의 체제만 존중할 수 있습니다.

정부에게 이중적 요구를 수반하는 한 입장이 있습니다. 첫 번째 요구로 정부는 종교와 관련된 모든 일에 교회들을 이해관계자로 여기고 귀를 기울여야 합니다. 두 번째 요구로 정부는 자

---

23 역자주: 황제교황주의란 세속 군주인 황제가 자신의 치세하에 있는 교회에 대해 최고의 권위를 갖고 교회의 교리 문제까지도 간섭하며 권위를 행사하는 체제를 가리킨다.

신의 시민 영역에서 자신의 길을 준수하고, 하나의 종교적 그룹이 일부일처제의 문제나 민법의 다른 어떤 점에서 **사회적 사실로** 국가법에 반대하는 것을 허용해서는 안 됩니다. 국가의 주권과 교회의 주권은 서로 나란히 존재하며, 서로에 대해 반복적으로 경계선을 그어 제한합니다.

이에 반해 제가 간단하게 언급했던 마지막 문제, 즉 **몇몇 개인의 주권**에 관한 정부의 소명은 전혀 다릅니다. 이미 이 강연의 두 번째 부분에서, 개화(開化)된 사람은 영역 주권으로 개인적 삶의 영역을 갖고 있다고 제가 지적했습니다. 여기서 저는 그의 가정을 의미하는 게 아닙니다. 가정은 벌써 다수의 사람들로 구성된 하나의 사회적 유대이기 때문입니다. 그러므로 여기서 의미하는 바는 바이트브레흐트(Weitbrecht) 교수가 다음과 같이 표현한 것입니다. "모든 사람은 자신의 양심상 왕이며 주권자이며, 모든 책임에서 벗어난다."[24] 헬트(Held) 박사는 이런 식으로 표현했습니다. "어떤 점에서 모든 사람은 최고 권력자 혹은 주권자이다. 왜냐하면 모든 사람은 하나의 영역을 가져야 하며 실제로 그러하고, 이 영역에서 그가 최고 주권을 갖기 때문이다."[25] 제

---

24 Weitbrecht, *Woher und Wohin* (Stuttgart, 1877), 103. "Ist doch vermöge seines Gewissens Jeder ein König, ein Souverain, der über jede Verantwortung erhaben ist."

25 Held, *Verfassungssystem*, I, 234. "In gewisser Beziehung wird jeder Mensch

가 이것을 지적하는 것은 양심의 중요성을 과대평가하기 위한 것이 아닙니다. 저는 하나님과 그의 말씀에 대해 양심을 해방시키려는 자를 아군이 아닌 적군으로 여깁니다. 하지만 이것은 제가 양심을 결코 자신 위에 사람이나 하나님 외에 다른 것을 두지 않는다는 의미에서 양심의 주권을 모든 개인적 자유의 '수호신'(palladium)으로 옹호한다는 것을 가로막지 못합니다.

그럼에도 불구하고 개인적 양심의 자유에 대한 필요는 즉각적으로 드러나지 않습니다. 이 필요는 어린애가 아니라 비로소 성인에게서 두드러지게 표출되고, 미개한 민족들 가운데서 일반적으로 잠자고 있으나, 고도로 개화된 민족들에게서 비로소 억누를 수 없게 됩니다. 성숙하고 풍성한 개화를 이룬 사람은 양심의 광장에서 억압을 당하는 것보다 차라리 자발적으로 추방당하고 감옥에 갇히거나 자신의 생명을 희생합니다. 그리고 3세기의 긴 세월동안 종교재판에 대한 사라지지 않은 뿌리 깊은 반감은 종교재판의 시행이 사람의 인간성을 훼손하고 폭행했다는 인식에서 끊임없이 일어났습니다.

여기서 정부의 이중적 의무가 흘러나오는데, 첫 번째 의무는

---

supremus oder souverain sein, denn jeder Mensch muss eine Sphäre haben, und hat sie auch wirklich, in welcher er der Oberste ist."

교회가 이 양심의 자유를 존중하게 하는 것이며, 두 번째 의무는 정부 스스로 주권적 양심에게 양보하는 것입니다. 첫 번째 의무와 관련하여, 교회의 주권은 자유로운 인격의 주권에서 자신의 자연스런 한계를 지닙니다. 자신의 영역에서 주권자인 교회는 이 영역 밖에 사는 자에 대해선 영향을 줄 수 없습니다. 그리고 이 원칙과 충돌하여 권력의 남용이 발생하는 곳마다 각각의 시민을 위해 정부의 보호를 요구하는 권리를 반드시 존중해야 합니다. 교회는 자신의 영역에서 추방하기 원하는 사람을 교회의 구성원으로 용납하도록 강요받아서는 안 되지만, 그 어떤 국가의 시민도 양심에 따라 떠나기를 원하는 교회 안에 머물도록 강요해서도 안 됩니다. 반면에 정부는 이런 점에서 자신이 교회들에게 요구하는 것을 스스로 실천해야 하고, 양심의 자유를 각 사람에게 속하는 원초적 권리로서 모든 시민에게 허용해야 합니다. 모든 인간적 자유 가운데 가장 심오한 이 자유를 독재자의 손아귀에서 빼앗기 위해 사람들은 영웅적 투쟁을 치렀으며, 이 자유를 쟁취하기 전에 강들은 사람의 피로 물들었습니다. 하지만 바로 이런 이유로 우리 자유의 이 수호신을 결연히, 물러섬 없이 옹호하지 않는 모든 종교개혁의 아들은 자기 선조들의 영예를 내팽개치는 것입니다. 무엇보다 **인간**을 통치할 수 있도록 정부는 우리 인간 본질의 가장 밑바닥에 놓인 이 윤리적 힘이 손상되지 않도록 해야 합니다. 양심이 손상된 시민들로 구성된 나라는 그 스스로 국가적 회복력이 손상을 입은 나라입니다.

그리고 비록 제가 우리 조상들이 이론상으로는 아직 **말씀의 자유**와 **예배의 자유**를 위한 양심의 자유로부터 흘러나온 모든 추론을 간파하지도 갈망하지도 못했다는 것을 의심 없이 인정한다 할지라도, 그들이 출판 감시와 금지를 통해 탐탁치 않은 책의 확산을 방지하기 위해 여전히 필사적으로 노력했다는 것을 알지라도, 이 모든 것은 구술 언어와 인쇄 언어를 통해 사상의 자유로운 표현이 실제적으로 칼빈주의 네덜란드에서 처음으로 승리했다는 사실을 부정할 수는 없습니다. 또한 다른 곳에서 어려움을 겪었던 사람이 칼빈주의 영토에서 처음으로 사상의 자유와 언론의 자유를 누릴 수 있었고, 이런 식으로 양심의 자유에 포함된 것의 논리적 발전은 양심의 자유 자체와 마찬가지로 칼빈주의로부터 나와 세상에 다가왔다는 사실 또한 분명합니다. 왜냐하면 프랑스 혁명이 처음으로 로마교 나라들에서 영적 독재와 정치적 독재를 영구히 종식시켰으며, 프랑스 혁명이 자유의 대의(大義)를 증진시켰다는 점만큼은 기꺼이 인정해야 하기 때문입니다. 그러나 다른 생각을 가진 자들을 제거하기 위해 단두대가 어떻게 프랑스 전역에서 멈출 수 없었는지 역사를 살펴본다면, 부정한 맹세로 자신들의 양심을 훼손하기를 거부했던 로마교 성직자들이 파리에서 얼마나 잔인하게 사정없이 살해되었는지를 기억한다면, 혹은 저처럼 경험적으로, 유럽 자유주의와 보수주의를 통해 다른 길들을 택했던 자들에게 적용되었던 영적 압제를 아는 자라면, 프랑스 혁명의 자유와 여기 칼빈주의의 자유가 전혀 다른 것임을 알게 될 것입니다.

프랑스 혁명에서는 기독교인 소수가 **불신자 다수**의 선언에 **아멘**이라고 **말할** 자유를 얻었던 반면, 칼빈주의에서는 **각 사람이 자신의 마음의 소리를 따라 하나님을 섬길 수 있는** 양심의 자유를 얻었습니다.

칼빈주의와 학문

네 번째 강연

칼빈주의와 학문

네 번째 강연에서 저는 **칼빈주의와 학문**을 다룰 것입니다. 물론 이 주제 역시 몇 마디로 간단히 바닥까지 다 파헤칠 수는 없습니다. 그러므로 저는 단지 네 가지 고려 사항에 여러분이 주목할 것을 요청합니다. 첫째, 칼빈주의가 어떻게 **학문에 대한 사랑**을 키웠으며, 키워야만 했는지, 둘째, 칼빈주의가 어떻게 학문에게 **그 영역**을 되돌려주었는지, 셋째, 칼빈주의가 어떻게 학문을 **부자연스런 속박**에서 풀어주었는지, 그리고 넷째, 칼빈주의가 **학문적 갈등**에 대한 해결책을 어떤 길에서 찾고 발견했는지 다룰 것입니다.

먼저, 칼빈주의 안에는 학문에 대한 충동, 자극, 본능이 숨어 있습니다. 학문에 대한 사랑은 바로 이 충동을 통해 길러**졌고**, 원칙적으로 **반드시** 그 충동을 통해 증진되어야 했습니다. 저는 먼저 칼빈주의 역사에 기록된 영광스러운 한 페이지를 잠시 살펴보고, 이어서 칼빈주의에 기반한 학문에 대해 조금 더 길게 살피고자 합니다.

제가 언급한 그 아름다운 페이지는 단지 칼빈주의 역사만 아니라 인류 역사에도 나옵니다. 그것은 지금도 여전히 매년 10월 3일에 경축되고 있는 레이든(Leiden)의 포위와 해방입니다. 3백 년도 넘는 과거에 레이든은 돈 루이스 데 레퀴에센스(Don Louis de Requesens) 지휘 하에 있는 스페인 최정예 부대에 포위되어 살인과 약탈로 위협을 받았습니다. 1573년 유럽 전체의 미래는 스페인이 승리하느냐 네덜란드가 승리하느냐에 달려 있었습니다. 만일 하를렘(Haarlem) 다음에 레이든까지 스페인에 정복 당한다면, 네덜란드가 – 인간적 판단에 따르면 – 필연적으로 무너질 수밖에 없었기 때문입니다. 레이든 포위전은 세계 역사가 차지하게 될 방향을 두고 알바(Alva)와 빌럼 공(Prins Willem)이 투쟁한 것이었습니다. 알바의 군대가 결국 철수해야 했고 침묵공 빌럼이 유럽에서 자유의 깃발을 흔들 수 있었던 것은, 오직 이 레이든의 해방 때문입니다. 레이든은 당시 세계 최고의 부대로 여겨졌던 강력한 정예부대에 맞서 싸웠는데, 요새 안에는 거의 군인이 없었고 오직 시민들이 방어했습니다. 1573년 10월 스페인 군대가 이 위태로운 성을 포위했고, 3개월이 지나자 도시에는 먹을 것이 다 떨어졌습니다. 두려운 기근이 휘몰아쳤습니다. 불행한 결말을 맞게 될 시민들은 개와 쥐를 먹으며 연명했습니다. 결국 암울한 기근은 전염병을 일으켰고, 거주민의 거의 1/3이 죽었습니다. 스페인은 당시 죽어가는 백성에게 화친과 사죄를 제안했으나, 레이든은 스페인이 나르든(Naarden)과 하를렘(Haarlem)에서 얼마나 지독스럽게 약속을 저버렸는지 알고 있었기에 다음과 같이 용감하고 당당하게 대답했습니다. "만일 필요하다면, 우리는 우리 왼팔을 먹을 것이며, 오른팔로 우리 아내와 우리 자유와 우리 종교를 오, 독재자 당신에게서 방어할 것이다." 그렇게 그들은 인내했습니다. 그리고 오란여(Oranje) 공의 권세가 포위를 풀어주기까지 모든 것을 기다렸습니다. 그러나 왕자는 하나님의 때를 기다려야만 했습니다. 홀란트(Holland) 주(州) 전체의 제방이 무너졌고, 레이든 주변의 땅은 물에 잠겼습니다. 함대는 서둘러 레이든을 향해 항해할 준비를 갖추었으나 바람이 불어 수위가 낮아져 함대는 얕은 물을 통과할 수 없었습니다. 하나님은 자기 백성을 시험하셨습니다. 마침내 10월 1일 바람이 서쪽으로 방향을 돌리고 물이 차올라 함대가 통과할 수 있었습니다. 그때 스페인 사람들은 빠르게 차오르는 물을 피해 모두 도망쳤습니다. 10월 3일에 함대는 레이든에 들어왔고, 이 레이든 해방과 함께 홀란트와 유럽이 구원 받았습니다. 지쳐서 죽을 지경에 이르렀던 사람들은 더 이상 움직일 수 없었음에도 모두가 한 사람처럼 기도의 집으로 비틀거리며 나아갔습니다. 거기서 모두 무릎을 꿇고 하나님께 감사드렸습니다. 다만 한 가지, 그들이 함께 감사의 시편 찬송을 부르려고 했을 때, 그들의 목은 말라 그 어떤 목소리도 낼 수 없었습니다. 그 찬송 소리는 감사의 눈물과 울음 속에 사라져 갔습니다.

제가 영광스런 한 페이지라고 불렀던, 저 피로 기록된 자유의 역사를 보십시오. 만일 여러분이 이것이 **학문**과 무슨 관계가 있느냐고 제게 묻는다면, 이제 답하겠습니다. 그런 용감한 정신에 대한 존경의 표시로서 홀란트 자문위원회(Staten van Holland)는 레이든에게 몇몇 기사 작위나 황금이나 명예를 수여하지 않고, **학문의 학교**, 즉 전 세계적으로 유명한 레이든 대학[1575]을 설립해 주었습니다. 독일 사람은 학문적 영예를 누구보다 더 자랑스러워 합니다. 니버(Niebuhr)는 말하기를 "레이든 대학의 이사회실은 가장 기억에 남는 학문의 넓은 방(aula)이다"라고 했습니다. 매우 유능한 학자들이 높은 대우를 제시받고 초대되었습니다. 스칼리거(Scaliger)[1]는 프랑스에서 군함으로 모셔왔습니다. 살마시우스(Salmasius)[2]는 기병 대대 전체의 경호를 받고 레이든에 도착했습니다. 제가 왜 여러분에게 찬란한 명성으로 레이든을 가득 채운 학문의 황태자, 박식한 대가들의 이름을 나열하고 있을까요? 학문에 대한 사랑이 어떻게 레이든에서 나와 온 나라에 퍼졌는지를 왜 언급하고 있을까요? 여러분은 립시우스(Lipsius), 헴스터하위스(Hemsterhuys), 부르하베(Boerhaave)를 아실 것입니다.[3] 여러분은 네덜란드에서 어떻게 망원경, 현미경, 온도계가 발명되고[4],

---

1 역자주: 요세푸스 유스투스 스칼리거(Josephus Justus Scaliger, 1540-1609)는 16세기 프랑스 개신교 인문주의자, 시인, 논쟁가, 레이든 대학 교수였다. 스칼리거는 연대학(Chronology)의 기초를 놓았으며, 생애 마지막 16년을 레이든에서 고전 철학과 성경연구를 크게 진작시켰다. 그는 당대에 위대한 신약학자로 여겨졌다.

2 역자주: 클라우디우스 살마시우스(Claudius Salmasius, 1588-1653)는 탁월한 프랑스 개신교 인문주의자이자 철학자로 1631년 스칼리거의 후임으로 레이든 대학 교수가 되었다.

3 역자주: 유스투스 립시우스(Justus Lipsius, 1547-1606)는 네덜란드 인문주의자, 문헌학자이자 역사가였다. 티베리우스 헴스터하위스(Tiberius Hemsterhuys, 1685-1766)는 네덜란드 문헌학자이자 언어학자였다. 레이든 대학의 그리스어 교수로서 18세기 네덜란드 그리스 연구의 부흥을 촉진하였다. 헤르만 부르하베(Herman Boerhaave, 1668-1738)는 네덜란드 의사, 해부학자, 식물학자이자 화학자였다.

4 역자주: 네덜란드의 안경 기술자이자 제조업자인 한스 리퍼헤이(Hans Lipperhey, 1570-1619)는 1608년 볼록렌즈와 오목렌즈 둘을 겹쳐 굴절망원경을 발명했다. 1년 뒤 1609년 이탈리아의 물리학자, 천문학자, 수학자이자 철학자인 갈릴레오 갈릴레이(Galileo Galilei, 1564-1642)는 리퍼헤이의 굴절망원경을 개선하여 천체 망원경을 제작하였다. 코넬리스 드레벨(Cornelis J. Drebbel, 1572-1633)은 네덜란드 기술자이자 발명가로 측량공학과 제어공학의 선구자였다. 드레벨은 생전에 이미 소위 영구작동(perpetuum mobile), 두 개의 볼록렌즈를 사용한 최초의 현미경, 그리

이로 인해 어떻게 참된 경험 과학이 처음으로 가능해졌는지를 알고 있습니다. 칼빈주의가 네덜란드에서 학문에 대한 사랑을 키웠다는 사실은 그 누구도 부정하지 않습니다. 하지만 이것에 대한 가장 결정적이고, 가장 확실한 증거는 레이든 대학의 설립에 있습니다. 세계 역사의 두려운 죽음의 투쟁 가운데 그 역사의 방향을 되돌린 순간에 학문을 연마하는 대학을 최고의 상으로 받는 것은 삶의 원리 자체에 학문에 대한 사랑을 가슴에 품은 백성이 아니고서는 생각할 수 없습니다.

이제 그 원리 자체를 살펴보고자 합니다. 단지 그 사실을 인정하는 것뿐만 아니라 왜 칼빈주의가 학문에 대한 사랑을 **반드시** 키워야만 했는지도 보여드리고 싶기 때문입니다. 그리고 제가 이를 위해 고상한 의미에서 그 당시의 학문을 위한 가장 강력한 동기로서 칼빈주의 예정 교리를 언급할 때 이상하게 여기지 마십시오. 일단은 우리가 이해하는 학문이 무엇인지에 대한 심각한 오해부터 제거해야 하겠습니다.

저는 **유일한**(de) 인간 학문을 하나의 통합된 전체라고 말하니

고 잠수함 제작자로 유명했다. 안토니 판 레이윈후크(Antoni van Leeuwenhoek, 1632-1723)는 네덜란드 포목상, 토지측량사, 미생물학자였다. 그는 특히 자신이 직접 제작한 현미경과 세포 생물학과 미생물학의 선구적 작업으로 유명하다. 다니엘 가브리엘 파런하이트(Daniel Gabriel Fahrenheit, 1686-1736)는 독일 물리학자로서 1717년부터 네덜란드 덴 학(Den Haag)에 머물며 기압계, 고도계, 온도계 제작에 심혈을 기울였다. 그는 화씨(°F) 온도계로 인해 유명해졌다.

다. 사람들이 "과학"이라고 부르거나 또는 프랑스 사람들이 "정밀 과학"(sciences exactes)이라 부르는 것을 말하지 않습니다. 특히, 저는 순수 경험론이 그 자체로 언젠가 완성된 학문이 될 수 있다고 생각하지 않습니다. 심지어 가장 미세한 현미경적, 가장 멀리 바라보는 망원경적 연구조차 여전히 **강화된 눈으로 본 관찰** 외에 다른 것이 아닙니다. 그래서 여러분이 그 특별한 현상 가운데 보편적 **법칙**을 발견하고, 복잡한 전체 현상들을 지배하는 **사고**를 이해할 때 비로소 여러분은 관찰한 현상들로부터 학문으로 올라갑니다. 이런 방식으로 개별 학문이 생깁니다. 하지만 이 개별학문에서도 인간 정신은 쉬지 못하며 쉴 수도 없습니다. 또한 개별 학문을 형성한 것은 결과나 가설을 통해 떼를 지어 반드시 하나의 머리, 단일 원리의 지배하에 놓여야 하며, 마지막으로 철학이 그 장막에서 나와 지금까지 떼를 지어 형성된 모든 것을 하나의 유기적 전체로서 생각합니다. 오직 우주적 삶 전체의 통일성이 살짝 엿보이는 곳에서 [정당한 의미에서의] 그 학문은 최고의 승리를 자축합니다. 왜냐하면 사람들이 어떻게 드 보아 레이몽(Du bois-Raymond, 1818-1896)[5]의 **"우리는 알지 못할 것이**

---

5   역자주: 에밀 하인리히 드 보아 레이몽(Emil Heinrich du Bois-Reymond)은 독일 의사이자 생리학자로서 신경 활동전위(nerve action potential)의 공동 발견자이며 경험 전기생리학을 발전시킨 사람이다.

다"(*Ignorabimus*)라는 말로 최상의 학문을 향한 갈망이 결코 해소되지 않을 운명처럼 만들었는지, 그리고 불가지론 속에서 삶의 배경 앞에 그리고 삶의 심연 너머에 하나의 커튼을 쳐서 개별 학문들의 특수화로 만족하려 했는지를 저는 잘 알고 있기 때문입니다. 하지만 오래 전부터 인간 정신은 이 정신적 파괴주의에 반격해 왔습니다. 존재하는 모든 사물의 기원, 연관성, 그리고 목적에 대한 질문은 억제될 수 없었습니다. 그리고 하나님의 말씀에 대항하는 진화론이 모든 영역에서, 특히 우리 자연주의자들 가운데 전속력으로 그 영토를 정복했던 선언, **"왔노라, 보았노라, 이겼노라"**(*veni, vidi, vici*)는 우리가 얼마나 관점의 통일성을 필요로 했는지 보여주는 가장 결정적인 증거입니다.

우주 전체를 통일체로 보는 고상한 의미에서의 학문에 대한 사랑이 하나님의 예정에 관한 칼빈주의자들의 신앙을 통해 어쩌면 그렇게 강력하게 보존되었을까요? 이것을 이해하기 위해서는 예정에서 하나님의 작정으로 돌아가야 합니다. 이는 선택의 문제가 아니라 **반드시** 그렇게 해야 하는 문제입니다. 예정에 대한 믿음은 다름 아닌 하나님의 작정이 자기 개인의 존재 속에 스며들도록 허용하는 믿음이며, 사람들이 의미하는 하나님의 전능한 작정의 의지가 자신의 고유한 인격에 감히 적용하는 것을 보여주는 것이기도 합니다. 이것은 말로만 그치는 것이 아니라, 자신의 인격, 실존, 그리고 미래를 두고 자신의 고백을 보증한다는 뜻입니다. 하나님 사역의 통일성과 확실함에 관해 여러분이 말한 것이 정직하고, 흔들림 없이 확고하고 견고하다는 증거입니다. 이것은 여러분을 교만한 사람으로 의심 받게 하므로 커다란 용기의 행동입니다. 어쨌든 이제 하나님의 작정에서 계속 나아간다면, 이 경우에 이 작정 교리는 온 우주의 실재와 사물들의 과정이 변덕이나 행운의 장난감이 아니라 질서의 확고함에 순종한다는 확실성 외에 다른 무엇을 의미하겠습니까? 자연 전체와 역사 전체 가운데 자신의 뜻을 실행하는 하나의 확고한 의지가 있다는 것 외에 다른 무엇을 의미하겠습니까? 여러분은 저와 동의하여 하나님의 작정이 즉시 개념의 통일성을 강요한다고 할 것입니다. 이 작정 교리는 모든 것을 지배하는 하나의 원리를 수용할 것을 강요합니다. 이 교리는 모든 특별한 것 뒤에 숨어 있고 그 모든 특별한 것 가운데 표현되는 보편적인 어떤 것을 인정하라고 강요합니다. 이 교리는 만물 가운데 확고함과 질서가 숨어있다고 고백하라고 강요합니다. 그러므로 우주는 이리 저리 흩어진 돌무더기가 아니라 엄격한 스타일로 지어진 기념비적인 건물입니다.

만일 여러분이 이 입장을 버린다면, 매 순간 무슨 일이 일어날지, 일들이 어떤 식으로 진행될지, 아침, 저녁마다 여러분과 여러분의 가정, 그리고 모든 나라와 모든 대륙에 무슨 일이 일어날지 불확실하게 됩니다. 사람의 변덕스런 의지는 모든 것이 실행되는 중심축입니다. 그러므로 모든 사람은 매 순간 이런 저런 방식으로 행동할 수 있습니다. 그는 또한 자신이 원하는 그런 특정한 방식을 선택해서 행동할 수도 있습니다. 그렇다면 그 어떤 것도 기준을 정할 수 없습니다. 그 어떤 연관도, 과정도, 연속성도 없습니다. 연대기는 있지만 역사는 없습니다. 그렇다면 학문이 어떻게 될 것인지 직접 말해 보십시오. 자연에 대한 연구는 확고하게 남을지라도, 인간 삶에 대한 연구는 일관성 없이 전적으로 흩어질 것입니다. 오직 사실들만 역사적으로 관찰될 수 있을 뿐, 모든 연관과 계획은 역사에서 사라집니다.

저는 지금 자유의지의 문제를 다룰 생각이 조금도 없습니다. 그것을 다룰만한 시간이 없습니다. 하지만 칼빈주의가 고백한 하나님의 작정의 통일성과 확고함, 그리고 아르미니우스주의자들이 옹호했던 피상성과 느슨함 사이의 대립에 대해, 금세기 학문의 높은 발전은 거의 만장일치로 칼빈주의가 옳았다고 인정한 것은 확실한 사실입니다. 현대 철학자들의 체계는 모두 통일성과 확고함을 옹호합니다. 버클(Buckle)의 『영국 문명사』(*History of the Civilisation in England*)는 인간 영역에서 나타나는 확고한 질서를 놀라울 정도로, 거의 수학적 증명 능력으로 입증했습니다. 롬브로소(Lombroso)와 그의 발자취를 따르는 범죄학파 가운데 결정론 학파 전체는 이런 관점에서 전적으로 칼빈주의 노선을 따릅니다. 그리고 자연의 전체 조직을 지배하는 유전과 변이의 법칙들은 인간 영역에서도 지속된다는 가장 최근의 주장은 이제 이미 모든 진화론자들의 "공동의 신조"가 되었습니다. 그러므로 비록 제가 지금 당분간 이 철학적 체계들과 이 자연주의적 가설들에 대해 모든 평가를 자제한다 할지라도, 우리 시대 학문의 전체적인 발전은 우연적 놀음의 희생양이 아니라 하나의 확고한 계획을 지향하는 확고한 규례에 따른 하나의 원리로부터 나와 존재하고 발전하는 우주를 가정한다고 확실하게 입증했습니다. 즉시 주목을 끄는 것은 아르미니우스주의와는 정면으로 대립하고, 그와 반대로 만물이 생겨나게 하고, 만물을 그의 규례들에 복종케 하고, 만물을 이미 수립된 목적을 향하게 하는 하나님 안에 하나의 의지가 있다는 칼빈주의적 고백과 전적으로 조화를 이룬다는 주장입니다. 칼빈주의자들은 우주의 이미지가 하나님의 작정 속에, 즉 느슨하게 조합된 결정들의 집합 속에 놓여있다고 결코 가르치지 않았으며, 하나님의 작정 전체가 피조계 전체를 위한 하나의 유기적 프로그램을 형성했다고 항상 주장해왔습니다. 우리가 "자연법칙들"을 이야기하는 것은 언제나 필요한데, 여기서 자연이 **우리에게** 부과하는 법칙들이 아니라 하나님이 **자연에** 부과하는 법칙들이라는 조건하에서 그렇습니다. 즉, 시편 기자가 땅은 하나님의 규례들에 의해 존속될 것인데, 이 규례들은 **"하나님의 종들"**이기 때문이라고 증거한 의미에서 그렇습니다. 그리고 칼빈주의자가 이 하나님의 작정 속에 자연법칙들의 토대와 기원이 놓여있다고 생각했던 것처럼, 마찬가지로 도덕적 법칙들과 영적 법칙들의 확고한 토대와 기원도 그 안에 놓여 있습니다. 이제 이 두 자연법칙들과 도덕적 법칙들은, 하나님의 명령에 따라 존재하고 하나님의 경륜이 장차 그분의 정하신 계획의 완성에서 성취될 하나의 높은 질서를 함께 형성합니다.

그러므로 그와 같은 사물들의 통일성, 확고함, 그리고 질서에 대한 믿음은, 개인적으로는 선택으로, 우주적으로는 하나님의 경륜으로 믿는 믿음은 반드시 학문에 대한 사랑을 큰소리로 일깨우고 힘 있게 발전해야 했습니다. 이 통일성, 확고함, 질서에 대한 깊은 인식이 없는 학문이란 단순한 추측에 머무를 수밖에 없습니다. 그리고 오직 우주의 유기적 연관에 대한 믿음이 있을 때, 학문은 특수한 것에 대한 경험으로부터 일반적인 것으로, 이 일반적인 것으로부터 지배적인 법칙으로, 그리고 이 법칙으로부터 모든 것을 지배하는 원리로 올라갈 수 있습니다. 모든 고등 학문에 전적으로 필요한 자료들은 오직 이러한 가정에서만 발견할 수 있습니다. 칼빈주의가 새로운 길을 열었을 당시, 비틀거리던 반(semi)펠라기우스주의가 다름 아닌 이 통일성, 확고함, 그리고 질서에 대한 인식을 얼마나 무디게 만들었던지 모릅니다. 심지어 토마스 아퀴나스조차 영향력을 잃었으며, 스코투스주의자들, 신비주의자들, 그리고 에피쿠로스주의자들이 경쟁적으로 인간 정신을 그 확고한 과정에서 **빼앗으려** 했다는 것을 주의하십시오. 그리고 그 누가 학문적 삶에 대해 전적으로 새로운 충동이 새로 태어난 칼빈주의로부터 등장했어야 한다는 것을 인식하지 못하겠습니까? 이 칼빈주의는 하나의 강력한 조치로 그 영적 방종을 권징하고, 두 가지 이상의 생각들 사이에서 우왕좌왕하는 것을 끝내고, 무질서하게 떠다니는 희미한 안개 대신에 높은 산에서 흘러 단단한 바닥을 지나 자신을 기다리는 바다로 강력하게 흘러가는 강물의 이미지를 우리에게 제공했습니다. 칼빈주의는 하나님의 작정을 고수하기 위해 힘겨운 전투를 치러야 했습니다. 칼빈주의는 거듭 거의 파멸될 것처럼 보였습니다. 칼빈주의는 그 때문에 모욕과 비방을 받았습니다. 심지어 우리의 악한 행동조차 하나님의 계획 밖에 두기를 칼빈주의가 거부했을 때, 그렇지 않을 경우 세계질서의 전체 프로그램이 다시금 깨어지기 때문에, 사람들은 자기가 하는 것이 무엇인지도 모른 채, 오해에서 비롯된 것임에도 불구하고, 우리가 하나님을 죄의 조성자로 만든다고 비난했습니다. 하지만 악한 소문과 선한 소문을 통해 칼빈주의는 확고부동하게 자기 자리를 지켰습니다. 칼빈주의는 조롱과 모욕에도 불구하고 우리의 신앙관을 위해 우리의 삶 전체가 하나님이 세우신 **통일성**, **확고함**, 그리고 **질서**에 대한 압도적인 인상 아래 있어야 한다는 흔들리지 않는 확신을 포기하지 않았습니다. 이로 인해 칼빈주의는 백성들의 넓은 영역에서 통찰의 통일성, 지식의 확고함, 그리고 세계관의 질서에 대한 필요를 구축했습니다. 이 강력한 필요 때문에 학문에 대한 갈구가 활발해졌습니다. 이 갈구는 당시 칼빈주의 국가들에서 매우 훌륭하고도 충분하게 차올랐고, 그보다 더 풍성했던 곳은 어디에도 없었습니다. 당시 저술들이 그와 같은 결단력과 사고력, 그와 같은 포괄적인 인생관을 여러분에게 보여줍니다. 심지어 여러분은 그 당시 귀부인들의 회고록과 그 나라 평민들의 서신 교환으로부터 그들의 실존에 학문적 특징을 남긴 세계관과 인생관의 통일성을 엿볼 수 있습니다. 이것은 동시에 그들이 소위 "의지의 수위성(首位性)"을 결코 들고 싶지 않았다는 것과 연관됩니다. 모든 사유는 선명한 의식의 통제력을 요구했고, 이 의식 가운데 그들은 일시적 기분이나 변덕, 충동이나 우연이 아니라 장엄한 최상의 원리에 의해 통치되어야 했습니다. 이 원리는 그들의 삶을 설명하고 그들의 실존 전체를 바친 것이었습니다.

❖

이제 칼빈주의가 **학문에 대한 사랑**을 촉진시켰다는 저의 첫 번째 주장에서 떠나 두 번째 주장, 즉 칼빈주의가 학문에 **그 영역을 다시 주었다**는 주장으로 넘어갑니다. 제가 의미하는 바, 우주학은 그리스 로마 세계에서 처음 시작되었고, 중세에는 우주가 지평선 너머로 사라져 모든 관심은 다가올 삶의 전망에 집중했으며, 다시 우주적 삶에 대한 올바른 인식으로 이끈 것은 다름 아닌 칼빈주의였습니다. 이것은 중세를 희생시켜 고대를 높인다는 것이 아닙니다. 만일 영원한 것에 무지한 그리스의 아름다운 우주적 이해와 우주적 사물에 무지한 중세의 하나님의 그리스도에 대한 신비적 사랑 사이에 선택해야 한다면, 하나님의 모든 자녀는 그 죽음의 자리에서 헤라클리투스(Heraclitus)와 아리스토텔레스보다 클레르보의 베르나르(Bernard van Clairvaux, 1090-1153)와 토마스 아퀴나스를 높이 찬양할 것입니다. 자신의 구원과 운명을 괘념치 않고 이 땅을 지나는 순례자는, 비너스(Venus) 종교와 박쿠스(Bacchus) 숭배에서 삶의 영광을 추구하고, 영웅 숭배로 우쭐대고, 매춘 숭배에 빠져 결국에는 남색(男色)으로 짐승화된 그리스적 세상의 자녀보다 언제나 더 이상적인 인물입니다. 그러므로 제가 중세의 온갖 안개를 통과한 천상의 광채를 과소평가함으로 고전 세계를 과대평가하는 것처럼 생각하는 모든 오해는 제거되어야 할 것입니다. 그럼에도 불구하고 제가 주장하고 옹호하는 것은 이것입니다. 아리스토텔레스 한 사람이 모든 교부를 합친 것보다 우주에 대해서 더 많이 알았고, 우주학은 유럽의 대성당과 수도원 학교들보다 이슬람의 바그다드 학교들에서 더 번성했습니다. 오직 아리스토텔레스를 재발견하고서야, 비록 상당한 진척까지는 이루어지지 않았을지라도, 진지한 우주 연구가 다시금 일깨워졌습니다. 처음에는 칼빈주의적 원리 덕분에 언제나 **십자가**에서 **창조**로 돌아가고, 나중에는 칼빈주의적 **일반 은총**의 교리 덕분에 다시 우주학을 위한 넓은 우주적 영역이 열렸으나, 이제는 성경이 "그 안에 지혜와 지식의 모든 보화가 감추어져 있다"[골 2:3]고 증거하는 의의 태양을 통해 빛이 비추어졌습니다. 그래서 우리는 칼빈주의의 일반적 원리와 이 일반 은총의 교리를 별개로 고찰하고자 합니다.

기독교는 모든 사람이 동의하듯 기본적으로 **구원론적**입니다. "내가 무엇을 하여야 구원을 얻으리이까?"[눅 18:18]라는 질문은 기독교가 무엇보다도 먼저 응답해야 할 불안에 가득 찬 질문입니다. 이 질문은 현재를 영원의 관점에서 바라보는 것을 거부하고, 이 땅을 천상의 삶과 유기적, 도덕적 연관 없이 생각하는 데 익숙한 모든 사람은 이해할 수 없습니다. 하지만 죄인과 구원받은 사람, 일시적인 것과 영원한 것, 지상적 삶과 천상적 삶처럼, 두 요소가 나타나는 곳은 어디서든, 이 둘 사이의 올바른 연관을 보지 못하고 오류나 편협함으로 인해 이 둘을 왜곡하는 위험이 상존한다는 것은 두말할 필요가 없습니다. 물론 기독교 역시 아쉽게도 이 위험에서 벗어나지 못했습니다. 기독교는 중생에 대한 이원론적 개념을 통해 은혜의 삶과 자연적 삶 사이의 유대를 깨뜨렸습니다. 기독교는 너무 배타적으로 하늘만 바라봄으로써 하나님의 창조로서의 세상에 대한 관심을 기울이지 못했습니다. 기독교는 오로지 영원한 것만 사랑함으로써 일시적 영역에서의 의무를 충실하게 수행하지 못했습니다. 기독교는 영혼을 돌보는데 집중한 나머지 몸을 돌보는 데 소홀했습니다. 이런 조화를 이루지 못하는 일방적 개념은 결국 하나 이상의 분파를 **그리스도** 숭배에만 함몰되게 하여 성부 하나님, 전능하신 **하늘과 땅의 창조주**에 대한 경배를 잊게 했습니다. 이제 사람들은 기독교를 오로지 구원론적으로만 이해하고, 그 우주론적 의미는 사라졌다고 간단하게 말합니다. 이런 이원론은 성경에 의해 정죄되었습니다. [사도] 요한이 구주를 묘사할 때, 그는 이 그리스도가 어떻게 영원하신 말씀인지 우리에게 말함으로써 시작하는데, 이 말씀으로 말미암아 만물이 창조되었고, 그에게서 나온 빛은 사람들의 빛이었습니다[요 1:1-4]. 바울 역시 "만물이 그로 말미암아 지은 바 되고, 그를 통하여 함께 존재한다"[골 1:16-17]고 우리에게 증거합니다. 또한 구속 사역의 목적은 몇몇 죄인들을 구원하는 것이 아니라 **세상**을 구원하고, 하늘과 땅에 있는 만물을 다시 하나의 머리 아래 회복하여 그 유기적 관계 속에 두는 것입니다. 그리스도 자신은 단지 마음의 중생만 언급하는 것이 아니라 피조물 전체의 중생(ἀνακεφαλαίωσις [엡 1:10, cf. 마 19:28])도 말씀하십니다. "모든 피조물의 고대하는 바는 하나님의 아들들의 영광이 나타나는 것이라"[롬 8:19].

그리고 요한이 밧모섬에서 그룹들과 구원 받은 자들의 찬송을 들었을 때, 만물이 하늘 **그리고 땅**을 창조하신 하나님께 영광, 찬송, 감사를 돌렸습니다[계 5:11-13]. 요한계시록은 창세기 1장 1절의 "태초에 하나님이 하늘과 **땅**을 창조하시니라"라는 출발점으로 돌아갑니다. 이것과 일치하여 성경의 경륜 역시 몇몇 구원받은 영혼들의 영적 존재로 막을 내리는 것이 아니라 하나님이 장차 새 하늘과 새 땅에서 모든 것 가운데 모든 것이 되시는 온 우주의 회복을 목표로 합니다. 칼뱅은 복음이 지닌 이러한 광범하고 포괄적인 우주적 의미를 처음으로 다시 파악했는데, 추론을 통해서가 아니라 개인적으로 받았던 **하나님의 위엄**에 대한 깊은 감명을 통해 파악했습니다.

확실히 우리의 구원을 저울에 달아보면 상당히 무거울지라도, 우리 하나님의 영광을 그 저울에 달아보면 훨씬 더 무거워집니다. 우리 하나님은 자신의 놀라운 창조에서 자신의 영광을 처음으로 계시하셨습니다. 이 창조는 그분의 예술 작품입니다. 이제 죄가 이 하나님의 작품을 훼손했을 때, 더 영광스런 계시가 재창조 가운데 나타났습니다. 재창조는 언제나 처음 창조된 것의 구원이자 지속적인 구원이며, 본래 예술작품에 대한 우리 하나님의 신정론(theodicee)[6]입니다. 그리스도의 중보직은 사람의 혀

---

6   역자주: 신정론(神正論)이란 전지전능하고 선하신 하나님이 계신다면 왜 이 세상에 악과 고통이 존재하는가라는 질문에 대한 답변을 제시하는 이론이다.

와 천사들의 목소리가 높이 찬양해야 할 내용이자 지속적인 내용입니다. 하지만 그 중보직조차 자신의 영광을 의도한 것이 아니라 아버지의 영광을 의도한 것입니다. 그리고 그리스도의 왕직이 아무리 장엄하게 빛난다 할지라도, 그는 장차 이 왕직을 하나님 아버지께 돌려드릴 것입니다. 이제 그리스도는 여전히 우리를 위한 대언자이시지만, 그가 우리를 위해 더 이상 기도하지 않을 때가 올 것입니다. 왜냐하면 그때에는 아버지께서 친히 우리를 얼마나 사랑하시는지 우리가 완전하게 알게 될 것이기 때문입니다. 칼뱅은 이를 간파했고, 이로써 단번에 세상에 대한 경멸, 일시적인 것에 대한 무시, 세상적인 것에 대한 과소평가의 명백한 경계선과 한계를 정했습니다. 세상에서의 삶은 자신의 가치를 회복했는데, 영원한 것을 희생시켜 회복한 것이 아니라 하나님의 창조로서, 예술 작품으로서, 미덕의 계시로서 회복했습니다.

두 가지 구체적인 사실을 통해 여러분은 이 진리를 곧바로 알게 될 것입니다. 끔찍한 전염병이 한 때 밀라노를 황폐하게 만들었을 때 빛났던 것이 있습니다. 로마교 고위 성직자인 추기경 보로메오(Borromeo)[7]가 죽어가는 사람들 가운데서 보여주었던

---

7   역자주: 카를로 보르메오(Carlo Borromeo, 1538-1584)는 밀란(Milaan)의 대주교였으나, 삼촌인 지오바니 앙겔로 메디치(Giovanni Angelo Medici, 1499-1565)가 1559년 교황 피우스 4세(Pius IV, 1559-1565)가 되자 혈연에 의해 밀란의 추기경이 되었다. 1576년 밀란에서 페스트

영웅적인 사랑의 용기입니다. 하지만 16세기 제네바를 휩쓸었던 전염병 속에서 칼뱅은 더 많은 일과 더 좋은 행동을 했습니다. 칼뱅 역시 병든 자들을 위로했을 뿐만 아니라 동시에 지금까지 여전히 모델이 되는 위생적 조치들을 취해 전염병 확산을 막았기 때문입니다.

여러분에게 제시하는 두 번째 사실은 주목할 만한 것입니다. 암스테르담의 칼빈주의 설교자 페트루스 플란키우스(Petrus Plancius)[8]는 유창하게 설교했고, 목자로서 탁월하게 사역했으며, 교회 분쟁에서 단호한 행동으로 그 누구에게도 뒤지지 않았습니다. 하지만 동시에 그의 천재적인 지리학 지식 덕분에 그는 선주들과 선장들의 백과사전이었습니다. 지구의 경도와 위도에 대한 연구는 그에게 그리스도의 사랑의 길이와 넓이에 대한 연구와 일치했습니다. 그는 하나님의 두 가지 사역, 즉 창조 사역과 그리스도 안에 있는 사역을 옹호했는데, 이 두 사역 중에 그는 자신의 영혼을 황홀하게 만든 주님의 능력을 경배했습니다.

가 발생하자 도시의 모든 지도자들이 도망하였으나, 보르메오는 모든 사제들, 수사(修士)들, 수녀들에게 전염병 환자들을 버리지 말고 끝까지 돌볼 것을 의무로 규정하고 자신이 먼저 솔선수범한 것으로 유명하다.

8   역자주: 페트루스 플란키우스(Petrus Plancius, 1552-1622)는 플란더스 천문학자, 지도제작자, 지리학자, 네덜란드 동인도회사의 행정관이자 설교자였다.

우리의 개혁파 고백서가 하나님을 아는 두 가지 수단, 즉 자연과 성경을 어떻게 말하는지 잘 살펴봅시다. 더욱 주목할 만한 것은, 칼뱅이 대부분의 사람들과는 달리 이런 맥락에서 **기억하도록**(*pro memorie*) 부각하고, 성경을 다름 아닌 하나의 안경으로 부르고, 이를 통해 창조 속에 남은 희미해지고 손상된 신적인 글을 다시 읽을 수 있게 했다는 것입니다. 덕분에 자연에 전념하는 것이 허영에 빠져 넋 잃은 사람처럼 보인다는 모든 두려운 생각이 사라졌습니다. 사람들은 다음과 같은 사실들을 깨달았습니다. 하나님을 위한 것으로서 자연의 생명과 창조에 대한 우리의 통찰은 움츠러들 수 없고, 몸에 대한 연구는 영혼에 대한 연구와 나란히 영예의 자리를 회복했으며, 이 땅의 인간 사회는 다시 하늘의 완전한 의인들의 모임처럼 동일한 가치를 지닌 인간 학문의 대상이라는 인상을 남겼습니다. 칼빈주의와 인본주의 사이의 적절한 이해관계도 이것으로부터 설명해야 합니다. 그럼에도 불구하고 인본주의가 영원한 것을 이 땅의 삶으로 대체하고자 하는 한, 모든 칼빈주의자는 인본주의자를 반대했습니다. 하지만 인본주의자가 세상에서의 삶을 가치 있는 것으로 호소하는 순간 칼빈주의자는 그의 동맹자였습니다.

✣

이제 저는 앞서 여러분께 제시했던 일반적 원리에서 흘러나온 "일반 은총" 교리를 다루려 합니다.[9] 이 교리는 일반적 원리에 있어서 우리 본성의 부패로 이해되는 **죄**에 대해 특별히 적용한 것입니다. 죄는 우리를 그 자체로 풀 수 없는 수수께끼 앞에 서게 합니다. 만일 여러분이 이 죄를 치명적인 독, 하나님에 대한 적의, 영원한 저주로 이끄는 것으로 여기고, 여러분이 죄인을 '그 어떤 선도 행할 수 없고 모든 악에 기울어진 존재'로 규정한다면, 그래서 오직 하나님이 중생을 통해 그를 다른 사람으로 변화시킬 때 구원받을 수 있다고 한다면, 필연적으로 불신자들과 중생하지 못한 자들은 악인과 역겨운 사람으로 드러날 것입니다. 그런데 실제 삶에서 이것은 그런 식으로 드러나지 않습니다. 오히려 불신 세계의 많은 사람이 어떤 탁월한 것을 통해 그 우수성을 드러냅니다. 많은 값진 것들이 고대 이방 세계로부터 우리에게 전달되었습니다. 플라톤의 책들은 감명 깊은 페이지들로 가득합니다. 키케로는 여러분의 마음을 사로잡고 고상한 어

---

9   역자주: '일반 은총' 교리는 예수 그리스도 안에서 약속된 구원을 얻는 특별 은총 교리와 짝을 이루는 것으로, 인간 삶의 모든 영역에서의 하나님의 주권사상을 잘 드러낸 교리이다. A. Kuyper, *De Gemeene Gratie*, 3 Vols, (Amsterdam/Pretoria: Höveker & Wormser, 1902-1904).

조로 황홀케 하며, 여러분 속에 거룩한 감정을 불러 일으킵니다. 여러분 자신의 주변을 살펴보고, 다른 곳에서 들리는 소리가 무엇인지 귀를 기울이고, 불신자들의 연구서들과 문학 작품들을 통해 지금도 여전히 여러분에게 다가오는 것이 무엇인지 살펴본다면, 거기에는 오, 여러분을 매료하고, 마음의 공감을 불러 일으키며, 진실로 감탄하여 바라보게 하는 것들이 얼마나 많은지요. 많은 불신자들의 말과 행동과 그들의 일반적 처신이 보여주는 매력은 종종 불꽃같은 천재성이나 빛나는 재능만 아니라 그와 마찬가지로 아름다운 성품, 그들의 열심, 그들의 헌신, 그들의 사랑, 그들의 솔직함, 그들의 신실함과 그들의 정직한 태도의 결과입니다. 많은 신자가 불신자들의 이런 매력보다 더 많은 매력을 가졌으면 하는 소원을 자주 갖는데, 진실로 우리는 이것을 침묵하지 말아야 합니다. 그리고 우리 가운데 그 누가 "이교도의 미덕들"이라고 불리는 것을 통해 한 번 이상 스스로 부끄러워하지 않았던 적이 있었습니까? 그러므로 이런 경우 죄로 인한 전적 부패라는 여러분의 교리는 옳지 않은 것으로 드러납니다.

하지만 여러분이 이제 거꾸로 이런 사실들에서만 출발한다면, 여러분의 기독교 신앙고백 전체가 땅에 떨어진다는 것을 잊지 말아야 합니다. 그럴 경우 여러분은 인간 본성을 선한 것, 부패하지 않은 것으로 보게 됩니다. 범죄한 악인들은 윤리적 정신병자가 아니고, 또 명예로운 삶을 살기에 그 어떤 중생도 필요 없다고 여깁니다. 더 고상한 은혜에 대한 여러분의 상상은 종종 효력이 전혀 없는 약품을 갖고 노는 것에 지나지 않게 됩니다. 이제 사람들이 불신자의 미덕들을 "찬란한 죄들"이라고 부름으로써 여기서 벗어날 수 있고, 반대로 신자의 악덕들을 옛 아담의 탓으로 돌릴 수 있지만, 여러분 스스로 이것은 진지함이 결여된 하나의 탈출구라고 느낍니다.

로마교 역시 잘 알려진 **'순수 자연적인 것'**(*pura naturalia*)이라는 교리로 그와 같은 탈출구를 추구했습니다. 로마교에는 삶의 두 영역이 있는데, 여기 아래 있는 순전히 인간적인 지상의 영역, 그리고 순전히 인간적인 것을 초월하여 하나님을 바라봄으로써 특별한 즐거움을 누리는 천상의 영역이 있다고 가르쳤습니다. 그런데 하나님은 아담을 이 두 영역에 대해 적합하도록 지으셨습니다. 일반적인 삶의 영역에 대해서는 하나님이 그에게 주신 본성을 통해 적합하게 하셨고, 그리고 특별한 영역에 대해서는 원의(原義)의 초자연적 선물을 주심으로 적합하게 하셨습니다. 그래서 아담은 이중으로, 즉 자연적 삶과 초자연적 삶을 위한 수단을 갖추었습니다. 타락으로 이제 아담은 후자를 잃었지만, 전자는 잃지 않았습니다. 이 땅의 삶을 위한 그의 자연적 능력은 손상되지 않았습니다. 물론 그의 능력은 병들었지만 전반적으로 그대로 남았습니다. 아담의 자연적 은사는 **거의** 손상되지 않은 채 그대로 남았습니다. 이것은 타락한 사람이 자연적 삶의 질서 가운데 매우 자주 탁월하기조차 하다는 것을 설명해 주고, 오직 그에게 결정적으로 부족한 것은 기본적으로 **초**(boven) 인간적 천상의 삶을 위한 의미와 재능이라는 것을 말해줍니다. 여러분은 이것이 타락 교리를 우리 주변의 실재와 조화시키려는 하나의 체계라는 것과 이 주목할 만한 인간론 속에 로마교 전체의 토대가 놓여있다는 것을 볼 수 있습니다. 여기서 문제는 한편으로 단지 죄에 대한 깊은 성경적 개념이 빠져 있고, 다른 한편 결과적으로 이 땅의 삶에 대한 과소평가입니다.

이것은 사육제에서 가장 뚜렷하게 드러납니다. 사람들이 '**고기는 안녕**[그만]'(Caro vale)이라고 말하기 전에 세상은 또다시 흥청망청 즐깁니다. 하지만 모든 이상적인 것은 천상적 삶의 영역을 향한 영적 고양(高揚)속에 숨어 있습니다. 그러므로 성직자는 결혼을 지상의 끈과 띠로 취급하여 독신을 선택함으로 평신도보다 높은 자리에 서고, 수도사 역시 이 땅의 소유를 버리고 자신의 의지를 희생시켜 다시 성직자보다 윤리적으로 높은 자리에 섭니다. 그리고 마지막으로 지상의 **모든** 것과 결별하고 기둥 위에 오르는 주상(柱上) 성인이나 스스로 지하 동굴의 은둔처에 틀어박혀 고행하는 더 고요한 참회자가 있습니다. 수평적으로, 제가 이런 표현을 써도 된다면, 이 동일한 사상은 신성한 영역과 세속적 영역의 분리를 표현합니다. 교회가 빛을 비추지 않거나 물을 뿌리지 않은 것은 저급한 성격을 지닌 것이며, 세례에서의 축귀(逐鬼, exorcisme)는 이 **저급한 것**이 사실상 거룩하지 않은 어떤 것을 의미하는 것입니다. 그리스도인이 이 땅의 것들을 연구하는 것은 이런 입장에 서 있기 때문이 아니라는 것은 명백합니다. 그런 입장에서 매혹적인 것은 오로지 천상적 영역의 사물들과 결국 관조(觀照)에 대한 연구뿐이었습니다.

타락한 인간의 도덕적 상태에 대한 이런 개념을 칼빈주의는 원리적으로 반대했는데, 한편으로 **죄**에 대한 심판을 절대적으로 엄격하게 취함으로, 그리고 다른 한편 타락한 인간 속에 있는 선한 것을 전혀 다르게, 즉 **일반 은총**의 작용으로 설명함으로 반대했습니다. 칼빈주의는 성경에 따라 죄를 말하는데, 억제되지 않고 구속되지 않은 죄를 그대로 두면, 인간 삶은 즉시 홍수 이전에 나타났던 것처럼 전적으로 무법 상태에 이를 것입니다. 하지만 하나님은 자신의 신적 예술 작품이 완전히 파멸되지 않도록 이것을 허용하지 않으셨습니다. 그는 은혜로 모든 사람, 우리 인류 전체, 우리 본성 자체에 개입하셨습니다. 이 은총은 죄의 핵심을 전적으로 죽이지 못하고 영원한 생명을 주지 못합니다. 하지만 인간의 통찰이 야생 동물의 격분을 억제하듯이 이 은혜는 죄의 영향력을 억제합니다. 인간은 쇠창살을 만들어 동물이 해를 끼치지 못하게 할 수 있습니다. 동물을 길들여 조정할 수 있습니다. 그 자체로는 야생인 개와 고양이를 길들여 애완동물로 만들 수 있습니다. 이런 식으로 하나님도 은혜로 인간 안에 있는 죄의 활동을 억제하되, 부분적으로는 그의 거친 힘을 깨뜨려서, 부분적으로는 그의 악한 영을 길들여서, 부분적으로는 그의 혈통을 길들여서 억제하십니다. 그러므로 이 일반 은총은 우리 애완동물이 하듯이 타락한 죄인이 많은 사랑과 많은 에너지로 우리를 사로잡고 매혹하기까지 이를 수 있습니다. 물론 타락한 죄인의 매력은 인간의 본성을 따른 것이지만, 그 본성 자체는 똑같이 해롭습니다. 이것은 이미 두 세대가 지나 숲으로 되돌아간 고양이가 다시 옛 야생 동물이 된 것에서 볼 수 있습니다. 이것은 불행하게도 지금도 아르메니아와 쿠바에서 나타난 인간 본성에서 나타났습니다. 성 바돌로매 대학살[10]의 역사를 읽는 자는 그 잔인함을 개화가 덜 된 시대의 것으로 가볍게 생각하는 경향이 있습니다. 그러나 우리 19세기가 보여준 아르메니아 대학살은 그 잔인함을 뛰어넘습니다. 16세기 스페인 사람들이 네덜란드 마을들과 도시들에서 저항할 힘도 없는 노인들, 부녀자들, 그리고 어린아이들에게 자행했던 도발적인 잔악성을 읽고 또 오늘날 쿠바에서 발생한 소문을 들은 사람은, 16세기에 발생했던 수치스러운 일이 19세기에 반복되었으며, 버클이 제대로

---

10 역자주: 성 바돌로매 대학살은 프랑스 종교 전쟁(1562-1598) 중 1572년에 발생한 사건으로 프랑스 가톨릭 폭도들이 프랑스 개신교도인 위그노파를 대상으로 저지른 끔찍한 대학살이다.

말했다시피, 악의 모양은 바뀔 수 있지만 씨앗과 원리에 심긴 도덕적 악은 모든 세기를 거쳐 그대로 지속된다는 사실을 인정하지 않을 수 없습니다.

악이 드러나지 않거나 끔찍한 모습으로 드러나지 **않는** 까닭은 우리 본성이 그렇게 심하게 부패하지 않았기 때문이 아니라, 오직 자신의 일반 은총으로 서서히 타오르는 불로부터 불꽃이 번지는 것을 막으시는 하나님께 원인이 있다고 우리는 고백합니다. 그러므로 억제된 악에서 여러분을 사로잡고, 매혹하며, 수긍하게 만드는 것이 어떻게 나타날 수 있는지 질문한다면, 단지 나룻배 이미지를 예로 들겠습니다. 이 나룻배는 물의 흐름에 의해 움직여 화살처럼 빠르게 하류로 떠내려가 파괴될 수 있지만, 매어 놓은 줄에 의해 안전하게 다른 쪽에 도달합니다. 그 자체로 나룻배를 깨뜨릴 수도 있었던 바로 그 힘으로 다른 쪽으로 밀어붙여 도달합니다.[11] 이런 식으로 하나님은 악을 억제하시고, 악에서 선을 이끌어 내십니다. 한편, 우리 칼빈주의자들은 언제나 우리의 악한 본성을 끊임없이 비난하지만, 우리 인류에게 숨겨진 재능들을 드러내고, 잘 정돈된 과정 가운데 인류 역사가 발

---

11 역자주: 강의 양 둑에 줄을 묶고 그 줄을 배의 고리에 걸어서, 물살이 뱃전을 밀어내는 힘으로 배가 진행하여 강을 건너게 만드는 유럽의 나룻배 시스템을 가리키는 것이다.

생하게 하며, 이 땅의 자기 교회가 발을 딛고 설 수 있는 자리를 확보하기 위해 질서 정연한 사회생활을 가능케 하고, 우리로 개인적 잔인함에 빠지지 않게 하시는 하나님께 찬송하며 감사합니다.

그래서 이 고백으로 그리스도인은 삶에 대해 전혀 다른 입장을 취합니다. 따라서 그에게는 단지 **교회**만 아니라 **세상**도 하나님께 속하며, 이 **두 가지** 속에서 최고 건축가와 예술가의 작품을 탐구해야만 합니다. 그래서 하나님을 추구하는 사람은 신학과 관조를 제외한 모든 학문을 저급한 것으로 여겨 불신자들에게 넘겨주지 않습니다. 그와 정반대로, 하나님의 작품에서 그분을 알기 원하는 모든 사람은 **천상의** 것들과 마찬가지로 **지상의** 것들도 자신의 지식으로 진지하게 통찰해야 할 부름을 받았습니다. 그는 또한 자연과 그 놀라운 특성 속에서, 또한 인간 예술의 산출에서, 그리고 인간 삶에서, 또한 사회학과 인류 역사에서, 창조규례들과 그가 경배하는 하나님의 일반 은총을 드러내야 할 사명을 받았습니다. 그래서 여러분은 이 일반 은총의 교리가, 교회 밖 삶을 억누르고 위험에 빠뜨렸으며 그 반작용으로 때때로 이 세상의 연구들을 위한 지나친 일방적 사랑을 일깨우기조차 했던 금지명령을 어떻게 단번에 제거했는지 알고 있습니다. 이제 일반 은총이 어떻게 고대 그리스와 로마에서 철학적 빛의 보물들을 산출했고, 고전 연구를 불러일으킨 예술 감각과 정의 감이라는 보물들을 드러내 보여주었는지 이해했습니다. 이는 우리가 그 영광스런 보물들에 대한 지식과 학문을 통해 그 유익을 얻도록 하기 위함이었습니다. 이제 인류 역사는 단지 잔인한 격정(激情)의 무대가 아니라 십자가가 중심점을 차지하는 하나의 일관된 과정이라는 것을 인식했습니다. 모든 나라는 십자가 안에서 자신의 소명을 받고 십자가에 대한 지식으로 복을 받습니다. 정치학과 경제적 삶에 대한 학문이 학자들과 철학자들의 노력을 마땅히 필요로 했다는 것을 이해했습니다. 진실로 즉시 파악되는, 온 우주의 가시적 현상과 불가시적 작용들 가운데 나타난 영광스런 예술 작품을 더 잘 이해하기 위해, 우리 주위의 자연의 삶에서든 인간 자신의 삶에서든 탐구적 정신이 대상으로 삼지 않았거나 새로운 재료를 발견할 수 없었던 곳은 없었습니다. 그리고 그와 같은 모든 영역에서 철저한 학문을 획득함으로 인해 교만한 마음이 슬그머니 들어오고 지식이 인간의 마음을 하나님으로부터 멀어지게 했다 할지라도, 칼빈주의 진영의 학자들은 이 영광스런 교리 덕분에 자신을 하나님 앞에 범죄한 죄인으로 여기고, 또한 이 세상의 사물들을 관찰했던 지식의 빛도 오로지 하나님의 일반 은총의 덕택으로 돌릴 수 있었습니다.

❖

칼빈주의가 **학문에 대한 사랑**을 촉진하고 광범위하게 **학문**

의 영역을 회복했다면, 이제 저는 세 번째로 칼빈주의가 필수불가결한 **학문의 자유**를 어떻게 발전시켰는지 논하고자 합니다. 자유와 모든 참된 학문의 관계는 우리가 숨 쉬는 공기와 우리 사이의 관계와 같습니다. 즉 이것은 마치 학문이 그 어떤 구속도 받지 않으며 그 어떤 법칙에도 순종할 필요가 없다는 뜻이 아닙니다. 물고기가 그 어떤 것에도 구속되지 않고 평평한 해변에 누워있으면 죽습니다. 오직 전체가 물로 둘러싸인 물고기만이 자신의 지느러미로 자유롭게 전진할 수 있습니다. 이런 식으로 학문은 그 대상에게 엄격하게 매이지 않거나 좋은 방법이 요구하는 바를 정확하게 따르지 않는다면, 존재하지 못합니다. 오직 이런 연관을 통해, 그리고 이런 법칙 아래 있을 때 학문은 자유롭게 됩니다. 학문의 자유란 학문이 억제되지 않고 매여 있지 않다는 게 아니라 부자연스럽고 자신의 삶의 원리에서 나오지 않는 모든 속박으로부터 자유롭다는 것입니다. 이제 우리는 중세의 대학 생활에 대해 그릇된 생각을 하지 말아야 합니다. 그 당시에는 국립대학이 없었습니다. 대학들은 자유로운 연합체였고, 그런 범위에서 미국 대부분의 대학들의 원형이었으며, 오늘날 유럽과 다행히 제 자신이 봉사하는 네덜란드 자유대학교에서 복고된 것의 원형이었습니다. 당시 학문은 "**학자들의 공화국**"(respublica litterarum)이었고, "학자들의 공화국"을 창조했는데, 이 공화국은 자신의 영적 자본으로 살아야 하거나 재능과 연구

능력의 부족으로 죽게 된다는 것이 일반적 인식이었습니다. 그 당시 학문의 자유에 대한 침해는 전혀 다른 방향에서 다가왔습니다. 사람들은 인생에서 오랫동안 단지 두 가지 권세, 즉 교회와 국가의 권세만을 알고 있었습니다. 우리 자신이 몸과 영혼으로 구성된 것처럼, 사람들은 또한 삶을 이분법적으로 이해했습니다. 교회는 영혼이었고, 국가는 몸이었으며, 제3의 권세는 없었습니다. 그러다가 모든 교회의 삶은 교황에게 집중되었고, 기독교 국가들의 정치적 삶은 황제 안에서 결합지점을 발견했습니다. 호헨슈타우펜 가문과 구엘프 가문의 투쟁에서 황제의 대권이냐 교황의 대권이냐를 두고 그토록 격렬한 싸움이 불붙었던 것은 이 이중성을 더 높은 통일체 안에서 결정하려는 시도였습니다. 그러나 그 이후로 **르네상스**[12] 덕분에 학문은 제3의 권세로서 여기 그 둘 사이에 들어왔습니다. 이 학문은 13세기 이후 등장하는 대학생활 가운데 자신의 모습을 드러냈고, 교황과 황제로부터 독립적인 존재라고 주장했습니다. 오직 남아 있던 질문은 이 권세 역시 교황과 황제 옆에서 학자들 사이의 큰 권세로 등장하기 위해 자신의 위계적 중심을 추구할 수 있느냐 하는 것

---

12 역자주: 르네상스란 유럽 문명사에서 14-16세기의 문예부흥 운동으로, 옛 그리스와 로마의 문학, 사상, 예술을 본받아 인간중심(人間中心)의 정신을 진작시키려는 운동이다.

이었습니다.

이런 질문에서 세 가지 가능성이 도출되었습니다. ⑴ 스스로 그러한 학문의 독립적 위계질서를 형성하는 것. ⑵ 학문이 핵심적인 우두머리 없이 머무는 것. 혹은 ⑶ 교황이나 황제를 학문의 우두머리로 삼는 것. 첫 번째는 불가능한 것으로 보였습니다. 오히려 대학들의 공화국적 특성은 여기서 모든 군주적 개념이 배제되기를 요구했습니다. 하지만 삶의 전 영역을 함께 자신들 아래 두고 나누었던 교황과 황제가 이 제 3의 권세, 전적으로 독립적인 권세의 등장을 탐탁찮은 눈으로 보았으며, 두 진영 모두 대학들이 자신들에게 복종하도록 준비했던 것은 마찬가지로 자연스러웠습니다. 당시에 현존하던 모든 대학이 확고한 태도를 취했다면, 그 계획은 결코 성공하지 못했을 것입니다. 그러나 자유로운 연합체들이 늘 그렇듯, 경쟁은 외부의 지원을 찾도록 유혹했습니다. 그 결과 누군들 기독교 최고 지도자의 지원을 찾는 일에 무관심했겠습니까? 당시 사람들은 상당히 일반적으로 교황의 호의를 얻고자 애를 썼고 특권을 획득하는 것이 목적이었습니다. 여기서부터 근본적으로 잘못되기 시작했습니다. 그렇게 학문은 자신의 독립적 특성을 포기했습니다. 모든 학문이 존재하는 우주를 지적으로 수용하고 사유함으로 반성하는 것이 종교와는 전혀 다른 삶의 영역을 형성한다는 사실을 간과했습니다. 이제 이 악은 종교개혁이 저지했던 악이며, 특히 칼빈주의에 의해 제거되었습니다. 지상 교회 안에서 군주-위계적 개념이 제거되고 하늘에 있는 그리스도의 군주적 권위가 존중됨으로써 형식적으로 제거되었고, 지상 교회를 위한 공화적-연방적 삶의 형태가 수용되었습니다. 그래서 대학들에게 법을 제정하는 영적인 머리가 칼빈주의자에게는 더 이상 존재하지 않았습니다. 땅의 통치자와 동시에 최상의 주교를 존경했던 루터파에겐 여전히 영적인 머리가 있었지만, 자신의 삶에서 교회와 국가를 두 영역으로 나누었던 칼빈주의 국가들에서는 그렇지 않았습니다. 박사학위 증서의 중요성은 교황의 동의나 교회적 규례들로부터 도출되는 것이 아니라 오직 그 기관의 학문적 가치로부터 도출되었습니다.

여기에 두 번째 요점이 덧붙여집니다. 그와 같은 대학에 대한 교황의 지지나 승인과 상관없이 그 당시 교회는 혁신자들[13]이 표현한 의견들과 출판한 저술들을 문제삼아 그들을 괴롭히고 비난하고 핍박함으로써 학문을 압박했습니다. 교회는 언론의 자유를 허용하지 않았습니다. 오류가 아닌 오직 진리의 선포만 허용되는데, 그 진리는 정직한 논쟁으로 오류를 정복하는 방식이 아니라 오류에 대한 처벌로 지탱되었습니다. 이것은 학문

---

13   새로운 사상을 선포하는 자들.

을 깨뜨립니다. 교회 스스로 연구결과를 판단할 능력이 없음에
도 불구하고 교회의 판단 아래 두었기 때문입니다. 난처한 상황
에 들지 않기를 원하는 학자는 당시에 침묵하거나 타협했습니
다. 많은 영웅적 기질을 갖고 반대를 무릅썼던 학자는 더욱 처
참하게 날개가 잘렸고, 반쪽 날개로 날아보고자 했을 때 그의
목은 비틀려 꺾어지고 말았습니다. 너무 벗어난 다른 의견을 출
판하는 자는 범죄자로 간주되었고, 결국 종교재판과 단두대에
서야 했습니다.

사람들은 자유로운 탐구의 권리를 알지 못했습니다. 그들은
알 수 있는 것과 알 만한 가치 있는 것은 이미 모두 확실하게 잘
알고 있다고 확신하면서, 새로 등장한 학문을 위해 주어진 엄청
난 임무를 전혀 생각지 않았고, 이 임무를 온전히 수행하기에 필
수적 원리인 '생존 경쟁'(struggle for life)도 생각지 않았습니다. 그
들은 학문의 첫 번째 밝은 빛을 태양이 지평선 위로 떠오르는
여명이 아니라 세상을 불태우기 위해 위협하는 불꽃으로 여겼
습니다. 그리고 그 불을 끄고, 그 불이 일으킨 화재를 소멸시키
는 것을 자신의 정당한 의무로 여겼습니다. 이런 입장은 비록 우
리가 원리적으로 반대한다 할지라도, 그 당시로 돌아갈 때 이해
할 수는 있습니다. 하지만 온 세상이 그 입장을 계속 수용했다
면, 그것은 요람 속 갓 태어난 학문을 질식시켜 죽였을 것입니다.

이제 칼빈주의는 첫 번째로 그리고 결정적인 결과를 이끌어

냄으로 이 치명적 입장을 포기했습니다. 먼저 이론적으로 일반 은총의 삶의 영역을 발견함으로, 나중에는 실천적으로 다른 데서 폭풍을 만난 사람들에게 안전한 항구를 제공함으로 포기했습니다. 비록 칼빈주의가, 항상 그렇듯 그 원리의 완전한 함의를 즉시 완전하게 이해하지 못했다 할지라도, 그리고 비록 사람들이 처음부터 오류 근절의 의무를 자신들의 법률 속에 두었다 할지라도, 원리적으로 교회는 특별 은총의 영역으로 되돌아가야 했으며, 그 옆에 놓인 넓고 자유로운 일반 은총의 영역은 언론의 자유에 도달해야 했고 도달했던 불굴의 이념을 선언했습니다. 그 결과 형법의 위협은 이미 죽은 문자에 불과했습니다. 하나의 예만 들어보겠습니다. 로마 가톨릭의 프랑스를 떠나야만 했던 데카르트(Descartes)[14]는 칼빈주의 네덜란드에서 푸치우스(Voetius)[15]와 학문적 논쟁을 벌였지만, 시민으로서 안전한 은신처를 보장받았습니다.

---

14   역자주: 르네 데카르트(René Descartes, 1596-1650)는 프랑스 출신의 철학자이자 수학자로 인생 후반기(1628-1649)를 '네덜란드 7개주 연합공화국'(1588-1795)에서 살았다. 지식과 인간 정신의 속성 문제에 대한 그의 접근은 철학 발전에서 중요한 역할을 했다. 그는 특히 "나는 생각한다. 고로 나는 존재한다"라는 말로 유명하다. 데카르트는 일반적으로 현대 철학의 아버지로 여겨진다.

15   역자주: 히스베르투스 푸치우스(Gisbertus Voetius, 1589-1676)는 네덜란드 신학자, 교수이자 개혁파 설교자였다. 그는 특히 위트레흐트 대학교의 신학교수로서 유명했다.

저는 여기에 이것을 덧붙입니다. 학문을 발전시키기 위해서는 삶의 본능에서 비롯된 **학문에 대한 요청**이 있어야 했고, 이를 위하여 국민의 정신 자체가 반드시 자유로워야 했습니다. 이제 교회가 그 **휘장**(velum)으로 공적 생활 전체를 덮는 동안 속박의 상태는 지속되었습니다. 천국을 얻고 이것과 연관된 이 땅을 즐기는 것이 삶의 목적이었기 때문입니다. 공감을 갖고 탐구적 사랑으로 세상 연구에 헌신한다는 것은 이런 입장에서 상상할 수 없는 일이었습니다. 모든 탐구적 사랑은 영생을 지향했지만, 기독교가 영원한 구원 외에 여기 이 땅에서 하나님의 명령을 따라 이 우주에 대한 위대한 사명을 완수해야 한다는 것을 이해하지 못했습니다. 이제 칼빈주의는 이러한 생각도 깨뜨렸는데, 마치 지상의 삶이 하늘의 구원을 공로로 얻을 수 있는 것처럼 생각하는 모든 사상을 가장 절대적 의미에서 그 뿌리 자체를 잘라냄으로 깨뜨렸습니다. 이 구원은 중생으로부터 나오고, 성도의 견인이 있습니다. 이런 식으로 신앙의 확신이 사죄의 두려움을 대신했던 곳에서 칼빈주의는 기독교가 본래의 창조규례로 돌아갈 것을 촉구했습니다. "땅에 충만하라, 땅을 정복하라, 바다의 물고기와 하늘의 새와 땅에 움직이는 모든 생물을 다스리라"[창 1:28]. 그래서 사람은 순례자로 머물렀지만, 영원한 본향을 향하여 가는 길에서 이 땅에서 측량할 수 없는 사명을 완수해야 할 순례자였습니다. 자연의 모든 부요를 품은 우주는 인간 앞에, 그리고 인간 위아래에 넓게 펼쳐졌습니다. 이 무한한 영역 전체는 경작되어야 했습니다. 인간은 열정과 자신감으로 이 노동에 헌신했습니다. 땅과 그 안에 모든 것은 인간에게 정복되어야 했습니다. 그 당시 제 조국에서는 농업과 산업, 상업과 항해가 그 어느 때보다 융성했습니다. 이런 시민의 새로운 삶은 새로운 필요를 일깨웠습니다. 땅을 정복하기 위해서는 이 땅에 대한 지식, 바다와 자연에 대한 지식, 그리고 이 자연의 속성들과 법칙들에 대한 지식은 필수였습니다. 이런 방식으로 지금까지 학문을 장려하기 꺼려하던 지배적인 국민정신은 갑자기 학문의 장려를 그 정신의 요추까지 깊게 들어가게 만들어 반쯤 잠든 삶에서 그 정신을 일깨웠습니다. 그렇게 이 힘이 드러나자, 국민정신은 이전에 결코 알지 못했던 자유를 느꼈습니다.

✣

이제 마지막 요점에 이르렀습니다. 즉, 제 주장은 자유로운 학문이 필연적으로 일으키는 갈등에서 칼빈주의가 **그 갈등에 대해 준비된 해답을 제공했다**는 것입니다. 여러분은 제가 무슨 갈등을 의미하는지 알고 있습니다. 자유로운 탐구는 충돌하게 됩니다. 인생의 지도에서 한 사람은 그 이웃과 전혀 다른 선을 긋게 됩니다. 그 결과 사람들이 일컫는바 학파와 사조가 생깁니다. 낙관주의와 비관주의가 생깁니다. 칸트 학파와 헤겔 학파가 생깁니다. 법학자들 가운데 결정론자들과 도덕론자들이 대립하고, 의학자들 가운데 동종 요법 의사들과 대증(對症) 요법 의사들이 서로 대립합니다. 자연과학에서 화성론자(火成論者)들과 수성론자(水成論者)들, 다윈주의자들과 종(種)의 옹호자들이 서로 논쟁합니다. 빌헬름 폰 훔볼트, 야콥 그림, 그리고 막스 뮐러가 언어 영역에서 각각의 학파를 형성합니다. 형식론자들과 실재론자들은 문헌학적 성전(tempel)이라는 고전적인 벽 안에서 서로 다툽니다. 어디서나 투쟁, 전쟁, 씨름, 때때로 치열하고 날카로운 싸움이 있고, 자주 개인적 비통함이 뒤섞입니다. 하지만 비록 원리적 차이의 에너지가 이런 차이들 뒤에 숨어 있다 할지라도, 이런 부수적 갈등들은 주된 갈등에 의해 전적으로 그늘에 가려집니다. 주된 갈등은 이것입니다. 모든 나라에서 정신을 가장 격렬하게 뒤흔든 일차적 질서에 대한 갈등이며, 삼위일체 하나님과 그의 말씀에 대한 고백을 고수하는 자들과 이신론(Deïsme)[16], 범신론, 혹은 자연주의에서 세상 문제에 대한 해결책을 추구하는 다른 사람들 사이의 강력한 갈등입니다.

오해하지 마십시오. 저는 **신앙과 학문** 사이의 갈등을 말하

---

16 역자주: 이신론(Deïsme)은 하나님을 자연법칙의 초월적 원인으로 여기는 종교 철학적 개념이다. 이것은 하나님이 진실로 우주의 창조주이지만 창조 이후로 자연법칙의 과정 속에 그 어떤 방식으로도 개입하지 않는다는 개념이다. 즉, 하나님을 '시계 제작자'로 여긴다.

는 것이 아닙니다. 그런 갈등은 존재하지 않습니다. 모든 학문은 신앙에서 출발하지만, 반대로 학문에서 나오지 않는 신앙은 잘못된 신앙이거나 미신입니다. 하지만 신앙은 그런 것이 아닙니다. 모든 학문은 우리의 자의식(自意識) 안에서 우리들의 자아에 대한 신앙을 전제합니다. 우리 감각들의 순수 작용에 대한 신앙을 전제합니다. 사유 법칙의 정확성에 대한 신앙을 전제합니다. 구체적인 현상들 속에 있는 보편적인 것에 대한 신앙을 전제합니다. 삶에 대한 신앙을 전제합니다. 무엇보다도 사람들이 출발하는 원리들에 대한 신앙을 전제합니다. 이것이 의미하는 바는, 생산적인 학문 탐구를 위한 이 모든 필수적인 출발점들은 증명을 통해 우리에게 오는 것이 아니라, 우리의 내적 인식 덕분에 우리를 위해 확립되고 우리의 자의식과 더불어 주어진 것입니다.

반대로 모든 신앙은 자신을 위해 발언하려는 내적 충동을 갖고 있습니다. 발언할 수 있도록 신앙은 말, 용어들, 표현들을 필요로 합니다. 하나의 사상은 말 속에서 구현되어야 합니다. 이 사상들은 상호간에 그리고 스스로와 우리 주변의 삶과 시간과 영원과 함께 연결되어야 합니다. 신앙이 의식 속에 빛을 비추는 순간, 학문과 설명의 필요가 발생합니다. 갈등은 신앙과 학문 사이에 있는 것이 아니라 전혀 다른 곳, 즉 현존하는 우주가 **정상적** 상태라는 주장과 **비정상적** 상태라는 주장 사이에 있습니다. 우주가 **정상**이라면, 자신의 가능성에서 자신의 이상(理想)으로 발전하는 영원한 과정을 통해 움직입니다. 그러나 지금 현존하는 우주가 **비정상**이라면, 과거에 소동이 발생했기에 오로지 재창조의 능력만 우주의 목적 달성을 우주에게 보증할 수 있습니다. 다름 아닌 이것이 학문의 영역에서 사유하는 정신들을 두 개의 전투 대형으로 맞서게 만드는 근본적인 대립입니다.

정상론자들은 자연적 재료들 외에 다른 것은 고려하지 않고, 모든 현상에 대한 동일한 기본적 진술을 발견하기 전까지 쉬지 않으며, 원인과 결과의 논리적 추론들이 그 선상의 어느 시점에서 깨뜨리거나 방해하는 모든 것에 대해 필사적으로 반대합니다. 따라서 **형식적으로** 그들은 신앙을 존중하지만, 단지 보편적 의식(意識)의 재료들로 존중하며, 이 보편적 의식을 정상으로 여깁니다. **실질적으로** 그들은 창조가 아니라 무한 속에서 자신을 상실하는 진화를 존중합니다. 그 어떤 종(種)도, 호모 사피엔스 종도 독립적으로 발생하지 않았고, 자연적 재료의 영역 범위 안에서 더 낮고 앞선 종들로부터 발전했습니다. 특히 기적은 존재하지 않으며, 끊임없이 지배하는 자연법칙만 존재합니다. 죄는 존재하지 않고, 더 낮은 도덕적 입장에서 더 높은 도덕적 입장으로 발전하는 진화만 존재합니다. 하나의 성경이 존재한다고 할 것 같으면, 오직 인간적 관점에서 논리적으로 설명할 수 없는 모든 것을 잘라낸 후 그 존재를 인정합니다. 필요하면 하나의 그리스도를 인정하지만, 그는 다름 아닌 이스라엘의 인간적 산물로 인정합니다. 마찬가지로 하나의 신(神), 혹은 더 좋게 말하면 무한 자가 존재한다면, 오직 불가지론적으로 모든 가시적인 것들 뒤에 숨은 존재나 범신론적으로 모든 존재하는 것들 가운데 숨은 존재, 그리고 다름 아닌 우리 인간 정신의 이상적 반영(反映)으로서 이해되는 존재를 인정할 뿐입니다.

반면에 상대적 진화를 정당하게 다루지만 **무한 진화**(evolutio in infinitum)의 개념을 반대하여 창조를 고수하는 **비정상론자들**이 있습니다. 그들은 인간의 독립적인 종(種)의 개념을 끊임없이 주장합니다. 왜냐하면 인간 안에 하나님의 형상이 반영되기 때문입니다. 그들은 죄를 원래 무죄한 인간 본성의 파괴로, 그래서 하나님께 대한 범죄로 이해합니다. 따라서 오직 비정상적인 것을 회복할 수 있는 재창조, 즉 기적을 가정하고 수용합니다. 중생의 기적, 성경속의 기적, 자신의 고유한 삶에서 우리의 삶으로 내려오신 하나님 자신인 그리스도 안에 있는 기적을 수용합니다. 그들은 이 비정상의 재창조 덕분에, 자연적인 것이 아닌 삼위일체 하나님 안에서 이상적 규범을 발견합니다.

그러므로 신앙과 학문이 대립하는 것이 아니라 **두 개의 학문적 체계들** 혹은 두 개의 학문적 작업들이 **각각 자신의 신앙을 가지고** 대립합니다. 마찬가지로, **학문**이 **신학**과 대립한다고 말할 수 없습니다. 이 둘은 두 개의 절대적인 학문 형태들이기 때문입니다. 이 **두 학문**은 인간 지식의 전체 영역에 두루 미치고,

이 **두 학문**은 자신들의 세계관 속에 하나의 고유한 신학을 포함시켰습니다. 그럼에도 불구하고 범신론 역시, 또한 이신론 역시 하나의 신학적 체계이며, 주저 없이 현대 신학 전체는 정상론자의 학문에 속하여 안정감을 느낍니다.

마지막으로 이 두 학문적 체계들은 중간까지만 함께 가고, 더 나아가 서로 평화롭게 자기 길을 가게 하는 두 개의 상대적 적대자들이 아닙니다. 비록 그것들이 더 나아가 다른 길을 택할지라도, 그것들은 **삶의 전 영역**을 두고 서로 이리저리 다툽니다. 그리고 그것들은 서로의 상충되는 주장들이라는 **전체 건물**을 그 주장에 근거하여 바닥까지 무너뜨리려는 지속적인 노력을 그만둘 수 없습니다. 만일 그것들이 이런 노력을 시도하지 **않는다면**, 그것들은 자신의 출발점을 믿지 않으며, 자신을 움직여 감동시킨 진지한 학문이 아니며, 개념의 통일성을 요구하는 모든 학문의 원초적 요구를 이해하지 못한다는 것을 여기저기서 드러낼 것입니다.

창조, 인간 안에 있는 하나님의 형상, 타락으로서의 죄, 인간적인 것을 초월하는 그리스도, 발전과는 다른 중생, 그리고 우리에게 실제적으로 하나님의 계시를 가져다주는 성경의 어떤 것을 여전히 믿지 않는 정상론자는 뜨뜻미지근한 학자이며 학자의 이름을 상실합니다. 하지만 창조를 중간 정도에서 진화로 바꾸고, 동물을 인간의 형상을 따라 창조된 피조물이 아니라 인간의 **기**

원으로 여기며, 원의(原義)를 지닌 인간의 창조를 포기하고, 더 나아가 여전히 중생, 그리스도, 성경을 순전히 인간적인 힘의 동기에서 설명하고, 모든 인간적 재료들을 지배하는 신적 동기를 필사적으로 고수하지 않는 비정상론자인 사람은 뜨뜻미지근하고 **비**학문적인 사람으로 똑같이 단호하게 우리 진영에서 추방되어야 합니다.

정상과 비정상은 비교를 허용하지 않는 두 개의 절대적 출발점입니다. 평행선은 교차점을 갖지 않습니다. 여러분은 이것이든 저것이든 하나만을 택해야 합니다. 하지만 여러분이 어떤 것을 선택하든, 여러분 자신이 되어야 하고, 학자로서 **온전**해야 합니다. 하나의 학과에서만 아니라 모든 학과에서, 여러분의 전체 세계관과 인생관에서, 여러분의 인간 의식의 거울에 비친 전체 세계상의 완전한 반영에서 온전해야 합니다.

이제 연대기적으로 우리 비정상론자들은 우리 대적들이 원리적으로 도전했던 것 외에는 오랜 세기에 걸쳐 거의 논박의 여지가 없는 발언자들이었습니다. 옛 이교도적 세계관의 소멸과 기독교적 세계관의 등장과 더불어 모든 것이 하나님의 창조에 의해 생겨났고, 종(種)들의 존재는 개별적 창조에 의해 발생했으며, 이 존재하는 종들 가운데 인간은 하나님의 형상을 지닌 자로서 원의(原義) 가운데 창조되었으며, 죄가 들어와 이 본래 창조의 조화를 깨뜨렸으며, 이 비정상적 상태의 회복, 즉 재창조를 위해 이제 중생, 그리스도와 성경이라는 비정상적 수단들이 개입했다는 보편적 확신이 빠르게 확립되었습니다.

물론 모든 세기에 걸쳐, 이런 사실을 비웃는 수많은 조롱들 자과 신경조차 쓰지 않는 무관심한 자들이 있었습니다. 하지만 여러분은 6백 년 동안 학문적으로 이 보편적 확신을 반대했던 극소수들을 한 번에 손가락으로 꼽을 수 있습니다. 르네상스는 여지없이 바티칸에까지 침투했던 불신앙의 조류를 등장시켰고, 인본주의는 그리스-로마 이상들을 위한 열정을 일깨웠습니다. 하지만 비록 중세 후에 정상론자들의 원리적 반대가 시작된 것을 인정한다 하더라도, 광범한 무리의 언어학자들, 법학자들, 의학자들, 그리고 물리학자들은 그 이후 수세기 동안 오래된 옛 확신의 기초들을 손대지 않았다는 것은 사실로 남습니다.

먼저 지난 18세기에 반대 의견은 주변에서 중심점으로 되돌아가 기독교적 인생관의 근본 원리들은 옹호될 수 없다고 선언하는 더 새로운 철학을 준비했습니다. 이런 식으로 정상론자들은 처음에는 자신들의 원리적 반대 의견을 긴가민가 추측했다가 나중에는 인식하기에 이르렀습니다. 지금까지 만연된 확신에 대한 이런 반대에 있어서 취할 수 있는 모든 가능한 입장은 당시에 순차적으로 하나의 고유한 철학적 체계로 발전했습니다. 이 체계들은 비록 서로 다르다 할지라도 비정상적인 것을 부인하는 데는 전적으로 일치했습니다. 이 철학적 체계들이 그 확신을 주도적인 영역에서 스승으로 삼은 뒤, 각각의 개별 학문은 법학, 의학, 자연과학, 그리고 역사학 영역에서 만물의 무한 정상적 과정이라는 가설을 모든 탐구의 출발점으로 수용하기 위해 애를 썼습니다. 당시에 대중들은 잠시 깜짝 놀랐지만, 많은 사람이 개인적 신앙을 갖지 않았기에 이 첫 번째 전율은 단지 잠시뿐이었습니다. 그리고 정상론자들의 인생관은 사반세기 만에 문자 그대로 주도적 세계를 정복했습니다. 개인적 신앙 때문에 오직 비정상론자였던 사람만 이 "현대 사상"(the modern thought)의 합창단에서 함께 부르기를 거부했고, 신비주의의 장막으로 도망하면서 잠시 모든 학문을 저주하고픈 심정이 들었습니다. 왜냐하면 신학 진영에서 변증적 옹호가 잠시 있었지만, 기울어진 창틀을 다시 바르게 잡기 위해 어설프게 땜질한 변호일 뿐, 심지어 건물의 토대 자체가 비틀어졌다는 추측도 하지 못했기 때문입니다. 그래서 특히 독일의 가장 유능한 신학자들조차 그 철학적 체계들 가운데 하나를 기독교가 기댈 수 있는 담으로 사용하는 것을 최선으로 생각했습니다.

이것은 철학과 신학의 첫 번째 혼합을 소위 '중재'(Vermittelungs) 신학자들에게 제공했습니다. 그 결과 이 혼합 가운데 신학적 요소는 더 빈곤해진 반면, 철학적 요소는 더 풍성해졌고, 결국 현대 신학이 고개를 들었습니다. 이 신학은 그 가운데서 비정상적인 것과 그리스도와 성경을 자신의 손으로 완전히 정화하기 위한 자신의 영예를 추구합니다. 그래서 나사렛의 랍비는 심지어 더 이상 무죄한 인간도 아니며, 성경은 온갖 방법으로 날조된 신화, 전설, 그리고 꾸며진 이야기들로 채워진 글들, 즉 대부분 위경(僞經)으로 된 하나의 모음집이 되고 말았습니다. 시편 기자가 노래했던 "우리의 표적은 보이지 아니하며 … 주의 대적이 … 자기들의 깃발을 세워 표적으로 삼았으니"[시 74:9, 4]는 이런 식으로 결국 그들에 의해 성취되었습니다. 그리스도와 성경 속에 있는 비정상적인 것의 모든 표지는 추방되어야 했고, 정상적 과정의 표지는 진리를 유일하게 증명하는 특징으로 인정되었습니다. 제가 이미 말했던 것을 반복하는 이 과정에서 우리를 놀라게 하는 것은 전혀 없습니다. 주관적으로 자기 자신의 이성을, 그리고 객관적으로 세상을 정상이라고 여기는 사람은 **반드시** 그렇게 말해야 하며, 다른 결론에 **이를 수** 없고, 그것을 다르게 제시하는 것은 자신의 학문에서 **부정직한** 사람이 될 것입니다. 그리고 만일 누군가가 그렇게 생각하고, 기독교회와 그 모든 분파들로부터 자발적으로 떠날 용기를 가졌다면, 그리고 지금 하나님께 대한 그의 책임을 고려하지 않는다면, 도덕적 관점에서 그의 태도를 비난할 만한 것은 전혀 없을 것입니다.

하지만 예리하고 피할 수 없는 갈등이 바로 그와 같다면, 칼빈주의가 이 갈등에서 태어난 긴장과 투쟁에서 어떻게 우리에게 천하무적의 입장을 보여주는지 주목하십시오. 칼빈주의는 이를 위해 목적 없는 변증학에 몰두하지 않습니다. 칼빈주의는 외적 사역들 가운데 한 사역을 위해 큰 전투를 우회하여 사소한 다툼으로 나아가지 않고 곧바로 인간 의식으로 되돌아가는데, 학문의 사람 역시 **자신의** 의식인 인간 의식에서 출발해야 합니다. 이 의식은 바로 사물들의 비정상적 특성 때문에 모든 사람에게 동일하지 않습니다. 정상적인 것이 깨어지지 않았다면, 모든 의식은 하나의 동일한 소리를 낼 것입니다. 하지만 사실상 이것은 그렇지 않습니다. 어떤 사람에게 **죄의식**은 강력하고 힘 있게 말을 건네지만, 다른 사람에게는 매우 약하거나 전혀 말을 하지 않습니다. 어떤 사람에게 **신앙의 확실성**은 중생의 열매로서 단호하고 선명하지만, 다른 사람에게는 심지어 이것에 대한 인식조차 전혀 없습니다. 이런 식으로 어떤 사람에게 **성령의 증거**(Testimonium Spiritus Sancti)는 크게 울려 퍼지고 확고한 어조인 반면, 다른 사람은 이것에 대해 아무것도 보지 못했다고 말합니다. 이 세 가지, 즉 죄의식, 신앙의 확실성, 그리고 성령의 증거는 칼빈주의자에게 그의 의식 자체와 함께 주어졌습니다. 이것들은 그 의식의 즉각적인 내용을 형성합니다. 이 세 가지가 없이는 그의 자의식은 존재하지 않습니다. 이제 정상론자는 이것을 반대하며, **자신의** 의식을 우리에게 강요하며, 우리가 그의 의식과 동일한 것을 가질 것을 요구합니다. 이것은 자신의 입장에서 어떻게 달리 할 수 없는 것입니다. 그럼에도 불구하고 그가 우리의 의식과 자신의 의식이 다를 수 있다고 인정한다면, 이로써 그는 정상적인 것의 파괴를 이미 인정한 것입니다.

이와 반대로 우리는 그들에게 우리의 의식을 강요하지 않습니다. 왜냐하면 칼뱅이 주장하듯이, 모든 사람의 마음속에는 종교의 씨앗이 숨겨져 있으며, "신적 감각"은, 고백하든 고백하지 않든, 긴장의 순간에 모든 영혼이 떨도록 만들기 때문입니다. 하지만 그 외에 믿는 사람 속의 인간 의식과 믿지 않는 사람 속의 인간 의식이 일치**할 수** 없으며, **반드시** 달라야 한다는 가르침은 바로 칼뱅의 체계입니다. 거듭나지 않은 사람은 죄에 대한 참된 지식을 가**질 수** 없으며, 회개하지 않은 사람은 신앙의 확실성을 소유**할 수** 없습니다. 성령의 증거가 없는 사람은 성경을 믿**을 수** 없습니다. 이 모든 것은 심지어 그리스도 자신의 예리한 말씀에 따른 것입니다. "사람이 물과 성령으로 거듭나지 아니하면, 하나님의 나라를 **볼 수 없느니라**"[요 3:3, 5]. 혹은 사도의 다른 말씀에 따른 것이기도 합니다. "육에 속한 사람은 하나님의 성령의 일들을 **받지 아니하나니**"[고전 2:14]. 그러므로 칼뱅은 다른 사람들에게 사과하지 않습니다. 언젠가 그들의 양심은 자신들이 틀렸다는 것을 확신하게 될 것입니다.

하지만 사물의 실제적인 상태에 대해 우리는 두 종류의 인간 의식과 연관됩니다. 거듭난 사람의 의식과 거듭나지 못한 사람의 의식. 이 두 의식은 똑같지 **않습니다**. 하나에는 다른 것에 없는 것이 있습니다. 하나는 파괴를 모르고, 따라서 정상적인 것을 고수합니다. 다른 것은 파괴와 변화를 발견하고, 따라서 자신의 의식 자체와 함께 주어진 비정상적인 것에 대한 인식을 갖습니다. 이제 그의 고유한 의식은 '원초적 진리'(primum verum)이며, 모든 학자는 필수적으로 여기서 출발하고, 출발해야 합니다. 따라서 논리적 결론으로서 이 둘은 일치할 수 없으며, 일치하기 위한 모든 시도는 이미 실패로 돌아갈 운명이고, 이 둘은 각각 자신의 자의식 속에 견고하게 확립된 토대와 조화를 이루는 우주 전체에 대한 학문을 수립하는 것 외에 달리 할 수 없으며, 정직한 사람들로서 달리 해서도 안 됩니다.

여러분은 아주 복잡하기에 쉽게 혼란에 빠지는 문제에 대한 이 칼빈주의적 해결책이 얼마나 근본적이며 원리적인지 곧바로 알 것입니다. 학문은 과소평가되거나 무시되지 않지만, 우주 전체와 이 우주의 모든 부분을 위해 상정(想定)됩니다. 여러분의 학문이 하나의 전체를 형성해야 한다는 요구는 유지됩니다. 그리고 정상론자들의 학문과 비정상론자들의 학문 사이의 차이는 탐구의 어떤 상이한 결과의 차이에 근거하는 것이 아니라, 한 사람의 자의식이 다른 사람의 자의식을 구분하는 부인할 수 없는 차이에 근거합니다. 학문의 독재적인 쌍둥이 자매에 대해 유일하게 옹호해야 할 것은 자유로운 학문입니다. 정상론자는 우리의 고유한 의식에 이르기까지 폭력을 행사하려고 시도합니다.

정상론자는 우리의 자의식이 그의 의식과 동일해야 하며, 우리 자의식 안에 있는 다른 많은 것은 자기 기만으로서 스스로를 심판한다고 말합니다. 다른 말로 하면, 다름 아닌 우리 자의식 속에서 우리에게 가장 높고 가장 거룩한 것, 그리고 우리 영혼으로부터 흘러나와 우리 하나님께 끊임없이 감사하는 바로 그것, 즉 우리의 생명보다 더 귀하고 확실한 것을 정상론자는 강탈하려 하고 우리 자신의 영혼 안에 있는 거짓이라고 부릅니다. 그에 반해 이제 신앙의식과 의분(義憤)은 왕적 긍지를 가지고 우리 마음속에서 깨어납니다. 우리가 세상에서 무시당하고 압제를 당한다 할지라도, 우리는 최소한 우리 마음의 성소에서 그 누구도 법을 제정하지 못하도록 할 것입니다. **우리는**, 자신의 의식이라는 전제로부터 잘 구축된 학문을 수립하려는 정상론자의 자유를 공격하지 않을 것이지만, 동일한 것을 수행하기 위해서, 필요하다면 어떤 대가를 치르더라도, 우리의 권리와 우리의 자유를 옹호할 것입니다.

이제 역할이 뒤바뀌었음을 잘 이해해야 합니다. 얼마 전에는 모든 학문을 위한 비정상주의의 주요 원리들이 거의 모든 대학에 적용되었습니다. 당시에 이미 원리적으로 여기에 반대했던 몇몇 정상론자들은 쉼을 얻기 위한 자리를 얻기 위해 어렵게 설명해야 했습니다. 처음에 그들은 범법자 취급을 당해 박해를 당했고, 그 후에는 기껏해야 용인되었습니다. 그러나 지금 그들은 그 영역의 대가(大家)이며, 모든 사람에게 영향력을 끼치고, 모든 강단의 90%를 차지합니다. 그래서 공식적 위치에서 쫓겨난 비정상론자는 지금 머리 둘 곳을 찾아야 합니다. 전에는 우리가 그들을 문밖으로 내쫓았는데, 지금은 그들이 우리를 길거리로 내쫓음으로 자신들의 자유를 핍박한 것을 우리에게 복수합니다.

이제 질문은 마지막 소송을 이길 수 있는 용기, 인내, 회복력이 기독교 학자들에게 훨씬 더 많이 있는지 여부입니다. 하나님이 그것을 주시기를... 여러분은 다른 의식을 갖고 살아가는 자에게서 사상의 자유, 언론의 자유, 그리고 출판의 자유를 빼앗겠다고 생각할 수 없으며, 심지어 그렇게 **생각해서도** 안 됩니다. 그들이 자신들의 입장에서 여러분에게 거룩한 모든 것을 무너뜨리는 것은 불가피합니다. 바로 이것이 여러분에게 예리한 자극이 되어, 여러분의 학문적 정신을 위해 낙담 속의 불평이나 신비적 감정이나 실제적인 많은 활동에서 도움을 찾을 것이 아니라 스스로 원리적으로 사유하여야 합니다. 또 스스로 학문적으로 탐구하여 여러분의 연구의 부담 아래 출판계 자체가 땀을 흘리도록 분주하게 만들어야 합니다.

지금 한 가지 더 생각할 것은 이것입니다. 만일 우리가 신학을 건지기만 한다면, 세속 학문을 우리 대적자들에게 기꺼이 내어주어도 된다는 '현실도피주의적인 생각'(struisvogel politiek)[17]입니다. 집 전체가 불타고 있는데, 기도실만 구하려는 것은 어리석은 짓입니다. 오래 전에 칼뱅이 **기독교 철학**(*Philosophia Christiana*)을 요구했을 때, 그는 상황을 더 잘 알고 있었습니다. 그리고 결국 다소 거리가 있더라도 여러분의 원리와 연관되지 않는 하나의 학부는 존재하지 않으며, 학부들 가운데 하나의 개별 학문은 존재하지 않기에 우리의 원리는 반드시 거기에 스며들어야 합니다. 마찬가지로 수많은 그리스도인들이 안전한 방패막을 찾았다고 생각하는, 보이는 것들을 못 본 척 눈감음으로 여러분의 안전을 추구해서도 안 됩니다. 천문학자나 지질학자, 물리학자나 화학자, 동물학자나 세균학자, 역사학자나 고고학자가 밝힌 것은, 그들이 뒤에 숨긴 가설과 그 가설로부터 추론한 결론들과 상관없이, 반드시 점검되고, 점검 후에 확립된 사실로서 여러분의 학문 전체에 수용해야 합니다.

하지만 바로 이것을 가능하게 하기 위해서는 대학 생활은 반드시 근본적 변화를 거쳐야 했습니다. 지금까지 대학의 삶은, 학문이 단일 동종의 인간 의식에서만 나오고, 오직 지식과 영리함

---

17 역자주: 카이퍼가 말하는 타조의 전술은, 타조가 궁지에 몰리게 되면 모래에 머리를 처박고 자신은 숨은 걸로 안다는 세상 사람들의 생각으로 현실도피주의적인 정책을 가리킨다.

이 강단에서 가르칠 권리를 결정한다고 가정했습니다. 사람들은 학문의 고유한 원리를 지닌 각각이 서로 대립하는 두 노선의 대학들을 오랫동안 생각하지 못했습니다. 그러나 정상론자들과 비정상론자들의 범세계적 갈등이 근본적으로 발생한 이후로 대학 생활을 분리할 필요가 여기저기 나타났습니다. 사람들은 하나의 원리 혹은 다른 원리에서 의도한 학문의 필요성을 점점 더 보편적으로 느꼈습니다. 침묵공 빌럼이 루뱅(Leuven)에 대항하여 **레이든**에 대학을 세웠던 그의 영웅적 사상을 주목하십시오.[18]

이제 제가 유럽에 대해서만 말한다면, 이 목적에 따라 브뤼

---

18 고유한 삶의 원리의 구현을 위해 대학에 맞선 대학의 수립은 이미 16세기 개혁파에 의해 실천되었다. Albert Hallez, *Studiën en Bijdragen* van Moll en De Hoop Scheffer, III, 153: 신앙의 종파적 차이가 다소 희미해진 요즘, 대학교에서든 대학의 신학과에서든 더 이상 종파적 성향을 가지고 학생을 선발하지 않는다. 위대하고 명망 있는 선생들은 대부분 그들의 뛰어난 소통방식과 능력으로 학생들의 인기를 얻고 있다. 따라서 대학 이름에 붙은 "지명"은 특별한 의미라기보다는 지역적 의미에 지나지 않는다. 하지만 과거에는 그렇지 않았다. 우리가 사는 시대의 초기만 해도 그렇지 않았고, 종교개혁시기엔 더더욱 그렇지 않았다. 종교개혁 시기는 종파들이 서로 대립했던 시기였고, 종파(신앙)의 차이는 적지 않은 의미를 가지고 있었다. 그래서 당시 모두 소규모 대학이었던 알트오르프(Altorf=Altdorf), 마르부르크(Marburg), 비텐베르크(Wittenberg), 헬름슈타트(Helmstadt), 린텔른(Rinteln), 뒤스부르크(Duisburg), 프랑크포(푸)르트 암 오데르(Frankfort a./O. =am Oder : 우리가 아는 프랑크푸르트가 아니라 동부지역 오데르강 유역에 프랑크푸르트가 있다), 헤르보른(Herborn) 등의 대학들이 각자 표방하는 방향성을 향해 발전하게 되었다. 당연히 학생들은 자신이 속한 종파의 대학에 입학했고, 그곳에서는 순수 루터파 교리든지, 아니면 순수 개혁파 교리만을 배웠다. 만일 어느 대학에서 종파적 성향에 변화가 생긴다면, 지금까지 학교를 다녔던 학생들과의 관계를 상실하는 결과를 낳았다.

셀(Brussel)에 **자유 대학**(*Université Libre*)을 설립함으로써 불신 정상론자들이 첫 번째로 등장했습니다. 과거에 벨기에 루벵의 로마교 대학은 오랜 전통 덕분에 헨트(Gent)와 라익(Luik)의 중립적 대학들에 맞서 설립되었습니다. 스위스에서는 이제 이름을 알리기 시작한 로마교 원리를 구현한 프라이부르크(Freiburg) 대학이 설립되었습니다. 영국에서는 사람들이 더블린(Dublin)에서 동일한 원리를 따랐습니다. 프랑스에서는 로마교 학부들이 국립대학 학부들과 대립했습니다. 그리고 네덜란드에서도 칼빈주의 원리의 토대 위에 학문 연마를 위한 자유대학이 암스테르담에 설립되었습니다. 칼빈주의의 요구에 따라, 이제 대학이 자신의 뿌리로부터 번성하도록 교회와 국가가 대학 생활에서 자신의 부드러운 손이 아닌 높은 권위를 포기한다면, 그 시작된 분리는 저절로 방해 받지 않고 지속될 것이며, 이 영역에서도 원리적으로 대립한 것에서 오직 평화롭게 분리되어 번영, 공평한 입장, 그리고 좋은 상호 관계가 보장될 것입니다.

로마의 황제들은 **하나의 국가**라는 그릇된 이상을 추구했지만, 단일 제국이 수많은 독립 국가들로 분리되자 비로소 유럽은 더 크게 발전했습니다. 유럽이 **하나의 세계교회**라는 유혹에 빠졌을 때, 종교개혁이 이 환상을 깰 때까지, 그리고 그 이후로 미국에서 다양성이 각각 나누어진 원리에 따라 고유한 형태를 이루기까지, 기독교적 삶이 더 번영을 구가한 곳은 없었습니다. 다만 **그 하나의 학문**이라는 꿈에 대해서는 지금도 여전히 획일성의 저주가 오래 유지되고 있습니다. 그러나, 예언하건대, 학문의 인위적 통일성의 시대는 지나갔고, 여기서도 결국 로마교 원리와 칼빈주의적 원리와 진화론적 원리가 장차 자신만의 학문적 삶을 등장시킬 것이며, 다양한 대학들 가운데 번창할 것이 분명합니다.

모든 학문에는 체계가, 모든 교육에는 일관성이, 모든 교육기관에는 통일성이 반드시 있어야 합니다. 오직 자신의 고유한 원칙에 엄격하게 매여 모든 부자연스러운 속박을 벗어 던질 수 있을 때 비로소 자유롭습니다. 칼빈주의가 우리에게 길을 열어준 덕분에 학문의 자유 또한 다음 두 가지 조건 하에서 결국 승리할 것입니다. 첫째, 모든 원리는 고유한 학문을 자신의 뿌리로부터 번성케 할 권세를 추구한다. 둘째, 모든 눈에 시야를 열어주지 않는 한, 그리고 학문의 문장(紋章)에 새겨진 황금 문자로 학문이 그 힘을 얻고 살아가는 목적이 되는 원리를 비치지 않는 한, 그 어떤 학문도 영광스럽게 머리를 들 수 없다.

칼빈주의와 예술

HET
CALVIN
ISME

다섯 번째 강연

칼빈주의와 예술

저의 마지막 강연에 앞서, 이 다섯 번째 강연에서 저는 **칼빈주의와 예술**을 논하려 합니다.[1] 요즘 유행하는 경향 때문에 제가 이렇게 하는 것은 아닙니다. 오늘날 만연된 광적인 예술 숭배 앞에 무릎을 꿇는 것은, 칼빈주의라기보다는 연필이나 끌인데, 이는

---

1   역자주: 자유대학교에서 미학(美學)을 가르쳤던 카이퍼는 1888년 10월 20일 총장직 이임 사로서 칼빈주의와 예술이 서로 양립할 수 없다는 편견을 교정하기 위해 『칼빈주의와 예술』(*Het Calvinisme en de kunst*, Amsterdam, J. A. Wormser, 1888)을 강연하였다.

전쟁터에서는 자신의 칼로, 단두대에서는 고귀한 피로 인쳤던 칼빈주의의 오랜 특징인 고귀한 삶의 진지성과는 어울리지 않을 것입니다. 게다가 오늘날 점점 강해지는 예술에 대한 사랑이 여러분의 눈을 멀게 해서는 안 됩니다. 다만 냉철한 지각과 비판적인 눈으로 평가해야 합니다. 여러분은 여기서 모든 면에서 설명 가능한 현상을 다루어야 합니다. 이 현상은 지금까지 몇몇 애호 집단의 특권으로 여겨졌다가 넓은 시민 집단으로 흘러 들어가고, 사회의 가장 낮은 계층 집단까지 내려가 자신의 성향을 드러냅니다. 이런 표현을 써도 된다면, 과거에는 귀족주의적 풍미 외에 결코 다른 모습으로 등장하지 않았던 삶의 표현의 민주화라고 묘사할 수 있겠습니다. 진정한 예술가는, 대중들의 피아노 연주를 단순히 건반을 치는 것으로, 그들의 연필 작업을 초벌 그리기에 지나지 않는 것으로 불평하지만, 사람들은 자신이 예술을 행한다는 풍부한 느낌이 너무도 압도적이어서 교육에서 예술 훈련을 놓치기보다 차라리 진정한 예술가의 그런 조롱을 듣는 것을 위안으로 삼았습니다. 예술에 동참한다는 것은 오늘날 이미더 뛰어난 문명의 특징입니다.

그에 못지않게 여기서 눈과 귀를 통해 감정을 즐기고자 하는 욕구는 특히 음악과 연극을 통해 표출됩니다. 그리고 비록 이런 감각적 쾌락이 많은 사람들 속에서 고상하지 못한 방식으로, 심지어 때때로 악한 방식으로 추구되곤 하지만, 대체로 예술에 대한 사랑은 일반적으로 더 고상한 향유를 찾으며 저급한 감각적 쾌락은 멀리하게 해줍니다. 특히 우리의 세계적인 대도시에서 오늘날 인상적인 프로젝트는 매우 풍성한 것들을 제공할 수 있으며, 국가들 사이의 더 쉬운 의사소통으로 인해 우리의 명가수들과 명배우들이 국제적 역할을 맡아 요즘 거의 비용을 들이지 않고 열 배나 더 많은 집단이 누릴 수 있는 최고의 공연들을 제공했습니다. 공정하게 말하기 위해 여기에 덧붙여져야 할 것은, 유물론과 합리주의에 의해 위축될 위험을 지닌 인간 마음이 이런 메마름에 대한 해독제를 예술에 대한 사랑과 예술적 감각에서 찾았다는 사실입니다. 돈의 지배와 메마른 지성의 지배는 감정적 삶을 빙점까지 몰아가는 반면, 마음의 신비주의는 그저 단순히 종교를 붙잡을 수 없어 예술 중독으로 반응하고 있습니다.

그러므로 저는 진정한 예술의 천재가 넓은 평원보다 오히려 외로운 꼭대기를 찾으며, 따라서 그가 참된 예술적 향유에 매우 빈곤한 우리 시대를 자신의 새로운 창작으로 놀라게 하기보다는 과거의 예술적 불빛으로 안내한다는 사실을 잊지 않습니다. '일반 대중'(profanum vulgus)의 예술 숭배가 악한 취향으로 인해 예술의 타락을 더 많이 초래했다는 것을 제가 정말로 동의한다 할지라도, 제가 평가하기에 예술과 예술품에 대한 무분별한 열광이 비열하게 돈을 벌거나 메마른 자기기만이나 박쿠스(Bacchus)와 비너스(Venus)에 대한 동경보다 더 고상한 일입니다.

이 냉랭한, 비종교적, 실제적 시대에 이 예술 숭배는 그 따뜻함으로 더 고상한 취향이 우리 안에 살아 있도록 했습니다. 그렇지 않았다면, 이 고상한 취향은 지난 세기 중반에 소멸되었던 것처럼 쉽게 없어지고 말았을 것입니다. 그러므로 여러분이 알다시피, 저는 현재 유행하는 예술 운동을 과소평가 하지 않습니다. 그러나 동시에 제게 이 운동은 16세기의 종교적 운동과 결코 비교할 수 없으며, 그렇기 때문에 칼빈주의가 이 새로운 예술 운동의 호의를 구걸해야 한다고 생각하지도 않습니다. 제가 예술 영역에서 칼빈주의의 의의를 주장할 때, 이 예술에 대한 사랑의 통속화는 전혀 생각하지 않고, 영원한 의의를 지닌 **미**(美, het Schoon), 즉 하나님이 우리 인류에게 주신 가장 부요한 선물들 가운데 하나로서의 예술에 주목할 것입니다.

그런데 이런 맥락에서 모든 역사학자라면 제가 하나의 뿌리 깊은 편견에 뛰어든다는 것을 알고 있을 것입니다. 칼뱅은 개인적으로 예술적 감각이 없었으며, 네덜란드에서 성상(聖像) 파괴를 주도했던 칼빈주의는 예술을 존중할 수 없었고, 예술 작품을 산출할 수 없었다고 언급합니다. 그러므로 더 나아가기 전에, 저는 이 맹목적인 편견에 대해 짧게 말하고자 합니다. 비록 제가 루터의 "여자, 포도주, 노래를 좋아하지 않는 자는..."[2]을 매우 높게 평가하지 않더라도, 의심할 여지없이 루터의 예술적 기질이 칼뱅보다 더 강했습니다. 하지만 무엇이 그것을 증거합니까? 소크라테스(Socrates)가 실제로 아름다운 것에 대한 감각이 전혀 없었고 편안하게 호흡할 수 있는 코 덕분에 자신의 울퉁불퉁한 코를 아름답다고 자랑했다고 해서, 예술적 영역에서 헬레니즘의 월계관을 부인할 것입니까? 기독교 교회의 세 기둥인 요한, 베드로, 바울의 글이 한 마디로 예술적 삶을 높이 평가한다고 드러내고 있습니까? 조심스럽게 말해, 복음서 가운데 어떤 이야기가 그리스도 자신이 예술을 변호하고 예술을 필요로 했었다고 증거하고 있습니까? 여러분이 이 질문들에 하나씩 부정적으로 대답해야 한다면, 그렇다고 해서 여러분이 기독교가 예술적 삶에 대해 탁월하게 큰 의의를 지녔다는 사실을 부인할 권리를 갖습니까? 아니면, 칼뱅이 개인적으로 예술에 대한 감각이 부족하고 예술을 적게 다루었다고 해서, 예술의 측면에서 칼빈주의가 파괴자였다고 비난할 수 있습니까? 그리고 네덜란드

---

2 역자주: "여자, 포도주, 노래를 좋아하지 않는 자는 평생 어리석은 자로 남는다."(Wer nicht liebt Weib, Wein und Gesang, Der bleibt ein Narr sein Lebenlang). 흔히 루터가 말한 것으로 여겨지지만, Joh. Heinr. Voss (1777)가 이 경구(驚句)의 저자인 것으로 보이며, 그가 이것을 루터가 쓴 것이라고 했던 데서 유래되었다.

칼빈주의자들의 성상 파괴를 고려하더라도, 8세기 비잔티움 제국 한 가운데서 레오 이사우루스(Leo Isaurus)의 대장부다운 엄숙함이 '성상파괴'(iconoclasme)를 얼마나 격렬하게 초래했는지에 대해서는 잊어도 됩니까? 그리고 그 결과 비잔틴주의(Byzantinisme)가 예술에 대한 중요성 없이 지나쳤다고 잊어도 됩니까? 아니면 여러분은 또 다른 반대 증거를 원하십니까? 8세기의 레오 이사우루스나 16세기 네덜란드 칼빈주의자들보다 무함마드가 꾸란(Khorân)에서 훨씬 더 예리하게 모든 종류의 형상을 반대하지 않았습니까? 그런 것 때문에 여러분은 그라나다(Granada)의 알함브라(Alhambra)와 세비야(Sevilla)의 알카사르(Alcazer)가 놀랍도록 아름다운 건축 예술 작품이 아니라고 말할 수 있겠습니까?

그렇지 않습니다. 참으로 이렇게 거친 추론으로는 더 나아갈 수 없습니다. 예술적 감각이 인간의 보편적 현상이지만, 이 예술적 감각의 발달은 민족 유형, 기후, 그리고 주거지와 연관되어 민족들 사이에 매우 다르게 나타난다는 것도 잊어서는 안 됩니다. 누가 아이슬란드에서 예술의 발전을 찾아 나서며, 누가 레반트의 차고 넘치는 자연 한 가운데서 – 제가 이런 표현을 써도 된다면 – 킁킁거리며 예술의 발전을 찾아내지 않겠습니까? 유럽 남부가 북부보다 예술적 감각에 더 많은 호의를 보였다는 것이 놀라운 일입니까? 그리고 만일 역사가, 특히 북부 민족들이 칼빈주의를 널리 수용했다고 증거한다면, 이것은 칼빈주의가 더 추운 기후와 열악한 자연을 가진 민족들에게 남부 민족들의 예술 생활을 일깨우지 않았다는 것을 증거합니까? 칼빈주의는 사제 직의 풍요함보다 신령과 진정으로 하나님을 예배하는 것을 선 호했기 때문에, 로마교에 의해 예술적 이해가 없다고 비난을 받 았습니다. 그리고 여인이 모델로서 화가 앞에 부끄러운 부분을 드러내거나 혹은 발레로 여성으로서의 자기 명예를 내던지는 것을 거부했기 때문에, 칼빈주의의 도덕적 진지함은 관능주의 (sensualisme)[3]와 충돌했습니다. 사실 관능주의는 예술을 위한 그 어떤 희생도 지나치게 신성할 수 없다고 생각했습니다. 하지만 이 모든 것은 단지 예술이 우리 삶 전체에서 차지하는 자리와 예 술의 영역에 설정되는 경계만 다룰 뿐, 예술 자체를 다루지는 않 습니다. 그러므로 여러분이 더 높은 입장에서 예술에 대한 칼빈 주의의 중요성을 판단하고 싶다면, 아주 피상적인 말에 귀를 기 울이지 말고, 저를 따라 세 가지 요점을 탐구해야 합니다. (1) 칼 빈주의는 왜 자신의 고유한 예술 양식을 발전**시켜서는** 안 되었 는가? (2) 예술의 **본질**에 대한 칼빈주의의 원리에서 무엇이 흘러 나오는가? (3) 칼빈주의는 예술의 **번영**을 위해 실제로 무엇을 했

---

3   역자주: 관능주의란 인식론에서 감각과 지각이 참된 인식의 기본적이고 가장 중요한 형 태라는 이론으로 추상적 관념들과 대립한다.

는가?

✥

칼빈주의가 자신의 예술 양식만 발전시켰더라면 모든 것이 잘 되었을 것입니다. 아테네가 파르테논, 로마가 판테온, 비잔티움이 하기아 소피아(Hagia Sophia) 사원, 쾰른이 돔(Dom)[4], 바티칸이 성 베드로 성당을 자랑했듯이, 칼빈주의 역시 자신의 삶의 사상이 온전히 예술적으로 구현된 인상적인 건물을 가리킬 수 있었으면 됐을 것입니다. 결정적으로 그렇게 하지 않았었기에 칼빈주의는 예술적으로 빈곤하다고 여겨졌습니다. 사람들은 칼빈주의가 그와 같은 예술적 부요함을 창조하기를 **원했지만, 할 수** 없었다고 생각합니다. 칼빈주의의 메마른 뻣뻣함이 고상한 발전을 가로막았다고 생각합니다. 그리고 인문주의자가 고대 헬라의 고전 예술을, 그리스 교회가 비잔틴 양식을, 그리고 로마교회가 고딕 양식을 자랑할 때, 사람들은 칼빈주의가 그에 비해 빈손이었기 때문에 부끄럽고, 그래서 충만한 인간 삶을 훼손한 것을 자책한다고 생각합니다.

그러나 이에 반해 저는 다름 아닌 칼빈주의의 더 고상한 원리

---

4   역자주: 돔(Dom)은 쾰른의 대성당을 가리킨다.

덕분에 그와 같은 자신의 예술 양식을 발전**시켜서는** 안 되었다고 주장합니다. 제가 이런 맥락에서 건축 예술을 전면에 내세우는 이유는, 고전 예술과 소위 기독교 예술에서 절대적이고 포괄적인 예술작품이 일차적으로 건축 예술을 통해 나타났고, 다른 모든 예술은 성전과 교회, 모스크와 사찰(寺刹)을 중심으로 나타났기 때문입니다. 하나님 숭배의 중심점에서 출발하지 않고, 이 숭배를 위한 화려한 건물에서 자신의 완성을 추구하지 않았던 예술 양식은 단 하나도 언급할 수 없습니다. 이는 그 자체로 고상한 충동을 완성했던 것입니다. 예술은 종교에서 자신의 가장 풍성한 동기들을 이끌어 내었습니다. 예술은 종교적 열정에서 황금 광산을 발견했는데, 이것은 자신의 가장 대담한 디자인을 재정적으로 가능하게 했습니다. 예술은 단지 거룩한 영역에서 소수 예술 애호가들의 좁은 집단만 아니라 넓은 영역의 온 나라를 그 발아래 두었습니다. 신적 경배는 흩어진 모든 예술을 하나로 묶는 끈을 제공했습니다. 신적 경배는 또한 이 영원이라는 끈을 통해 예술에게 내적 통일성과 이상적 성별(聖別)을 제공했습니다. 궁전과 무대가 예술의 번창을 위해 무슨 일을 했든, 명백한 사실은 예술의 통일성이라는 줄거리에서 오직 성소만이 예술에 **고유한** 성격의 인장(印章)을 찍었다는 것입니다. 예술 양식과 예배 양식은 일치했습니다. 예술의 지지를 받은 이 예배와 예배의 영감을 받은 예술은 진실로 참되고 최상의 것입니다. 칼빈주의가 이것을 옆으로 제쳐두었음은 인정할 만합니다. 그러나 종교와 예술의 이 결합이 종교적 발전과 일반적 인간 발전의 **저급한** 단계를 나타낸다면, 차라리 자신의 예술 양식을 갖지 **않는** 편이 칼빈주의에게 더 낫다는 점은 분명합니다. 저는 이것이 진실로 그러하다고 확신하기에 이에 대한 제 생각을 설명하겠습니다.

파르테논과 판테온, 하기아 소피아와 성 베드로 성당이 돌로 굳어져 증거하는 그 이상적 절정에 도달한 신적 경배의 미적 발전은, 정부의 권세와 사제의 권세를 통해 하나의 동일한 종교형식이 온 나라에 강요되는 오직 이 저급한 발전단계에서만 가능합니다. 그래서 영적 표현의 모든 차이는 상징적 경배 속에 함께 녹아들고, 대중적 통일성은 행정관과 성직자의 지도 아래 거대한 건축물들을 위한 비용을 부담하고 유지할 수 있는 가능성을 제공합니다. 반면에 민족들의 진보적 발전에서 정신의 구체화가 대중적 통일성을 분열시킬 때, 종교 역시 **상징적** 생활로부터 **선명한 의식적**(意識的) 생활로 넘어가는 더 높은 단계로 올라가 필연적으로 ⑴ 다양한 경배 형태로 나누어지고, ⑵ 성숙하게 된 종교가 국가의 후견으로부터 벗어나고, ⑶ 사제적 통치로부터 해방됩니다. 유럽은 16세기에 이르러서야 영적 발전의 더 높은 단계에 천천히 접근했고, 이 단계에 이르는 것을 완성한 것은 아니지만 원리적으로 가능하게 했던 것은 **"누군가의 지역이 그들의 종교"**라는 루터주의가 아니라 칼빈주의였습니다. 그래서 칼빈주의는 칼빈주의가 등장했던 모든 나라에서 다양한 성향으로 분리되었고, 종교적 영역에서 정부의 권세를 깨뜨렸고, 넓은 영역을 차지했던 사제주의의 종말을 고하게 했습니다. 하지만 그 결과 칼빈주의는 상징적 예배 형식을 포기하고, 칼빈주의 정신을 화려한 기념물로 구현하려는 예술의 요구를 거부했습니다.

그럼에도 불구하고 이스라엘에 그와 같은 상징적 예배가 있었지 않느냐라는 반론은 저의 주장을 뒤집는 것이 아니라 오히려 확정짓습니다. 이 그림자 예배가 옛 시대에서는 필수적이었지만, 성취의 시대에는 "낡아지고 쇠하는 것은 없어져 가는 것이니라"[히 8:13]고 신약성경이 우리에게 말하지 않습니까? 이스라엘은 온 백성을 위한 단 하나의 종교인 국가 종교가 지배했습니다. 이 종교는 사제의 지도 아래 있었습니다. 그리고 결국, 이 종교는 상징적으로 나타났고, 그래서 화려한 솔로몬 성전으로 구현되었습니다.

하지만 이 그림자 예배는 하나님의 계획을 따라 바뀌었으니, 사람이 더 이상 예루살렘의 그 기념비적인 성전에서 경배할 것이 아니라 신령과 진정으로 하나님을 예배할 때가 왔다고 그리스도께서 선포하셨습니다[요 4:24]. 그에 따라 사도적 문헌 전체에서 예술적 형태의 예배에 대한 그 어떤 흔적이나 그림자가 나타나지 않습니다. 지상에서 아론의 가시적 제사장직은 하늘에서 멜기세덱의 반차를 좇는 보이지 않는 대제사장직에 자리를 내어 줍니다. 순전히 영적인 것이 상징적인 것의 안개를 뚫고 나옵니다.

저의 두 번째 주장은, 이것이 이제 **종교**와 **예술**의 더 높은 관계와 일치한다는 것입니다. 여기서 저는, 전적으로 칼빈주의 밖에 서 있지만 공정한 증인으로 인정되는 두 명의 전문가 헤겔(Hegel)[5]과 폰 하르트만(Von Hartmann)[6]을 인용합니다. 헤겔은, 저급한 단계에서 감각적 종교에 최고의 표현과 영감을 제공하는 예술이 바로 이런 수단을 통해 감각적 종교가 점차 자신의 감각적 족쇄를 벗어나도록 돕는다고 말합니다. 왜냐하면 물론 저급한 단계에서는 오직 예술에 의해 특징 지워진 예배만이 영혼을 해방하지만, 그는 "아름다운 예술은 **최고의 해방이 아니다**"라고 결론짓기 때문입니다. 아름다운 예술은 오로지 보이지 않는 영적인 것에만 놓여있기 때문입니다.[7] 그리고 **폰 하르트만**은 특히 다음과 같이 가르칩니다. "원래 신적 경배는 예술과 더불어 불가분리적으로 등장한다. 왜냐하면 종교는 이 저급한 단계에서 여

---

5 역자주: 게오르그 빌헬름 프리드리히 헤겔(Georg Wilhelm Friedrich Hegel, 1770-1831)은 독일 철학자이며 독일 관념론의 핵심적 대표자들 가운데 한 사람이다.

6 역자주: 에두아르트 폰 하르트만(Eduard von Hartmann, 1842-1906)은 독일 철학자로 『무의식의 철학』(Philosophie des Unbewußten, 1869)을 저술한 저자이다. 이 작품의 출판 후 폰 하르트만은 우리 시대의 "가장 유명하고, 중요하고, 가장 많이 토론되는 철학자"였으나, 빠르게 잊혀진 인물이다.

7 G. W. F. Hegel, *Encycl. der Phil. Wissenschafte in Grundrissen* (Berlin, 1845), Th. III, 445.

전히 미적 겉모습 속에서 자신을 잃어버리는 경향을 지니기 때문이다. 그래서 모든 예술은 종교집단의 예배에 등장하는데, 음악, 회화, 조각, 그리고 건축만 아니라 춤, 모방, 그리고 드라마에도 등장한다. 반면에, 종교는 영적으로 성숙할수록 예술로부터 더욱 벗어난다. 왜냐하면 예술은 종교의 본질을 표현할 수 없기 때문이다. 그리고 이 역사적 분리 과정의 마지막 결과는 성숙한 종교는 참된 종교적 경험을 산출하는데, 전적으로 그리고 오로지 집중하기 위하여 미적 유사감정이 약속하는 자극으로부터 전적으로 거리를 둔다."[8]

헤겔과 폰 하르트만의 이 근본 사상은 전적으로 옳습니다. 종교와 예술은 각각 자신의 삶의 영역을 갖고 있습니다. 이 영역들은 처음에는 거의 구분되지 않고, 따라서 서로 섞여 있지만, 더 풍부한 발전과 더불어 저절로 나누어 집니다. 여러분은 요람 속에 있는 쌍둥이가 남자 아이인지 여자 아이인지 잘 알아보기 어렵지만, 나중에 이 둘이 성년에 이르면 각각 고유한 모습, 고유한 재능, 그리고 고유한 영혼의 표현을 지닌 남자와 여자로 여러분 앞에 서게 됩니다. 그러므로 단지 종교만 아니라 예술도 독자적 삶을 위한 더 높은 발전을 필요로 합니다. 처음에 서로 하나

---

8   Eduard von Hartmann, *Aesthetik* (Leipzig, 1887), II, 458, 459.

로 꼬여있어 동일한 하나의 식물로 보였던 두 개의 줄기는 이제 각각 자기 뿌리에 기초하는 것이 밝혀집니다. 이것은 아론에서 그리스도로, 오홀리압에서 주의 사도들로 이르는 과정입니다. 동일한 과정 덕분에 16세기에 칼빈주의는 로마교주의가 정복했던 것보다 더 높은 단계를 차지했습니다. 그러므로 종교적 칼빈주의는 자신의 종교적 원리에서 그 어떤 고유한 예술 양식을 발전**시킬 수** 없었고, 그렇게 **해서도** 안 되었습니다. 오히려 종교와 신적 경배를 감각적 형태에서 점점 더 분리하고 강력하게 영적으로 번성케 하는 것이 칼빈주의의 고상한 노력이었음에 틀림없습니다. 칼빈주의는 힘찬 맥박을 통해 이렇게 할 수 있었는데, 이 맥박은 영혼의 동맥으로 당시의 종교적 삶을 고동치게 만들었습니다. 그러나 오늘날 우리 가운데 교회가 차갑고 **어색하다**(unheimish)고 생각하여 기도의 집에 예술이 되돌아오기를 바라는 사람이 많이 있습니다. 지금 우리 가운데 종교적 삶의 맥박이 순교자들의 시대보다 훨씬 희미하게 뛴다는 것은 비난 받아야 마땅합니다. 하지만 그렇다고 해서 종교가 더 낮은 단계로 내려앉아야 할 필요는 전혀 없습니다. 그럴 때는 오히려 하나님의 자녀들이 성령의 더욱 강력한 내적 사역을 위해 기도해야 합니다. 흰머리 노인이 다시 어린이가 된다는 것은 고통스러운 퇴보입니다. 하나님을 경외하며 영이 맑은 사람은 어릴 적 갖고 놀던 장난감을 다시 붙잡지 않습니다.

✛

지금까지의 설명에도 여전히 하나의 반론이 있을 수 있겠는데, 거기에도 대답하고자 합니다. 제기될 수 있는 질문은, 참으로 원리적인 삶의 경향이 **종교**와 **종교집단** 밖에 있다 할지라도, 자신의 예술 양식을 창조할 수 있고, 창조해야 하지 않는가입니다. 이 예리한 질문의 의도를 수용해봅시다. 이 반론은, 칼빈주의가 진실로 자신의 미적 의미를 갖는다면, 칼빈주의 역시 예술 작업에 어떤 고유한 방향을 제공했어야 한다는 의미는 아닐 것입니다. 왜냐하면 칼빈주의가 실제로 **이것을** 했었다는 사실은 나중에 저절로 밝혀진 부분이기 때문입니다. 그러므로 이 질문은 오히려 다음과 같아야 합니다. 첫째, 포괄적 의미에서, 종교의 영역에서 분리된 하나의 예술 양식이 가능한가? 둘째, 이것이 가능하다면, 그와 같은 **비**종교적 예술 행위의 산출이 칼빈주의에게 요구될 수 있었지 않았는가?

첫 번째 질문과 관련해, 예술의 역사에서 지금까지 종교와 상관없는 포괄적 예술 양식이 등장하지 못했는데, 바로 이 때문에 그 어떤 새로운 예술 양식도 더 이상 기대할 수 없다고 저는 주장합니다. 지금 제가 몇몇 예술가들의 **학파**가 아니라 모든 예술의 중심에 하나의 인장(印章)을 찍는 예술 양식의 학파를 말하고 있다는 것을 주의하십시오. 그래서 아마도 로마의 예술과 르네상스 예술에 대해서만 비종교적인 정신적 충동이 여기서 예술 형태로 전방위적인 계시를 추구했다고 주장할 수 있을 것입니다. 건축 양식에 대해 말하자면, 반구형(半球形) 지붕은 로마의 예술과 나중에 비잔틴 예술에서 종교적 사상의 표현이 아니라 왕권 사상의 표현입니다. 반구형 지붕은 세상 권력을 상징하고, 다른 의미라 할지라도, 르네상스가 거룩한 영역에 등장한 것이 아니라 국가와 시민 생활의 영역에 등장한 것이라고 고백해야 합니다. 르네상스는 이 강의의 세 번째 부분에서 더 자세하게 다룰 것입니다. 여기서 로마의 예술 양식에 관해서만 살펴보면, 자신의 모든 동기들을 거의 그리스 예술에서 빌려온 양식이 독립적 특성을 지녔다고 주장할 수 없습니다. 게다가 로마에서 국가이념은 종교적 이념과 함께 자라났습니다. 특히 로마 예술은 황제 시대에 전성기에 도달했고, '신격화된 아우구스투스'를 위해 희생제물이 부어졌으며, 정교분리는 그저 상상 속의 일이었습니다.

이런 역사학적 결과와 별개로도, 종교와 상관없이 그러한 포괄적인 고유한 예술 양식이 등장**할 수** 있었을지 의심스럽습니다. 그럼에도 불구하고 그런 양식의 등장을 위해 한 민족의 정신적 생활과 정서적 생활이 내부로부터 삶 전체를 지배하고, 그 결과 전체적인 예술 구현 가운데 이 영적 중심에서 가장 바깥의 주변으로 영향을 미치는 중심적 동기가 필요합니다. 고유한 **예술** 세계를 고유한 **사상**의 산물처럼 말하는 것은 물론 아닙니다.

지적 예술은 예술이 아니며, 예술을 관념들과 사상들로 설명하는 헤겔의 시도는 예술의 본질 자체와 반대됩니다. 우리의 지적, 윤리적, 종교적, 그리고 심미적 삶은 각각 고유한 영역을 갖습니다. 이 영역들은 평행선을 달리며, 따라서 하나가 다른 것에서 도출될 수 없습니다. 이것은 이 사중적(四重的) 가지 속에서 자신을 외부로 드러내려는 우리 존재의 신비한 뿌리에 있는 동일한 운동, 동일한 충동, 동일한 생동감입니다. 예술은 줄기에서 나온 곁가지가 아니라 독립적으로 우리의 삶이라는 몸통에서 나온 고유한 가지입니다. 예술은 우리의 **사유**나 우리의 **윤리적** 존재보다 훨씬 가까운 종교와 나란히 연관되어 있습니다.

그러나 이제 이 네 영역 가운데 각각에서 개념의 통일성이 어떻게 발생할 수 있는지 묻는다면, 유한자 속에 있는 이 통일성은 우리의 삶이 무한자의 샘에서 솟아나는 그 한 점에서 계속 발견될 수 있다고 할 수 있습니다. 잘 연결된 철학체계가 아니면 여러분의 사유에 통일성이 없으며, 무한자에게서 비롯된 출발점으로 거슬러 올라가지 않는 철학체계는 철학이라 부를 수 없습니다. 마찬가지로 여러분의 내적 존재가 **도덕적 세계질서**와 결합되지 않고서는 여러분의 도덕적 존재는 통일성이 없습니다. 이 도덕적 세계에 질서를 제정한 무한자의 권세가 아니고서는 도덕적 세계질서를 생각조차 할 수 없습니다. 마찬가지로 무한자의 샘에서 우리에게 흘러나오고 우리를 무한자에게로 들어올리는 영원한 아름다움의 예술적 영감이 아니고서는, 여러분의 예술 계시 안에 통일성은 존재할 수 없습니다. 그러므로 무한자가 우리의 내적 존재 안에 일으킨 독특한 충동의 결과가 아니고서는 특징적인, 포괄적인 예술 양식은 등장할 수 없습니다. 종교가 이런 점에서 바로 지성, 도덕성 그리고 예술과 구분되기에, 그리고 오직 종교만 우리 자의식 가운데 무한자와의 교제를 초래하기에, 종교적 원리와 연관 없는 고유한 예술 양식을 요청하는 것은 순전히 터무니없는 일입니다.

그럼에도 불구하고 예술은 옷에 덧붙인 장식용 실로 꼬아 만든 옷술이 아니며, 삶에 오락이 아니라 이 땅의 삶에서 최고로 중대한 권세입니다. 바로 그런 이유로 예술적 표현에서 주된 변화들은 **반드시** 우리 삶 전체에서 중요한 고리들과 연관되어야 한다는 것을 이해하십시오. 우리의 인간적 실존 전체에서 예외 없이 이 중요한 고리들 **모두**가 하나님께 대한 우리의 관계에 의해 지배되기 때문에, 예술을 **낮추고** 예술을 **과소평가**하는 것은 예술이라는 몸통에서 갈라져 나온 가지들을 하나님 안에서 **모든** 인간 삶을 소유한 뿌리와 상관없는 것으로 여기는 것입니다. 따라서 고유한 예술 양식은 18세기의 합리주의에서도 1789년의 프랑스 혁명의 원리들에서도 나오지 않았으며, 우리 19세기 예술 세계가 새롭고 고유한 예술 양식을 발견하고자 얼마나 애를 쓰든 그 역시 무위로 끝났습니다. 가장 아름다운 것을 얻기 위해서는 언제나 과거의 중심 주제들로 돌아갑니다. 따라서 종교적 출발점과 분리된 고유한 예술 양식이 등장**할 수** 없었던 것처럼, 그걸 요구하는 것 역시 거부해야 합니다. 그렇지 않다 할지라도, 칼빈주의에게 이렇게 요구하는 것은 불합리합니다. 모든 사람과 모든 인간 삶을 하나님의 면전에 세움으로 그 능력의 기원을 발견했던 삶의 운동이, 막강한 예술의 영역처럼 지극히 중요한 영역에서 삶을 위한 추진력, 열정, 영감을 **하나님 밖에서** 추구했다고 여러분이 어떻게 바랄 수 있겠습니까? 그러므로 칼빈주의가 고유한 예술 양식을 창조하지 않았다는 것이 영적 빈곤에 대한 결정적 증거처럼 말하는 경멸적 비난은 그림자조차 남아있지 않습니다. 그런 예술 양식은 오로지 칼빈주의의 종교적 원리의 도움을 받아 등장할 수 있었습니다. 칼빈주의가 **더 높은** 단계로 올라가면서 감각적 아름다움을 통해 종교를 상징적으로 표현하는 것을 단절하고 금지한 것은 바로 이런 종교적 원리에서였습니다.

✤

그러므로 이 질문을 전혀 다르게 표현해야 합니다. 이제부터 두 번째 요점을 이야기하게 되니, 주의를 기울여 주십시오. 이 질문은 칼빈주의가 자신의 **더 높은** 입장에서 창조해서는 안 되는, 즉 자신의 예술 양식을 창조했는가의 문제가 아닌 전혀 다른 문제입니다. **예술의 본질에 대해 칼빈주의 원리에서 무엇이 흘러 나오느냐라는 문제입니다.** 다른 말로 하면, "칼빈주의의 인생관과 세계관 안에 예술을 위한 자리가 있느냐? 있다면 어떤 자리인가?" "칼빈주의 원리는 예술의 본질에 적대적인가?" 혹은 "칼빈주의 원리에 따라 **예술이 없는** 세계는 이상적 삶의 영역을 더 빈곤하게 만들 것인가?"라는 질문입니다. 여기서 저는 예술의 **남용**이 아니라 예술의 **사용**을 다루고 있습니다. 모든 삶의 영역은 각각의 영역을 위해 설정된 경계선을 존중해야 합니다. 다른 영역을 침범하는 것은 언제나 불법입니다. 우리 삶의 모든 기능이 골고루 발전할 때 비로소 인간의 삶은 더 높은 조화 가운데 번창합니다. 지성의 논리는 마음의 감정을 조롱해서는 안 되고, 아름다움에 대한 사랑 역시 양심의 소리를 막아서도 안 됩니다. 종교 자체가 아무리 거룩하다 할지라도 미신, 광기나 광신으로 자신의 정해진 경계선을 넘어서는 순간, 자신의 경계선 안으로 되돌아가야 합니다. 머리가 이상하게 커지는 것은 심장의 위축과 더불어 질병을 키울 뿐입니다. 마찬가지로 양심을 핏기 없이 하얗게 만드는 예술에 대한 지나친 열정은 우리의 '선하고 아름다운 것'(καλοκάγαθός)이 빠진 추한 부조화로 끝나고 맙니다.

그러므로 칼빈주의가 여성의 명예를 더럽히고 여성의 수치를 드러내는 거룩하지 못한 연극 상연에 반대했고, 부도덕한 예술적 향유를 예술의 굴욕으로 낙인찍었다는 사실 자체는 지

금 우리가 논하는 범주에서 전적으로 벗어납니다. 이 모든 것
은 예술의 남용에 대한 이의제기를 강조하지만, 합법적 사용에
대해서는 아무것도 결정하지 않습니다. 칼뱅 자신이 이 합법적
사용의 반대자가 아니라 오히려 옹호자였다는 사실을 그 자신
의 말로 저는 여러분에게 증명할 것입니다. 성경이 수금과 퉁소
를 잡는 유발[창 4:21]의 장막에서 예술이 맨 처음 나타났다고 우
리에게 언급할 때, 칼뱅은 여기서 '**성령의 탁월한 선물**'(praeclara
Spiritus Sancti dona)을 다룬다고 강조했습니다. 칼뱅은 하나님이
이 예술적 감각으로 유발의 족속을 "탁월한 재능으로 부요케
하셨다"고 선언했고, 이 예술의 발명은 하나님의 호의에 대한 빛
나는 증거라고 힘주어 말했습니다.[9] 특히 그는 자신의 출애굽기
주석에서 "모든 예술은 하나님으로부터 흘러나오고 신적 발명
품으로서 존중되어야 한다"고 설명했습니다.[10] 칼뱅에 따르면,
자연적 삶의 이 보물들은 성령으로부터 비롯한 것입니다.[11] 모든
'**교양 학문**'(artes liberales)에서, 중요 과목과 덜 중요한 과목에서

---

9   Calvin, *Calvini Opera*, Ed. Brunsvig, à 1882, T. XXIII, 99.

10   Calvin, *Calvini Opera*, Tom. XXV, 58.

11   Calvin, *Calvini Opera*, Ed. Amst. Tom. I, 570b.

하나님께 대한 찬미와 하나님의 영광은 높여져야 합니다.[12] 게다가 예술은 이 낮은 형편 가운데 살아가는 우리에게 위로로 주어졌습니다. 예술은 삶의 침체와 자연의 부패를 방지합니다.[13] 자신의 동료인 제네바의 콥(Cop)이 예술을 반대하여 격노했을 때 칼뱅은 열심히 대책까지 세웠는데, 이것은 그 자신이 쓴 것처럼, "이 무분별한 사람이 더 건전한 감각과 이성을 회복하도록" 하기 위한 것이었습니다.[14] 칼뱅은 형상 숭배 금지 계명이 조각 예술을 금지했다는 어리석은 편견에 대해 논박할 가치가 없다고 말합니다.[15] 그는 음악이 마음에 감동을 주고, 성향과 도덕을 굽히고 부드럽게 만드는 놀랍고 기이한 능력을 가지고 있다고 하면서 음악을 자랑합니다.[16] 우리가 긴장을 풀고 즐기도록 하나님이 우리에게 주신 삶의 보화들 가운데, 칼뱅이 생각하기에, 예술이 가장 일차적입니다. 심지어 예술이 단순히 대중의 오락으로 전락할 때조차 그는 예술을 반대하지 않았는데, 그는 이런 종류의

---

12   Calvin, *Calvini Opera*, Tom. III, 175b.

13   Calvin, *Inst. Relig. Christ*. I. IV. § 34.

14   Calvin, *Calvini Opera*, Ed. Brunsvig, T. XII, 356.

15   Calvin, *Calnisi Opera*, Tom. XXIV, 377.

16   Calvin, *Calvini Opera*, Tom. VI, 169.

감각적 유흥을 대중에게 막아서는 안 된다고 설명합니다.[17]

그러므로 이 모든 것을 요약하면 다음과 같습니다. 칼뱅은 모든 종류의 예술을 하나님의 선물, 더 구체적으로 성령의 선물로 존중했으며, 정서 생활에 끼친 예술의 강력한 영향력을 충분히 이해했으며, 예술을 통해 하나님을 영화롭게 하고, 우리의 삶을 고상하게 만들고, 더 큰 즐거움을 주며, 심지어 일반적인 유흥조차 예술의 목적으로 여겼으며, 예술을 결코 자연의 단순한 모방으로 여기지 않았으며, 이 악하고, 부패한 세계가 우리에게 주었던 것보다 **더 높은** 실재를 우리에게 열어준다는 것을 예술의 소명으로 여겼습니다.

이것이 단지 칼뱅의 개인적인 견해와 취향이라면, 이 증거는 칼빈주의에 그 어떤 가치도 지니지 못할 것입니다. 하지만 칼뱅 자신이 참으로 예술적 기질을 갖지 **못했고**, 따라서 칼뱅의 이 간략한 '미학'(aesthetiek)이 – 이렇게 표현해도 된다면 – 자신의 원리에서 곧바로 흘러나왔으며, 칼빈주의 인생관과 세계관에서 그 필연적 자리를 차지한다면, 문제는 당연히 달라질 것입니다. 이것이 정말 그러한지 증명하기란 어렵지 않습니다. 문제의 핵심을 곧바로 붙잡기 위해 우리는 칼뱅의 마지막 진술에서 시작합

---

17 Calvin, *Calvini Opera*, Tom. XII, 348.

니다. 예술은 이 악한 세계가 우리에게 주는 것보다 **더 높은** 실재를 우리에게 열어 줍니다. 여러분은 예술 영역에서 거듭 치러진 논쟁, 즉 예술이 단지 자연의 모방이어야 하는가 아니면 자연을 초월해야 하는가의 논쟁을 알고 있습니다. 포도를 아주 정교하게 그렸기에 새들이 그 모습에 착각하여 쪼아 먹으려 했던 것은 소크라테스 '모방'(μμήσις) 학파 혹은 자연의 모방 학파에게 최고의 이상(理想)으로 보였습니다. 여기에 관념론자들이 너무나 자주 망각하는 진리가 놓여 있습니다. 자연이 우리에게 보여주는 형식과 관계는 모든 참된 실재에 대한 근본적 형식과 관계이며 그렇게 머물러야 합니다. 자연을 보지 않고 듣지 않은 채 내키는 대로 자연 위에 배회하는 예술은 환상의 놀음으로 끝납니다. 하지만 반대로 모든 관념론적 예술관은, 자연의 모방으로 그 임무를 완성했다고 여기는 순전히 경험적 예술관에 맞서 정당하게 놓여야 합니다. 학문적 영역에서 사실의 관찰과 파악과 재현에만 기초를 둔 사람이 오류를 범하는 것처럼 예술 영역에서도 동일한 잘못이 발생합니다. 참된 학문이 자연 현상에서 현상의 내재적 질서로 올라가, 이 질서에 대한 지식으로 무장하여 자연이 스스로 산출할 수 있는 것보다 더 고상한 동물, 꽃, 열매를 증식시키는 것처럼, 예술의 소명 역시 그러합니다. 단지 보이고 들리는 것을 관찰하고 파악하고 재현하는 것만 아니라 훨씬 더 나아가 자연의 현상들에서 미의 질서를 발견하고, 더 높은 지식으로 무장하여 자연의 아름다움을 초월하는 하나의 아름다움을 산출하는 것입니다. 칼뱅이 주장했던 것이 바로 이것입니다. 예술이 펼쳐 보인 은사들은 하나님이 우리가 활용할 수 있게 하신 것인데, 이제는 죄의 결과로 말미암아 마땅히 그래야 했던 참된 아름다움이 우리에게서 박탈되었습니다.

이제 이것에 대한 여러분의 결정은 전적으로 세계에 대한 여러분의 개념에 달려 있습니다. 여러분이 세계를 절대적 선(善)으로 본다면, 더 높은 것은 존재하지 않으며, 예술은 오직 이 선을 모방하는 것만 남습니다. 반면에 세계는 한 때 **아름다웠으나** 지금은 저주로 인해 **산산조각 났으며**, 장차 종국적 재난에 의해 본래 낙원의 아름다움보다 더 높은 영광 가운데 들어갈 것이라고 인정한다면, 예술에는 잃어버린 아름다움에 대한 향수를 통해 다가올 영광의 즐거움을 미리 맛보는 자리로 올라갈 신비한 임무가 있습니다. 이 마지막 언급은 진실로 칼빈주의 고백입니다. 이 고백은 다른 학파들보다 더 예리하게 뿌리 깊은 죄의 부패를 인정했습니다. 이 부패를 측량할 수 있도록 낙원의 속성이 원의(原義) 가운데 높게 설정되었습니다. 그리고 이 부패로부터 언젠가 하나님의 영광을 완전히 향유하는 하나의 구원이 예언되었습니다. 이 관점에서 예술은 우리 인류에게 주신 성령의 은사 외에 다른 것이 될 수 없습니다. 이 은사는 악한 삶에서 그리고 그 뒤에서 장차 죄와 저주의 모든 결과가 정복될 실재를 가리키는 부요하고 영광스런 배경을 우리가 발견하도록 합니다. 그래서 예술은 한때 놀라울 정도로 아름다운 창조의 폐허 곁에 서서 본래 계획의 모습들과 최고의 예술가와 건축가가 장차 이 폐허로부터 새롭게 창조하실 것을 우리에게 보여줍니다.

이런 점에서, 칼뱅의 견해가 칼빈주의 고백과 정확하게 일치한다면, 이제 바로 언급할 내용에 전적으로 똑같이 적용할 수 있습니다. 하나님의 주권이 칼빈주의 전체 방향에 대한 출발점이자 여전히 출발점으로 머문다면, 예술은 '악한 자'(Booze)에게서 나올 수 없습니다. 사탄은 아무 것도 창조할 수 없기 때문입니다. 그가 할 수 있는 모든 것은 하나님의 선한 은사들을 악용하는 것입니다. 그래서 예술은 마찬가지로 인간 자신에게서 나올 수 없습니다. 왜냐하면 피조물인 인간은 하나님이 그에게 주신 부여하신 힘과 은사들 외에 다른 것으로는 일할 수 없기 때문입니다. 하나님이 주권자시며 여전히 주권자시라면, 예술은 하나님이 최고의 예술가로서 친히 이 세상을 창조하셨을 때, 그분이 세상에 정하신 규례를 따르는 것 외에는 매력을 끌 수 없습니다. 또한 하나님이 주권자시며 여전히 주권자시라면, 그분은 이 은사들을 자기가 원하는 자들에게 나누어주시되, 아벨의 후손이 아닌 가인의 후손에게 먼저 나누어 주시기조차 하십니다. 이는 예술이 마치 가인의 후손에게 속한 것과 같은 것이 아니라, 범죄하여 최고의 은사들을 내버린 자가 최소한 더 낮은 예술의 은사들 가운데, 칼뱅이 아주 아름답게 표현한 것처럼, "하나님의 관대하심에 대한 증거를 갖도록" 하기 위함입니다.

이제 이 **능력**, 이 예술적 능력이 인간 본성에 존재할 수 있는 것은 우리가 하나님의 형상을 따라 창조되었기 때문입니다. 실제 세계에서 하나님이 만물을 창조하시고, 그 가운데서 할 수 있는 능력은 오직 하나님의 것입니다. 따라서 그분이 여전히 최고 예술가이십니다. 그는 하나님으로서 오로지 근원자이시며, 우리는 그분의 형상의 담지자들 외에 아무 것도 아닙니다. 따라서 하나님의 창조에 대한 우리의 **능력**, 우리의 역량, 우리의 모방 창조는 **외양적** 실재에만 존재할 수 있습니다. 오직 이 의미에서만 인간은 예술 영역, 또는 그의 방식에서 창조자로서 등장합니다. 우리는 하나님에 의해 충동 되고 하나님으로부터 능력을 받아, 건축 예술에서 일종의 **우주**를, 조각 예술에서 **형태들**을, 회화 예술에서 **선과 색조**로 영감 받은 삶을, 음악에서 **신비적** 삶을, 시(詩)에서 **의식적** 삶을 눈과 귀를 위해 놀랍게 창조합니다. 이 모든 것은 아름다움이 우리의 환상이나 주관적 지각이 아니라 객관적으로 존재하고 창조 전체에 나타난 신적 완전의 표현이라는 인식에 기초합니다. 그때 하나님이 보시니 "모든 것이 좋았더라"[창 1:31]. 이는 그의 기쁘신 뜻이 그 안에서 크게 기뻐하기 위함이었습니다.

모든 인간의 눈이 닫히고 모든 인간의 귀가 막혔다고 생각하더라도 아름다움은 **여전히 남고**, 하나님이 그 아름다움을 보고 들으십니다. 왜냐하면 단지 그의 "영원한 능력"만 아니라 그의 "신성(神性)"도 창조 이후로 그의 피조물들 가운데 알려지고 나타나는데[롬 1:20], 그 "신성"이 바로 아름다움의 완벽한 조화, 완벽한 비율이기 때문입니다. 이것을 또한 우리 자신에게서 확인할 수 있습니다. 우리 안에 예술의 눈이 있고, 따라서 예술적 능력이 있기 때문입니다. 절대적 예술의 눈은 하나님 자신 안에 있어야 하는데, 하나님의 형상으로 지음 받은 우리가 그로부터 받은 것 외에는 우리 안에 아무 것도 있을 수 없기 때문입니다. 우리는 이것을 우리를 둘러싼 창조로부터, 우리를 덮고 있는 궁창으로부터, 우리 주변의 풍요로운 자연으로부터, 인간과 동물 안에 있는 풍요로운 형상들로부터, 시냇물의 흐르는 소리로부터, 그리고 나이팅게일의 노래로부터 압니다. 왜냐하면 스스로 자신의 존재 안에 아름다움을 지닌 유일하신 분이 아니면, 그의 신적 미덕들에 의해 산출되지 않으면, 어떻게 이 모든 아름다움이 창조될 수 있었겠습니까? 그래서 여러분은, 우리가 칼뱅의 선언에서 발견했고, 여러분 마음의 거룩한 예술적 감각이 호소하는 예술의 기원, 본질, 그리고 소명에 대한 이 높은 개념이, 하나님의 형상에 따른 우리의 창조와 연관하여 하나님의 주권에 대한 인식으로부터 저절로 자연스럽게 흘러나온다는 것을 알고 있습니다. 소리의 세계, 형상의 세계, 색깔의 세계, 그리고 시적(詩的)

착상의 세계, 이것들은 하나님 외에 다른 데서 나올 수 없으며, 오직 그의 형상을 담지한 사람만 그것들을 이해하고 즐길 수 있습니다.

❖

이렇게 이제 우리가 살펴보아야 할 **세 번째**이자 마지막 요점에 이르렀습니다. 먼저 저는 여러분에게 **자신의 예술 양식을 갖지 않는 것**이 칼빈주의를 반대하는 것이 아니라 오히려 칼빈주의의 더 높은 발전 단계에 적합하다는 것을 입증했습니다. 그 다음에는 **예술의 본질**에 관한 고상한 개념이 칼빈주의 고백에서 흘러나온다는 것을 보여주었습니다. 이제 저는 **칼빈주의가 예술의 변성을 원리적으로 그리고 구체적으로 촉진했음을** 여러분께 **다소 철저하게** 입증하고자 합니다.

따라서 첫 번째로 언급해야 할 것은, 칼빈주의가 예술을 교회적 후견에서 벗어나게 함으로써 예술을 독립시켰다는 점입니다. 저는 르네상스 역시 그런 동일한 경향을 가졌다는 것을 부인하지 않지만, 르네상스는 이교도적 예술 세계를 너무 편향적으로 선호했고, 기독교적 이상들보다는 이교적 이상들에 더 호소했습니다. 반면에 칼빈주의는 아무리 예술의 해방을 위해 르네상스와 협력한다 할지라도, 기독교적 이상들의 입장에서 이것을 수행했고, 그 이상들을 방어하기 위해 다른 어떤 종교형태보다 더 예리하게 모든 이교도적 영향을 반대했습니다. 더 오랜 기독교 교회를 부당하게 다루지 않기 위해 여기에 더 넓은 관점을 덧붙입니다. 기독교는, 외적으로 크게 문명화된 세계였지만 내적으로는 완전히 몰락한 세계 중심에 등장했는데, 이 세계는 이교도적 예술에 열광적이었습니다. 그러므로 원리에 대해 원리로 강하게 대립하기 위해 기독교는 예술에 대한 과대평가를 반대함으로 시작하고, 마지막으로 이교(Heidendom)가 그 소동 가운데 바로 그 아름다운 예술 세계로부터 차용한 엄청난 세력을 깨뜨려야 했습니다. 이교와의 생사를 건 투쟁의 기간에 예술에 대한 기독교의 태도는 거의 의심스러웠습니다. 게다가 거의 곧바로 크게 문명화된 로마 제국에 여전히 개화되지 못한 게르만족의 유입이 뒤따랐습니다. 게르만족의 급속한 기독교화 이후 8세기에 주도적인 권력은 이탈리아에서 알프스 북부로 옮겨갔습니다. 이것은 교회에 그 무엇에도 견줄 수 없는 명백한 패권과 동시에 심각한 소명을 주었습니다. 이런 형편 덕분에 교회는 모든 인간 삶의 후견자로 등장했고, 그 고상한 임무를 아주 탁월한 방식으로 수행했기에, 심지어 종교적 혐오나 당파 싸움조차 교회가 성취한 영광을 더 이상 훼손할 수 없었습니다. 그 당시 인간의 모든 발전은 교회의 지원과 지도를 받는 것 외에는 진실로 다른 방도가 없었습니다. 교회의 보호를 받지 않는 학문과 예술은 번창할 수 없었습니다.

이런 식으로 강요받지 않은 특정한 기독교적 예술이 저절로 발생했습니다. 이 예술은 그 첫 번째 충동으로 최소한의 형상과 색깔과 색조로 최대한의 영적 표현을 드러내야 했습니다. 자연을 배제하지 않지만 하늘의 영역에서 부름 받은 예술은, 음악을 그레고리우스의 족쇄로 채우고, 연필과 끌로 무우주론적(akosmische) 피조물들을 추구하고, 사실상 오직 대성당의 건축물에서만 불멸의 예술적 명예를 수확했습니다. 그럼에도 불구하고 양육을 제공하던 모든 후견제도는 자멸을 초래했습니다. 올바른 정신을 지닌 후견인은 스스로 가능한 한 빨리 자신의 후견인 역할을 불필요한 것으로 만들려고 애를 썼고, 이것과 모순되게 자신의 후견인 역할이 끝났음에도 불구하고 자신의 역할을 지속하려고 시도했습니다. 거기서 부자연스러움이 발생했고, 후견인 역할은 끝나게 되었습니다. 국가들의 첫 번째 양육이 완성되고, 교회가 여전히 삶의 전 영역에 절대적 권세를 휘둘렀을 때, 뒤이어 격변과 운동이 네 측면에서 동시에 일어났습니다. 즉, 예술 영역에서 **르네상스**, 정치 영역에서 이탈리아의 **공화주의**, 학문과 연관하여 **인문주의**, 그리고 마지막으로 종교와 관련하여 중심적인 **종교개혁**이 일어났습니다.

이 네 가지 운동은 의심할 여지없이 매우 다르면서, 서로 모순적인 원리들로부터 자주 그 추진력을 받았습니다. 그들 모두는 교회의 후견제도에서 벗어나기를 원했고, 자신의 독립적 인식에서 비롯된 삶의 표현을 추구했다는 점에서 일치했습니다. 16세기에 이 네 가지 권세가 자주 연합하여 활동했던 것은 놀라운 일이 아닙니다. 후견인의 유대관계를 탈피하고 더 자유로운 발전을 향해 달려가고 밀어 붙이는 것은 하나의 인간 삶입니다. 옛 후견인이 온 힘을 다해 후견인 종식 선언을 막으려고 애썼던 곳에서 사람들이 해방을 위해 이곳저곳에서 서로 지지하는 것은 당연했습니다. 이런 동맹 관계가 없었다면, 후견제도는 전 유럽에 걸쳐 지속되었을 것이고, 저항이 발생한 이후에는 더 심해졌을 것입니다. 이 협력 덕분에 저항은 완전한 후견제도의 종식을 획득하여 승리했고, 그 시간 이후로 예술, 학문, 정치, 그리고 종교의 해방을 자랑할 수 있었습니다.

이제 칼빈주의가 종교를 해방했지 예술은 해방하지 않았다고 말할 수 있겠습니까? 예술의 해방이라는 영예가 반드시 르네상스에게 돌아가야 한다고 할 수 있겠습니까? 저는 예술 자체가 자신의 자유를 위해 등장했던 내적 힘에 관련해서 르네상스의 영예에 전적으로 동의합니다. 제가 이렇게 표현해도 된다면, 미적 천재성은 하나님 자신에 의해 그리스 정신에 심겨졌으며, 예술은 이 그리스 천재성을 밖으로 드러냈다가 다시 기쁜 환호와 함께 안으로 받아들인 근본적인 힘을 통해 오로지 자신의 독립적 존재를 증명할 수 있었습니다. 그러나 이것이 기대했던 해방을 결코 성취하지 못했을 것임을 의심치 않습니다. 그 당시 교회는 이 고전적 예술의 요소를 허용하는데 조금도 반대하지 않았기 때문입니다. 르네상스는 문밖으로 내쳐지지 않았고 환영을 받았습니다. 기독교 예술은 머지않아 르네상스가 제공했던 최상의 것으로 자신을 풍요롭게 했습니다. 소위 **킨케켄토**(*Cinquecento*)[18] 혹은 르네상스 전성기에 브라만테(Bramante)와 다빈치(Da Vinci), 미켈란젤로(Michaelangelo)와 라파엘(Rafaël)은, 독특하고 모방할 수 없으며 능가할 수 없는 예술적 보화로 **'교회의 광채'**(*splendor ecclesiae*)를 더욱 풍요롭게 했습니다. 그 옛적 유대가 교회와 예술을 여전히 묶었고, 이 유대는 자동적으로 영구적인 후원관계를 수립했습니다. 그렇기 때문에 예술의 진정한 해방을 위해 전적으로 다른 어떤 것이 필요했습니다.

원리를 따라 교회는 반드시 영적 영역으로 되돌아가야 했고, 거룩한 영역들에서 활동했던 예술 역시 사회적 삶에 그 모습을 드러내야 했습니다. 종교는 더 높은 영적 단계로 올라간 후, 다름 아닌 삶 전체가 계속 호흡할 수 있도록 교회 안에서 자신의 상징적 의복을 벗어야 했습니다. 폰 하르트만이 이렇게 잘 말했습니다. "한 손으로 예술가에게서 자신의 특별한 종교적 예술을 빼앗지만, 그 대신 다른 손으로 그에게 종교적으로 계속

---

18   역자주: 이탈리아 예술사에서 16세기 이탈리아 르네상스를 일컫는 명칭이다.

호흡하는 온 세상을 주는 것은 순수한 영적 종교다."[19] 루터가 그런 순수한 영적 종교를 추구했지만, 그럼에도 불구하고 그것을 제대로 처음 추구한 것은 칼빈주의였습니다. 칼빈주의 덕분에 처음으로 **교회의 광채**, 즉 교회의 외적 화려함이 깨졌고, 예술을 재정적으로 속박했던 측량할 수 없는 교회의 소유가 파기되었으며, 인간 삶의 모든 표현이 자기에게 복종하기 전에는 결코 쉴 수 없었던 외적 권세의 표출 역시 무너졌습니다. 비록 인문주의 역시 이처럼 짓누르고 부자연스런 교회적 존재를 반대했을지라도, 인문주의는 단지 에라스무스만 생각해 보더라도, 이것이 성공하리라고 결코 기대할 수 없었습니다. 왜냐하면 여기서 승리는 종교적 영역에서 단지 부정적으로 투쟁에 참여한 자에게 있었던 것이 아니라, 오직 더 높은 종교적 단계로 올라 상징적 종교를 극복한 자에게 있었기 때문입니다. 그러므로 칼빈주의가 결국 결정적이었으며, 칼빈주의의 끈질긴 인내 덕분에 일차적으로 우리 인간 삶 전체에 대한 교회의 후견이, 그리고 예술에 대한 교회의 후견이 종말을 고했다고 충분히 주장할 수 있습니다.

　한편 제가 있는 그대로 인정하는 대로, 만일 이런 맥락에

19　Von Hartmann, *Aesthetik*, II, 459.

서 인생과 예술에 대한 더 깊은 이해가 작용하지 않았다면 이런 결과는 순전히 우연이었을 것입니다. 비토리오 에마누엘레 2세(Vittorio Emanuele II, 1820-1878)의 지도하에 주세페 가리발디(Giuseppe M. Garibaldi, 1807-1882)의 도움으로 이탈리아가 해방되었을 때, 해방의 시간은 중부와 남부 이탈리아의 발도파를 위한 것이기도 했습니다. 하지만 이것은 레 갈란투오모(Re Galantuomo)나 가리발디도 의도하지 않았던 것이었습니다. 그러므로 이렇게 칼빈주의가 인간의 자유를 위한 투쟁에서 자신의 원리 덕분에 그런 것을 원하지 않았을지라도 결과적으로 지금까지 예술을 속박했던 끈을 사실상 끊을 수 있었던 것입니다.

따라서 저는 논쟁을 결정짓는 두 번째 요인을 가리키지 않을 수 없습니다. 저는 이미 반복해서 "일반 은총" 교리의 중요한 의의에 대해 여러분의 주의를 환기시켰는데, 여기 예술에서도 이 교리를 다시 언급할 것입니다. 장차 교회에 속하게 될 것은 반드시 신앙의 표식을 지녀야 하기에 기독교적 예술은 오직 신자들에게서만 나올 수 있습니다. 그러므로 제가 하나의 특별한 기독교적 예술 안에서 고유한 예술, 참된 예술을 추구한다면, 이것은 제가 고귀한 예술의 은사는 오직 신자들의 몫이라고 말하는 것입니다. 그러나 이와 달리 칼뱅은 '교양 학문'을 하나님이 "차별 없이 경건한 자들과 불경건한 자들에게"(promiscue piis et impiis),[20] 즉 섞어서 차별 없이 신자들과 불신자들에게 나누어주신 선물들이라고 말합니다. 진실로 이 선물들은 역사가 보여주듯 다름 아닌 신앙의 영역 밖에서도 더 온건하게 빛을 비추었습니다. 칼뱅은 말합니다. "경험이 우리에게 가르치듯이, 신적 빛의 광채는 믿지 않는 민족들 가운데서 자주 그리고 가장 강력하게 나타났다."[21] 이제 이것은 일의 순서를 완전히 뒤집습니다. 만일 여러분이 고상한 예술적 향유를 중생에 묶는다면, 이 은사는 오직 신자들의 몫이며, 반드시 교회적인 것으로 머물러야 합니다. 이 은사는 특별 은총에서 흘러나옵니다. 그러나 여러분이 역사의 경험을 염두에 두고, 최상의 예술적 천재성이 **자연적** 은사들에 속하고, 그래서 죄에도 불구하고 일반 은총을 통해 우리 인간 본성에서 여전히 빛나는 탁월함에 속한다고 판단한다면, 예술은 신자들과 불신자들 둘 다에게 영감을 줄 수 있으며, 전능하신 하나님이 자신의 선하시고 기뻐하신 뜻을 따라 예술을 이교 나라들과 기독교 나라들에게 나눠주신다는 결론이 뒤따릅니다.

이것은 단지 예술만 아니라 인간 삶의 모든 자연적 표현에도

---

20   Calvin, *Inst. Rel. Christ*. I. IV. § 34.

21   Calvin, *Calvini Opera*, Ed. Brunsvig, Tom. XXIII, 99.

적용됩니다. 고대 이스라엘과 다른 나라들을 비교해보면 알 수 있습니다. 거룩한 것과 관련해, 이스라엘은 선택받았습니다. 단지 모든 나라보다 더 복을 받았을 뿐만 아니라, 모든 나라 가운데 오직 이스라엘만 복을 받았습니다. 종교의 문제에서 이스라엘은 더 많은 것을 소유했을 뿐만 아니라 오직 이스라엘만 진리를 가졌고, 다른 모든 민족들, 심지어 그리스인들과 로마인들조차 거짓의 통치하에 복종했습니다. 그리스도는 부분적으로 이스라엘에 속하고 부분적으로 열방에 속하는 것이 아니라 오직 이스라엘에 속합니다. 구원은 유대인들에게 속합니다.

이스라엘이 종교적 영역에서 이와 같이 풍성하게 빛을 비추지만, 여러분이 이스라엘의 예술 발전, 학문 발전, 후기 왕국과 정치 발전, 상업과 산업의 발전을 주변 나라들과 비교한다면, 이스라엘의 얼굴은 그만큼 창백해질 것입니다. 히람(Hiram)이 시온의 성전을 짓기 위해 이방 나라에서 예루살렘으로 와야 했던 것만 봐도 확실히 알 수 있습니다. 하나님의 지혜를 가졌던 솔로몬은 단지 이스라엘이 건축 영역에서 뒤쳐져 있다는 것을 알았을 뿐만 아니라 다른 곳의 도움을 받아야 한다는 것도 인정했습니다. 그는 자신의 처신 전체를 통해 히람의 온 것이 자신의 부끄러운 결핍을 보여주는 것이 아니라 하나님의 계획 속에 담긴 자연적인 것임을 우리에게 보여 주었습니다.

이제 이것과 일치하여 칼빈주의는 성경의 증거와 역사의 증거에 근거하여, 불신 나라들이 성소(Heiligdom) 밖에 서 있지만, 그럼에도 불구하고 역사에서 그들 자신의 의의를 지니고, 신적 섭리에 의해 고유한 소명을 받았으며, 또한 그들의 존재가 필연적으로 세상 계획에 포함되었다고 고백했습니다. 피와 혈통에 담긴 고유한 기질은 인간 삶의 모든 표현을 위한 것입니다. 성향들이 있으며, 운명과 사건에 대한 고유한 성향들이 필요하고, 심지어 고유한 자연적 환경과 기후의 영향까지 필요합니다. 그래서 이스라엘에서 이 모든 것은 신적 계시 가운데 받게 될 거룩한 건물에 맞춰졌습니다. 그러나 이처럼 이스라엘이 종교와 하나님 나라의 승리를 위해 선택받았다면, 이것은 그리스 민족이 철학적 삶과 예술의 계시를 위해 하나님의 선택을 받고, 마찬가지로 로마인들이 법률과 국가의 영역에서 고전적 발전을 주기 위해 하나님의 선택을 받았다는 사실을 조금도 가로막지 못합니다. 예술의 삶도 임시적인 발전과 후기 번성기를 갖지만, 더 강력하게 번성하기 위해서는 그 삶의 중심적 발전에 선명한 자의식이 있어야 했습니다. 이 자의식은 자신의 삶의 이상적 실재에 대한 불변의 근거들을 발견하기 위한 것이었습니다. 그런 현상은 삶에서 단 한 번 그와 같은 자기계시에 이르고, 이 자기계시가 발견된다면, 이 계시는 고전적이며 주도적이고 영구적으로 지배합니다. 그래서 비록 추후에 예술의 발전이 더 새로운 형태들과 더 풍성한 재료를 추구한다고 해도, 본래의 발견은 본질적으로 변함없이 그대로 남습니다. 그러므로 칼빈주의는 그뿐만 아니라, 또한 그리스 민족이 하나님의 은혜로 애초부터 예술의 민족이었고, 바로 이 고전적 발전 덕분에 예술이 우리 인간 삶의 독립적 표현으로 드러났으며, 예술이 종교 역시 자신 안에 흡수했지만 바로 그 이유 때문에 교회 혹은 신앙이라는 몸통에 결코 접붙여져서는 안 된다고 인정할 수밖에 없었습니다. 이런 이유 때문에 재발견된 예술의 근본 노선 복귀로서의 르네상스는 칼빈주의에게 하나의 악한 추구가 아니라 하나님의 작정 가운데 있는 하나의 추구, 즉 순전한 우연이 아닌 의식을 갖고 의도적으로 손으로 일했던 노력으로 등장했습니다.

그러므로 칼빈주의가 오로지 교직제에 대한 반대에서 비롯된 의도치 않은 결과로 동시에 예술의 해방을 촉진했다는 것은 말도 안 되는 소리입니다. 오히려 칼빈주의는 이 해방을 **요구했고**, 자신의 영역에서 자신의 전체 세계관과 인생관에 근거하여 이 해방을 실현하지 **않을 수 없었습니다.** 세계는 오직 교회를 위한 장소만을, 즉 교회가 전투적 교회로서 머무를 장소 하나만을 제공하는 잃어버린 행성이 아닙니다. 그리고 인류는 오로지 택자들의 출생에만 이바지하는 목적 없는 군중이 아닙니다.

그와 반대로 이 세계는 하나님의 강력한 사역을 보여주는 무대입니다. 이 인류는 그 손의 피조물로서 자신의 구원과 상관없이, 그리고 미래가 어찌 되든 상관없이 여기 이 시간 속에서 강력한 과정을 통과하여, 역사의 발전 과정 속에서 하나님의 이름을 영화롭게 해야 합니다. 이 목적을 위해 하나님은 인류를 위한 온갖 다양한 삶의 표현들을 제정하셨습니다. 이 삶의 표현들 가운데 예술도 독립적인 위치를 차지합니다. 예술은 학문도 국가정책도 종교적 삶도, 심지어 종교도 줄 수 없는 창조규례들을 우리에게 계시합니다. 예술은 자신의 뿌리에서 자라고 꽃피우는 식물입니다. 칼빈주의 원리는 비록 이 식물도 일시적으로 도움과 지지대를 필요로 한다는 것과, 교회가 과거에 탁월한 방식으로 이 식물에게 그 도움을 제공했다는 것을 부인하지 않습니다. 하지만 동시에 예술이라는 이 식물도 결국 힘을 얻어 지지대 없이 자신의 줄기에서 그 왕관을 높이 들어야 한다고 주장합니다. 칼빈주의 원리는 이 예술이라는 식물의 존재와 성장의 법칙이 처음으로, 그리고 가장 선명하게 그리스 예술가에 의해 인식되어, 모든 고등 예술이 이 고전적 발전으로부터 자신의 순수한 충동을 지속적으로 빌려왔음을 인정했습니다. 이것은 그리스에 여전히 머물거나 비평 없이 예술의 이교적 현상을 전수받기 위함이 아닙니다. 예술 역시 자신의 기원에 여전히 머물지 말고 계속 더 풍성하게 발전해야 하며, 동시에 이 더 풍성한 발전에서 그 성장 가운데 섞인 그릇된 요소를 정화시켜야 합니다. 예술의 성장과 번성의 법칙은 오로지 **예술의 법칙**에 머물러야 하며, 이 법칙은 외부에서 부가되어서는 안 되고 자신의 고유한 본질로부터 인식해야 합니다. 그리고 예술을 위한 참된 자유는 반드시 부자연스런 유대는 **풀고** 자연스런 유대는 **결합**하는 데서 발견해야 했습니다. 따라서 칼빈주의가 학문과 예술에서 종교의 거룩한 영역을 빼앗으려 했다고 누군가 생각한다면, 그는 다름 아닌 칼빈주의가 이 두 삶 – 학문과 예술 – 의 권세가 우리 인간 삶 **전체**에 수용되기를 원했음을 알아야 할 것입니다. **전체** 우주를 살피기 전에는 쉬지 않는 학문이 있어야 합니다. 인간 삶 **전체**에 침투하기 전에는 가만히 앉아있을 수 없는 종교가 있어야 합니다. 그러나 또한 그 어떤 삶의 영역도 무시하지 않고, 따라서 인간 삶 **전체**를, 이 세상 삶에서 가장 사소한 것도 자신의 예술 영역 속에 받아들이는 예술이 있어야 합니다.

✧

이러한 예술 영역의 광범한 확장은 동시에 저의 마지막 요점으로 이동하게 하는데, 여기서 저는 여러분이, **칼빈주의가 사실상 그리고 구체적인 의미에서 예술의 발전을 촉진시켰다**는 사실에 주목하기를 바랍니다. 이런 맥락에서 칼빈주의가 예술 영역에서도 마술사 역할을 할 수 없었고, 자연적 자료 외에 달리 일할 수 있는 것이 없었다는 것은 거의 언급할 필요가 없습니다. 이탈리아 사람이 스코틀랜드 사람보다 음악적으로 더 탁월한 목청을 받았고, 독일 사람이 네덜란드 사람보다 더 격정적인 음악적 충동에 지배받는 것은 부인할 수 없는 자료들입니다. 예술은 이런 자료들로 칼빈주의 통치와 마찬가지로 로마의 통치를 고려해야 했습니다. 민족적 특성의 차이에서 나온 것을 두고 칼빈주의를 비난하는 것은 논리적이지도 정직하지도 않은 판단입니다. 마찬가지로 우리 유럽 북부 나라들의 칼빈주의를 보면, 대리석, 반암(斑岩), 청석 등을 땅에서 캘 수 없고 그저 점토와 토사로 이루어진 네덜란드와 같은 나라보다, 채석장에서 이런 귀한 돌들을 제공하는 그 나라에서 풍부한 자연석을 재료로 요구하는 건축 예술과 조각 예술이 더 빨리 발전된 것은 조금도 놀랍지 않습니다. 그러므로 시(詩), 음악, 그리고 회화 예술, 이 세 가지는 전적으로 자유롭고 모든 자연적 자료에서 가장 독립적인 예술들로 여기서 눈에 띄는 독특한 것들입니다. 그렇다고 해서 네덜란드의 시청 건물이 건축물 중에 명예의 자리를 차지하지 못한다는 뜻은 아닙니다. 루뱅과 미델부르흐, 안트베르픈과 암스테르담은 네덜란드 예술이 돌로 이룬 업적을 여전히 증거합니다. 그리고 또한 안트베르픈의 쿠엘리누스(A. Quellinus, 1609-1668)[22]의 조각상과 침묵공 빌럼의 무덤에 있는 더 케이저르(H. De Keyzer,

---

22 역자주: 안트베르픈에서 태어난 아르투스 쿠엘리누스 더 아우더(Artus Quellinus de Oude, 1609-1668)는 17세기 네덜란드의 최고의 조각가로서 암스테르담 담(Dam) 광장에 있는 시청 건물을 건축하는데 1650년부터 14년간 매달렸다.

1565-1621)[23]의 조각상을 감상한 사람은 이 조각가들의 예술적 능력을 부인하지 못합니다.

하지만 여기서 우리의 시청 건물은 칼빈주의가 등장하기 오래 전에 있었고 또한 그 후기 발전에서는 칼빈주의를 상기시키는 그 어떤 흔적도 보이지 않는다는 반론에 부딪힙니다. 칼빈주의는 자신의 원리 때문에 대성당이나 왕궁을 짓지 않았으며, 원형 극장을 필요로 하지 않았고, 그 어떤 웅장한 건축물들도 세울 수 없었습니다. 마찬가지로 칼빈주의는 거대한 건물의 빈 벽감(壁龕)을 조각 예술품으로 채울 충동을 일으킬 수 없었습니다. 그래서 예술에 대한 칼빈주의의 공로는 다른 곳, 즉 객관적 예술이 아니라 배타적으로 더욱 주관적인 예술에 놓여 있는데, 이 주관적 예술은 수백만의 재정적 지원이나 대리석 채석장의 도움 없이 인간 정신에서 자유롭게 번성합니다.

이런 맥락에서 시(詩)적 예술에 대해 저는 침묵하겠습니다. 그렇지 않다면 저는 일차적으로 우리 네덜란드 시를 언급해야 하지만, 우리 언어가 좁고 제한된 영역에서만 사용되기에 우리의

---

23 역자주: 헨드릭 더 케이저르(Hendrick de Keyser, 1565-1621)는 네덜란드 건축가이자 조각가로 가장 유명한 작품은 델프트(Delft)의 새 교회(Nieuwe Kerk)에 있는 빌럼 판 오란여(Willem van Oranje)의 기념묘 조각상(grafmonument)으로 1614년에 시작하여 1623년에 그의 아들 피터(Pieter)가 완성한 것이다.

시가 세상에 소개되지 못했습니다. 여러 학파의 탁월한 시인들이 우리 가운데 동시에 등장했을지라도, 그 영향은 국내에만 머물렀기에 시적 예술에서 세계적인 현상으로 활약할 수 없었습니다. 이런 특권은 단지 매우 소수의 국가에만 해당되는데, 이는 그들의 언어가 국제적 의사소통의 수단이기 때문입니다. 작은 나라의 **언어 영역**은 국내에 한정되지만, **눈**은 국제적이고, **귀**로 듣는 음악은 모든 사람이 마음으로 이해합니다. 그러므로 예술의 발전과 번영에 미친 칼빈주의의 영향을 추적하고자 하는 자는 국제적인 의미에서 두 개의 예술, 즉 회화 예술과 음악 세계에서 칼빈주의가 어떠했는지를 질문해야 하겠습니다.

이 두 예술에 적용되는 한 가지 생각은, 이것들은 칼빈주의가 등장하기 전에 국민들의 삶을 높이 초월해서 맴돌았다가 칼빈주의의 영향 아래 처음으로 풍성한 국민들의 삶으로 내려왔다는 것입니다. 음악에 대해서는 의도적으로 저의 강연 마지막에 가서 설명하겠지만, 회화 예술에 관해서는 16세기와 17세기의 네덜란드 예술 학교가 연필과 조각침으로 이룬 작품들을 기억하는 것으로 충분합니다. 여기서 렘브란트(Rembrandt)[24]의 이

---

24 역자주: 렘브란트 판 레인(Rembrandt H. van Rijn, 1606-1669)은 네덜란드 화가로서 일반적으로 유럽 예술에서 위대한 화가들 가운데 한 명이자 17세기 가장 중요한 네덜란드 거장으로 여겨진다. 그는 화법은 「야경」(*De Nachtwacht*)에서 드러나듯 빛과 어둠의 예리한 대조

를 하나만으로 여러분의 마음의 눈앞에 예술적 보화들의 세계
가 펼쳐집니다. 모든 나라와 대륙의 박물관은 그 보화들 가운
데 판매되는 작품을 낚아채기 위해 엄청난 액수의 돈을 주고 여
전히 서로 경쟁하고 있습니다. 심지어 월스트리트(*Wallstreet*)에서
증권업에 종사하는 사람들조차 그 수입이 매우 높은 주가를 달
리는 예술 학교에 고개를 숙입니다. 그리고 탁월한 화가들은 지
금도 여전히 자신들의 모티브와 자신들의 예술 경향을 그 당시
전적으로 새로운 예술품으로서 세계를 놀라게 했던 것에서 찾
고 있습니다. 물론 이런 맥락에서 여러분은 이 모든 화가들이 개
인적으로 완벽한 칼빈주의 고백자들이었는지 묻지 말아야 합니
다. 우리보다 앞서 로마의 영향을 받았던 미술학교에서도 '보편
적 선'(bons Catholiques)은 아주 드물었습니다. 그런 정신적 영향은
개인적으로 작용하는 것이 아니라 주변과 사회에, 지각과 표상
과 사유의 세계에 자신의 인상을 남기고, 이런 전체적인 인상들
로부터 그와 같은 예술학교가 태어났습니다.

그리고 이제 이런 식으로 볼 때, 네덜란드 미술 학교의 현재
와 과거의 대립은 명백합니다. 과거에 국민들은 중요하게 고려되
지 않고 오직 국민들의 삶 위에 높이 오른 사람들, 교회의 높은

를 사용한 것으로 유명하다.

세계와 기사들과 군주들의 높은 세계만 중요했습니다. 하지만 그 이후 국민은 성숙해졌고, 국민이 새로운 시대의 민주적 삶에 대한 예언으로 처음으로 이런 성숙성을 선포한 것은 칼빈주의 의 후원 아래였습니다. 가정은 더 이상 교회의 부속물이 아니었 고, 독자적 의미를 지니고 등장했습니다. 일반 은총의 빛 아래 교회 밖의 삶도 높은 중요성과 전면적인 예술적 모티브를 소유 한 것으로 드러났습니다. 더 높은 계급에 눌려 수세기 동안 숨 어 지내야 했던 사람들의 일반적 삶은 자신의 온갖 진지한 실재 성을 갖고 하나의 신세계로서 자신의 은신처로부터 등장했습니 다. 이는 우리의 일반적 지상 생활의 광범한 해방이 되었고, 민 족들의 마음을 정복했던 자유에 대한 사랑은 과거에 그토록 맹 목적으로 무시되었던 보화를 향유할 욕구를 불러 일으켰습니 다. 심지어 테인(H. Taine)[25]조차 칼빈주의적 자유에 대한 사랑에 서 예술 영역으로 나아갔던 이 복을 찬양했습니다. 그리고 마찬 가지로 칼빈주의자가 아니었던 카리에르(Carrière)[26]도 오로지 칼 빈주의만 자유로운 아름다움이 번성하게 될 들판을 경작할 수 있었다고 큰 소리로 외쳤습니다.

---

25 Hippolyte Taine, *Philosophie de l'art dans les Pays-Bas* (Paris: Germer Bailliere, 1869), II, 148.

26 Philipp Moriz Carrière, *Die Kunst im Zusammenhang der Culturentwickelung und die Ideale der Menschheit* (Leipzig: F. A. Brockhaus, 1877), IV, 308.

심지어 거저 주시는 은혜에 의한 풍성한 선택 개념은 예술가로 하여금 작고 겉보기에 사소한 것의 중요한 의미에 눈을 뜨게 하는데 여러 번 기여했습니다. 하나님이 눈에 보이는 것을 보지 않고 마음만 보신다면, 여기에 일반적이고 평범한 것을 관찰하고, 그 가운데 인간 마음의 움직임과 동기들을 추적하고, 거기 숨은 이상을 자신의 예술 사랑으로 붙들고, 온 세상 가운데 자신의 예술 사랑이 발견한 것을 나중에 자신의 연필로 그려서 보여주는 예술가를 위한 힌트는 없습니다. 심지어 어리석음과 이 인간 삶에서 극단적인 것조차 이제 예술적 재현의 모티브가 되었습니다. 비록 부패한 인간 마음에서 나온 것일지라도, 경이로운 마음에서 비롯되었기 때문입니다. 인간은 자신의 우둔한 모습을 드러내야 했거나 자신의 우둔함에서 벗어날 수 있었습니다. 과거에 사람들이 배타적으로 이상화된 인물들, 즉 선지자들과 사도들, 성인들과 사제들만 캔버스에 그렸었다면, 이제는 하나님이 짐꾼과 일용직 일꾼을 선택했을 때, 국민 가운데 한 사람의 머리, 그 모습, 전체적인 존재를 표현하는 것도 매력을 끌기 시작했습니다. 모든 계급과 신분의 인간적 개성이 캔버스 위에 나타났습니다. 이런 식으로 과거에는 모든 사람의 눈길은 완전히 그리고 오직 "슬픔의 사람"[예수]의 고난에만 주시했지만, 이제 사람들은 인간 마음의 가장 중요한 신비들을 드러냈습니다. 골고다의 전반적이고 독특한 의미를 더 거룩한 깊이에서 이해하도록 우리에게 고난의 더 넓은 범위를 보여주었던 보편적 비참 가운데서도 하나의 고난이 몸부림친다는 것을 깨닫기 시작했습니다.

이제 교회 권력은 더 이상 예술가를 조종하지 못했고, 왕궁의 금권도 그를 옭아매지 못했습니다. **인간**인 예술가가 **사람들** 사이에 자유롭게 돌아다니고, 그 삶 **가운데**, 그리고 그 **배후에서** 과거에 예술 영역에서 심오한 선견자들이 단지 멀리 추측했던 것보다 전혀 다르고 훨씬 풍성한 것을 발견했습니다. 테인이 아주 의미심장하게 언급하듯이, 렘브란트에게 인생은 어두운 색조 뒤에 숨었지만, 그는 바로 그 '명암 대비'(chiaroscuro) 가운데 그 삶을 매우 드물게 실제적이며 심오한 참된 것으로 파악했습니다. 나라들이 후견제도를 종식한 덕분에, 칼빈주의가 열방의 마음에 일깨웠던 자유에 대한 사랑 덕분에, 평범하지만 매우 풍성한 인간 삶 속에 예술에 대한 전혀 새로운 세계가 열렸습니다. 그리고 새로 발견한 세계의 풍성한 내용에서 네덜란드 미술 학교가 작고 사소한 것을 보는 눈을 통해 인류의 고난에 대한 마음을 가짐으로, 지금도 여전히 불멸의 명성으로 모든 나라에 새로운 예술 정복의 길을 열어 준 경이로운 예술적 보화를 캔버스에 그려놓고 있습니다.

✤

이제 마지막으로 두엔(Douen)이 두 권으로 된 두꺼운 옥타보 (octavo) 판에서[27] 10년 전에 우리에게 이렇게 설명한 것처럼, 탁월하지만 덜 알려진, 하지만 그렇기 때문에 중요한 **음악에 대한** 칼빈주의의 중요성을 살펴보겠습니다. 음악과 회화 예술은 여기서 평행선을 이룹니다. 교회적-귀족적 시대에 오직 고상하고 거룩한 것이 문필 대가들의 관심을 끌었던 것처럼, 음악 영역에서도 그레고리우스(Gregorius)의 깊지만 '**단조로운 성가**'(cantus planus 혹은 plain chant)가 지배적이었습니다. 이 성가는 리듬을 가라앉히고, 화음을 무시했으며, 한 예술 전문가의 증거에 따르면, 초기의 보수적 특성에 의해 음악의 모든 발전을 저해했습니다.[28] 이 엄숙한 음악 아래 더 자유로운 노래가 백성의 영역에 낮게 흘러들어왔는데, 이 노래는 비너스 숭배에서 자주 그 영감을 차용했고, 고위 성직자들의 골칫거리로 특히 소위 "당나귀 축제"에서 교회의 담장 안까지 침투했고, 트렌트 공의회가 처음으로 금지했던 충격적인 장면을 초래했습니다.[29] 오직 교회만 음악을 만

---

27 O. Douen, *Clément Marot et le Psautier Huguenot*. Deux volumes en grand Octavo de 738 et de 713 pages. (Paris à l'imprimerie nationale, 1888-89).

28 *Biographies des musiciens. Introduction*. LV.

29 *Conc. v. Trente* 22e Sessio, Sept. 1562.

들 수 있고, 백성이 만든 음악은 예술의 품위에 떨어진다고 여겨졌으며, 심지어 백성들은 기도실에서도 음악을 듣기만 했지 함께 부르는 것이 허락되지 않았습니다. 그래서 음악은 예술로 독립적인 위치를 계속 갖지 못했습니다. 음악이 교회를 섬기기 원할 때에만, 음악은 예술로 번성할 수 있었습니다. 음악이 자신의 영역에서 시도했던 것은 대중적 용도에 적합하지 못했습니다. 삶의 모든 영역에서 개신교가 일반적으로, 하지만 오직 칼빈주의만 일관되게 교회의 후견제도에 종지부를 찍었던 것처럼, 음악 해방의 미래와 전반적인 현대적 발전의 길을 연 것도 칼빈주의였습니다. 칼빈주의 시편찬송 작곡가들은 처음으로 '교회의 전통적 성악'(Cantus firmus)의 유대를 끊는 용기를 갖고 자유로운 소리의 세계에서 자신들의 멜로디를 취했으며, 말하자면 백성들의 노래로 되돌아갔습니다. 이것은 두엔이 말하듯이, 기독교적 진지함으로 순화하고 세례를 주어 백성에게 되돌려주기 위함이었습니다. 음악은 이제부터 특별 은총의 좁은 한계가 아닌, 일반 은총의 넓고 비옥한 땅에서 번성할 것입니다. 성가대는 침묵했고, 백성들은 기도실에서 직접 찬송할 것입니다. 부르주아(L. Bourgeois, ca. 1510-1561)[30]와 그를 따르던 칼빈주의 거장들은 백성

---

30   역자주: 루이 부르주아(Louis Bourgeois, ca. 1510-1561)는 제네바에 있던 작곡가로서 칼뱅의

들의 선율을 다시 사용했으나, 이것은 백성들이 술집이나 길거리가 아닌 기도실에서 노래하여 자신들의 선율로 마음의 진지함이 격정의 열기를 이길 수 있도록 하기 위함이었습니다.

이것이 칼빈주의의 일반적인 공로라면, 혹은 바꾸어 말해 칼빈주의가 음악적 영역에서 평신도 개념이 신자들의 보편적 제사장직 앞에서 물러가게 했다면, 우리가 여기에 더욱 집중하는 것은 역사의 흐름을 충실하게 따르는 일입니다. 부르주아가 그 당시 개신교 유럽에서 가장 천재적인 작곡가로 인정받는 작품을 쓴 위대한 대가였다면, 그가 제네바에서 어떻게 일했으며, 칼뱅의 감독 아래, 부분적으로 심지어 그의 지도하에 어떻게 사역했는지를 동시에 주목해야 합니다. 이 부르주아는 처음으로 리듬을 위해 용기를 가진 사람이며, 백성들의 음악에서 그레고리우스의 8음계를 장조와 단조의 두 음계로 바꾸었고, 그 예술적 아름다움을 거룩한 찬송으로 거룩하게 하여 전반적인 현대 음악이 등장한 음악적 작곡에 영예의 인장을 찍은 사람이었습니다. 마찬가지로 부르주아는 화음이나 다성(多聲)의 노래도 채택했습니다.[31] 그는 **표현**을 통해 선율과 노래를 결합시켰습니다. 도

부탁을 받아 회중을 위한 시편 찬송을 작곡했다.

31   대조점(수평적+수직적) 음(音) 배열이 이미 15세기에 교회적 학교의 작곡들에서 현저했다는 것은 당연히 조금도 부정되지 않고, 모순되는 것도 아니다.

레미파 발성 연습, 수많은 음계의 축소, 다양한 음계들의 더 선명한 구분, 그리고 음악의 지식이 단순화되고 확장되는 많은 일들은 모두 부르주아의 인내심 덕분입니다. 그의 칼빈주의 예술적 동료이자 팔레스트리나(Palestrina)의 선생인 클로드 하우디멜(Claude Goudimel, ca. 1510-1572)[32]은 백성들의 찬송을 듣고 어린아이의 높은 목소리가 지금까지 주도했던 테너를 어떻게 압도하는지 발견했습니다. 그는 처음으로 테너의 주도권을 소프라노에게 넘겨주었으며, 그 이후로 지금까지 영향을 끼치고 유지되어 온 광범위한 변화를 일으켰습니다.

제가 잠시 이런 구체적인 것들을 다루어야 했던 것을 용서하십시오. 하지만 음악 영역에서 개신교와 특히 칼빈주의의 공로는 너무 커서, 더 이상 과소평가 되는 것을 두고 볼 수 없습니다. 비록 칼빈주의가 다른 많은 예술 영역에서는 단지 부수적으로, 즉 후견제도에서 벗어나게 하고 예술의 독립적 특성을 살려 자유롭게 번성하도록 함으로써 예술의 번성을 촉진한 정도였다 하더라도, 음악 영역에서 칼빈주의의 영향은 굉장히 긍정적인 것이었습니다. 왜냐하면 칼빈주의가, 그동안 다른 더 감각적 예술

---

32 하우디멜은 플랑드르 사람으로, 처음에 로마에서, 그리고 교황 바울 3세(Paulus III)의 감독 아래 평신도들을 위한 자유 예술학교를 열었으며, 이 학교 출신의 최고의 학생은 팔레스트리나(Palestrina)였다.

의 여지를 허용하지 않았던 영적 예배에도 백성들의 삶 속에 있는 노래를 도입함으로써, 노래와 음악에 전적으로 새로운 역할을 배정했기 때문입니다. 옛 학교가 음악의 더 새로운 발전에 합류하고자 무엇을 했든 간에, 음악의 현대적 발전은 전혀 다른 뿌리에서 나왔기 때문에 '교회의 전통적 성악'에 여전히 자연스럽지 않았습니다. 그러나 칼빈주의는 음악의 현대적 발전에 합류했을 뿐만 아니라, 오히려 예술 영역에서 부르주아와 하우디멜의 지도하에 그 현대적 발전에 첫 번째 추진력을 제공했습니다. 그래서 로마 가톨릭 저자들조차 지난 세기와 금세기에 음악 영역에서 성취된 매우 아름다운 부요는 대부분 이단적 교회 찬송 덕분이었다고 어쩔 수 없이 인정해야 했습니다.

후대에 개신교가 이 아름다운 길을 떠난 것은 부인할 수 없습니다. 재세례파 진영에서 나온 불건전한 영성주의가 결국 우리 안에도 종국에 몰래 기어 들어왔는데, 이것은 오늘날 가장 먼저 다시 금지해야 할 것입니다. 하지만 로마교 진영이 음악 영역에서 우리의 이 아름다운 과거를 전반적으로 오해하고 칼빈주의를 심미적으로 둔감하다고 비난할 때, 천재적인 하우디멜이 바돌로매 대학살의 밤에 다름 아닌 로마 광신주의에 의해 살해되었다는 사실을 기억하도록 합시다. 자연스럽게 이런 질문이 나올 것입니다. 자기 손으로 나이팅게일을 잡아 죽인 사람이 숲 속의 고요함을 불평할 권리는 몰수되어야 하지 않겠습니까?

여섯 번째 강연

칼빈주의와 미래

여섯 번째 강연

칼빈주의와 미래

제가 맡은 임무가 막바지에 다다랐습니다. 저는 마지막 강연을
전할 준비가 되었습니다. 첫 번째 강연에서 저는 칼빈주의를 고
백적 편협함으로 얽힌 타래에서 풀어 전적으로 고유하고 포괄
적인 **세계관**과 **인생관**을 지닌 원리적이고 독립적인 체계의 높은
위치까지 올려놓았습니다. 역사적 의미에서 이교, 이슬람 그리
고 로마주의와 동일선상에 있는 하나의 인생관은 개념의 깊이,
과정의 순수성 그리고 발전의 단계에 있어서 모든 것을 초월합
니다. 그 뒤에 저는 여러분께 이 강력한 체계의 원리를 그 절대적

인 **종교적**, **윤리적** 입장에서 드러냈습니다. 이어서 이 확고한 원리로부터 칼빈주의가 **국가**, **학문** 그리고 **예술**의 영역에서 인류의 삶을 인도하는 세 가지 노선들을 뽑아냈습니다. 물론 거기에 더 많은 것을 추가했다면, 그 외의 삶의 영역들에 대해서도 동등하게 해설했을 것입니다. 하지만 시간이 제약되어 그렇게 할 수 없었습니다. 저는 낯선 사람이 요구하는 것보다 더 많은 관심을 여러분에게 요구했었습니다. 이제 저는 더 이상 지체하지 않고 풀어야 할 마지막 질문을 다루겠습니다. **미래를 위한 칼빈주의의 의의는 무엇입니까?**

미래에 대한 전망은 밝지 않습니다. 제가 비록 우리는 이미 전반적인 파산 지경에 이르렀다고 말하지 않을지라도, 그 징조들은 불길하기 짝이 없습니다. 자연과 그 힘에 대한 우리의 권세를 말하는 것이 아닙니다. 우리 권세는 매년 거대한 업적을 달성하고 있으며, 아무리 대담하게 기대하더라도 다음 반세기가 지나기 전에 우리 권세가 얼마나 더 달성할 수 있을지 다 추측하기 어렵습니다. 아울러 안락한 삶이 늘어가고 있습니다. 교통과 교류가 지속적으로 확대되고 더 빨라지고 있습니다. 지금까지 잠자던 아시아와 아프리카도 점점 더 넓은 삶의 영역으로 들어오고 있습니다. 건강은 스포츠를 통해 힘을 얻고 있습니다. 신체적으로 우리는 이전 세대보다 더 강합니다. 더 오래 삽니다. 신체적 결함이 삶을 위협하거나 괴롭힐 때, 외과 의학은 기적 같은 치료술로 여러분을 놀라게 합니다. 간단히 말해 삶의 물질적, 가시적 측면에서는 그 전망이 매우 밝습니다.

그럼에도 불만족은 불평의 소리를 내고, 낙심한 사상가는 넋두리를 늘어놓습니다. 아무리 물질적인 가치를 높이 평가한다 해도, 우리는 **인간으로서** 그 안에서 만족하지 못하기 때문입니다. 일용직 근로자가 누추한 오두막에서 감사함으로 시편 찬송을 올릴 수 있는 반면, 백만장자는 자신의 화려한 왕궁에서 따분해서 자살을 꾀할 수도 있습니다. 우리가 인격으로서, 시민으로서, 인간으로서 존재한다면, 우리를 내적으로 움직이는 것은 우리 주변의 안락함이나 우리 신체에 있는 것이 아니라 정신에 있습니다. 외적 삶이 살찔수록 우리가 더 위태로운 영적 빈혈에 맞닥뜨린다는 고통스런 지각이 이제 내면적 인식에서 갈수록 날카로운 어조로 말하고 있습니다. 생각도 못하고 숙고해보지도 못한 것이 아니며, 노래되거나 글로 기록되지 않은 것도 아닙니다. 오히려 경험적 지식은 그 어느 때보다 빛나고, 보편적 지식은 점점 더 넓은 영역으로 확장되며, 단지 일본만 생각해 보더라도 문명은 자신의 업적을 조금도 부끄러워하지 않습니다. 하지만 지능은 정신이 아닙니다. 우리의 인격은 우리 존재의 더 깊은 곳에 있습니다.

인격은 우리 존재의 숨겨진 곳에 있습니다. 즉 이곳에서 성격이 형성되고, 열정이 불붙고, 도덕적 확고함이 세워지고, 사랑의 꽃봉오리가 터지며, 헌신과 영웅주의가 솟아나고, 무한자를 향한 길에서 일시적 삶에서 영원한 삶으로의 문이 열립니다. 이와 같은 인격에 대해 모든 국가에서 궁핍화, 퇴보화 그리고 화석화에 대한 불평이 들려옵니다. 쇼펜하우어(A. Schopenhauer, 1788-1860)와 같은 정신은 이런 고통스런 병폐에서 태어났으며, 그의 비관주의에 대한 승인은 이 치명적인 사하라 열풍이 이미 너무도 수치스럽게 얼마나 광범하게 삶의 영역을 누렇게 말렸는지 보여줍니다. 톨스토이(L. Tolstoy, 1828-1910)의 노력은 감동적 인격을 보여주지만, 그의 등장과 함께 우리 세대의 영적 부패에 대한 하나의 지속적인 저항이 드러납니다. 니체(F. Nietzsche, 1844-1900)가 그리스도를 조롱하고 연약함으로 인해 고난당하는 자를 멸시했다는 이유로 여러분이 분개할 수 있습니다. 하지만 그럼에도 "초인"(超人, Übermensch)[1]에 대한 그의 요구 속에서 들리는 절망의 애통보다 더 날카로운 소리는 영적으로 쇠약하고 암울한 비통함 속에 빠진 자신과 같은 인간의 외침이 아니겠습니까? 사회민주주의 역시 기존 질서에 대한 하나의 거대한 저항이 아니고 무엇이겠습니까? 그리고 무정부주의와 허무주의는 수많은

---

1   역자주: 니체는 초월적 가치인 "신(神)은 죽었다"라는 선언으로 초인의 등장을 갈구하였다. 즉, 신이 죽은 자리에 등장한 새로운 존재가 바로 초인으로 이는 스스로 신과 주인이 되는 인간중심주의의 표상이다.

군중이 그렇게 더 오래 계속 분투하기보다는 차라리 모든 것을 깨뜨리고 파괴하는 것이 더 낫다고 말하지 않습니까? 『민족의 퇴락』(*Decadenz der Völker*)을 저술한 베를린의 저자는 자신의 디오라마(diorama)[2]에서 퇴보와 파멸 외에 무엇을 상세하게 취급했습니까? 심지어 온건한 솔즈베리 경(Lord Salisbury)조차 전에 명예롭지 못한 장례 준비가 있었던 민족들과 국가들에 대해 말하지 않았습니까? 사회적 진단이 "골수까지 썩었다"고 선언했음에도 불구하고, 삶의 외적 찬란함이 모두의 눈을 현혹했을 때, 이미 우리 시대와 로마 제국의 황금시대 사이의 평행선이 자주 그어지지 않았습니까? 그리고 비록 여러분이 여러분의 젊은 세계에서, 우리가 우리의 늙어가는 유럽에서 느끼는 것보다 여전히 더 신선하게 느낀다 할지라도, 이것이 사유하는 정신을 한 순간도 오도하지는 못할 것입니다. 여러분은 옛 세계와 긴밀한 연관을 맺기에 단절될 수 없습니다. 여러분은 따로 떨어진 인류가 아니라 하나의 인류라는 큰 몸의 한 지체입니다. 독이 일단 몸의 한 지체에 들어가면, 저절로 **온** 몸에 퍼지게 됩니다.

우리가 직면한 그토록 심각한 질문이 맴도는 중심축을 보십시오. 자연적 **진화**를 통해 이 영적 퇴보로부터 새롭고 더 높은

---

2   역자주: 디오라마(diorama)란 사물의 축소 모형으로 특정한 장면을 구현하는 것을 의미한다.

삶의 단계가 발전할 수 있을까요? 이 질문에 대한 역사의 답변은 전혀 용기를 주지 못합니다. 인도, 바벨론, 이집트, 페르시아, 중국, 그리고 그 밖의 곳에서 마찬가지로 동일하게 전성기 다음에 영적 쇠락의 시대가 시작되었습니다. 그러나 이 나라들 가운데 그 어떤 나라도 이 쇠락에서 더 높은 단계로 진화하지 않았습니다. 이 모든 민족은 그 영적 죽음의 잠에 골아 떨어졌습니다. 오직 로마 제국에서만, 한도 끝도 없는 도덕적 타락의 어두운 밤이 지난 후 더 높은 삶의 여명이 밝았습니다. 이 여명은 **진화**를 통해 생겨난 것이 **아니라** 오로지 골고다의 십자가가 우리에게 비쳤던 것입니다. 하나님의 그리스도가 나타나셨고, 그의 복음을 통해 당시 세계가 치명적 파멸에서 구원받았습니다. 또한 중세 말에 또다시 사회적 붕괴가 임박했을 때, 두 번째로 종교개혁자들로부터 무덤에서의 부활과 더 신선한 삶의 활력이 나타났습니다. 하지만 그 때 역시 **진화**를 통해서가 **아니라** 다시 동일한 복음에 의해 나타났습니다. 이 복음은 사람들이 마음으로 갈망했던 것이며, 그 때 처음으로, 전에 없던 자유로움으로 선포되었습니다.

오늘날 역사가 죽음에서 삶의 진화를 기대할만한 무슨 근거와 권리를 우리에게 제공합니까? 더욱이 무덤 냄새가 진동하는 부패의 징조들이 이미 여러분을 놀라게 한 곳에서, 무슨 권리를 제공합니까? 저는 무함마드가 7세기에 자신을 그리스도보다 더 위대한 두 번째 메시아로 열방 앞에 등장함으로 레반트 전체에 걸쳐 죽은 뼈들 가운데 동요를 일으킬 수 있었음에 동의합니다. 확실히 베들레헴의 그리스도보다 더 탁월한 영광을 가진 그리스도가 한 번 더 올 수 있다면, 도덕적 부패를 막는 수단이 주어질 것입니다. 그래서 진실로 어떤 사람들은 열방의 마음에 다시금 자신의 심장의 피의 활력을 뚝뚝 떨어뜨릴 수 있는 영광스런 '중심적 영'(Centraalgeest)이 오는 중이 아닐까 기대했습니다. 그러나 그런 허황된 꿈에 머무를 이유가 무엇입니까? 그리스도를 능가하는 것은 **아무것도 없습니다**. 우리가 기대하는 모든 것은 두 번째 메시아가 아니라 골고다의 동일한 그리스도의 재림입니다. 그는 심판을 위해 그 손에 키를 들고 오시는데, 이는 악한 삶에 새로운 진화를 제공하기 위함이 아니라 그 악한 삶을 종식하고 세계 역사를 엄숙하게 종결짓기 위함입니다. 그러므로 둘 중에 하나입니다. 재림이 실제로 다가오고 있기에 인류는 오늘날 죽음의 고통과 씨름하든지, 아니면 부활이 있을 그 때에 비록 동일한 옛 것이되 영원토록 새로운 복음을 통해 살든지 해야 합니다. 복음은 1800년 동안 그리고 16세기에 위기가 정점에 달했을 때 인류의 위태로운 삶을 구원했습니다. 이것이 믿음을 가진 신자만 아니라 그리스도를 저버린 불신자에게도 확실하다는 것은 역사적 사실에 의해 확인됩니다. 즉, 우리 인류에 새로운 생명을 주입한 권세에 대한 시험은 단 두 번 있었고, 이 불과 같은 시련은 두 번 다 오직 복음에 의해 증명되었습니다.

그러나 고통스러운 사실은, 오늘날 우리 세대를 다시 덮친 치명적 암에 있어 치료약의 효과가 오로지 환자의 **수용성**에 달려 있다는 것입니다. 진실로 그리스 로마 세계에는 복음에 대한 이 수용성이 존재했었습니다. 마음이 열려 있었습니다. 특히 종교 개혁 시대에 이 수용성이 있었습니다. 많은 계층의 사람이 복음을 갈망했습니다. 당시에 빈혈은 물론 혈관 중독도 많았지만, 적어도 효과적인 해독제에 대한 **혐오**는 없었습니다. 반면에 우리의 "퇴락"이 매우 위험스런 것은 다름 아닌 오늘날 대중의 복음에 대한 **수용성**이 점점 줄어들고, 복음에 대한 **혐오**가 점점 커진다는 사실에서 과거 두 번의 퇴락기와 구별됩니다. 여러분이 용기를 내어 그리스도께 대한 경배를 요청할 때, 사람들은 무슨 상관이 있느냐고 어깨를 으쓱합니다. 그들은 "애들이나 늙은 여자들에겐 필요하지만 우리 남자들에겐 아니다!"라고 빈정댑니다. 그리고 사회 주도적인 계층은 증가하는 추세로 점점 더 넓은 영역에서 스스로 기독교를 벗어났다고 생각합니다.

어쩌다 우리가 이 지경에 빠졌을까요? 효과적인 **치료**를 위해 올바른 **진단**이 필수적이기 때문에 이것은 중요한 질문입니다. 악의 원인은 다름 아닌 지난 [18]세기 말의 영적 타락에 있습니다. 교회들, 종교개혁의 교회들도 여기에 책임이 있음을 저는 부정하지 않습니다. 교회는 개혁의 투쟁으로 지쳐 잠들어 잎과 꽃이 그 가지에서 말랐으며, 자신들이 또한 인류를 위해, 즉 우리 인류의 삶 전체를 위한 소명을 지녔다는 것을 완전히 망각했습니다.

하지만 저는 이것을 더 자세히 살피기보다는, 지난 세기 말의 일반적인 정신적 분위기가 저속하고 바닥에 가라앉아 그 마음이 비열하고 악해졌다는 것을 확인할 뿐입니다. 그 당시 탐독하던 문학 작품들이 그 증거를 보여줍니다. 이에 대한 반작용으로 당시에 이신론과 무신론 철학자들이 처음에는 영국에서, 그 다음에는 특히 프랑스의 백과사전학파가 우리 삶 전체를 다른 기초에 세우고, 기존의 사물 질서를 뒤엎고, 여전히 부패하지 않는 자연인이라는 전제 위에 새로운 세계를 세우자고 제안했습니다. 이 사상은 영웅적이었고 반향을 얻었으며, 심금을 울렸습니다. 그리고 이 사상은 1789년 파리 대혁명에서 구현되기 시작했습니다. 이제 여러분은 이 강력한 혁명에서, 이 격변에서 단지 헌법적 조건만 아니라 더 많은 성향들, 이념들, 그리고 삶의 관례들의 두 요소를 예리하게 구별해야 합니다. 이 사상은 한편으로 칼빈주의를 모방했고, 다른 한편으론 칼빈주의를 원리적으로 반대했습니다. 잊지 말아야 할 것은, 이 혁명이 로마교 국가에서 발생했으며, 처음에 성 바돌로매의 밤에, 그리고 나중에는 '낭트 칙령'(Edict van Nantes)³ 폐지를 통해 위그노파의 칼빈주의적 요소가 말살되고 내쳐졌다는 사실입니다.

프랑스와 그 외 로마교 국가들에서 개신교도를 폭력으로 핍박한 후 옛 독재주의가 다시 권세를 잡았고, 이 민족들을 위한 종교개혁의 모든 열매는 사라졌습니다. 이것은 당시 칼빈주의의 **풍자화**(Zerrbild)를 통해 이 로마교 나라들에서 외적인 폭력으로 자유를 탈취하고 독재의 복귀를 막는 유사 민주주의 국가를 수립하도록 자극하고 강요했습니다. 그래서 프랑스 혁명은 폭력을 폭력으로, 혐오를 혐오로 대립시킴으로써 칼빈주의가 영적 행동의 토대에서 여러 나라에 외쳤던 유사한 자유를 추구했으며, 이런 범위에서 우리가 여러 면으로 누릴 수 있는 축복인 하나님의 심판을 수행했습니다. 그러나 드 콜리니(De Coligny)의 죽은 영혼은 마자(Mazas)의 9월 대학살로 보복을 당했습니다.⁴

---

3 역자주: 낭트 칙령은 프랑스 국왕 앙리 4세(Henri IV, 1553-1610)가 1598년 4월 13일 개신교 위그노파에게 종교의 자유를 허락한 칙령으로, 16세기 중반부터 시작된 로마 가톨릭과 위그노파와의 오랜 종교 전쟁(1562-1598)이 종식되었다.

4 역자주: 가스파르 2세 드 콜리니(Gaspard II de Coligny, 1519-1572)는 프랑스 귀족이자 해군 제독으로 가톨릭과 개신교 사이의 오랜 프랑스 종교전쟁(1562-1598) 초기의 위그노 지도자로서 유명하였다. 그는 프랑스 왕 샤를 9세(Charles IX, 1550-1574)의 친한 친구이며 자문관이었다. 그는 1572년 성 바돌로매 축제일에 가톨릭 폭도들에 의해 암살당했다. 이와 유사한 대학살은 다시금 프랑스 혁명 기간인 1792년 9월 2일부터 6일까지 파리의 마자(Mazas) 감옥에서 발생하였다. 당시 민간인 폭도들은 '프랑스 혁명 3대 거두' 가운데 한 사람이자 법무부 장관이었던 조르쥬 자크 당통(Georges Jacques Danton, 1759-1794)의 묵인하

하지만 이것은 동전의 한 면에 불과하고, 그 이면은 칼빈주의 자유사상과 정면으로 대립하는 전혀 다른 목적을 보여줍니다. 칼빈주의가 그 깊은 삶의 진지함을 통해 사회적 삶의 사회-윤리적 유대를 강화하고 거룩하게 했다면, 프랑스 혁명은 그 유대를 풀어 자유롭게 했는데, 단지 교회만 아니라 하나님의 규례와 심지어 하나님 자체로부터 분리했습니다. 인간, 그리고 각 사람은 이제부터 자신의 자유 의지와 자의적 판단 덕분에 스스로 주와 주인이 될 것이었습니다. 삶의 기차는 앞을 향해 서둘러 나아갈지라도, 더 이상 신(神)의 철로에 매이지 않게 되었습니다. 이런 기차는 고장 나서 땅에 처박힐 수밖에 없지 않았겠습니까? 프랑스 혁명의 근본이념이 자국을 위해 기여했던 더 자유로운 발전의 두려운 세기가 지난 후 무슨 열매를 맺었는지 현재의 프랑스에게 묻는다면 어떨까요? 국가적 부패와 도덕적 방탕에 대해 프랑스보다 더 큰 소리로 마음의 비통함을 토하는 나라가 있을까요? 라인강 저편의 적에게 굴욕을 당하고, 내부적으로는 당파싸움으로 분열되고, 파나마(Panama) 쟁탈 음모단으로 불명예를 입고, 외설물로 수치를 당하고, 경제적으로 퇴조했습니다. 인

에 감옥으로 몰려가 반혁명주의자들로 체포된 죄수들을 즉결 재판 형식으로 약 1,300여 명을 학살하였다. 하지만 폭도들이 의도했던 반혁명 정치범은 전체의 4분의 1에 불과했다.

구가 정체되는 데 그치지 않고 오히려 감소한 프랑스는, 이 분야의 의학 전문가인 가르니에(Garnier)가 표현했듯이, 이기주의에 의해 결혼의 고귀함을 추락시키고, 탐욕으로 가정생활의 파멸을 농락하고, 오늘날 넓은 영역에서 남자들과 여자들이 역겨운 장면을 연출했습니다. 이 장면은 거짓되고 부자연스런 충동으로 본성을 거스르는 성적인 죄악, 결코 작지 않은 레즈비언의 죄로써 거짓된 욕정의 만족을 추구한 것이었습니다. 오, 저는 프랑스에도 여전히 고귀한 삶을 살면서 조국의 이 도덕적 타락에 몹시 분노하는 수십만 가정이 있음을 알고 있습니다. 하지만 그들은 프랑스 혁명의 **허구**에 저항했던 집단들인 반면, 볼테르주의(Voltairianisme)가 **"왔노라, 보았노라, 이겼노라"**라는 구호로 정복했던 거의 짐승화된 집단들도 있었습니다.

이 격변의 정신, 사나운 열정은 당시 프랑스에서 특히 수치스런 외설 문학을 통해 여러 나라로 번졌고 그들의 삶을 더럽혔습니다. 하지만 특히 독일의 더 고상한 정신의 소유자들은 프랑스 사람들이 어떤 사악함에 이르렀는지 보고서 "하나님과 그의 규례들에서 해방"이라는 솔깃하고 매혹적인 사상을 견지하되, 가능하다면 더 고상한 의미에서 실현하려는 뻔뻔한 시도를 감행했습니다. 최고의 철학자들은 이 목적을 위해 긴 행렬을 지으며 각각 나름대로 하나의 우주론을 고안해 냈습니다. 이는 그리스도와 그의 말씀에 다시 연계하지 않은 채 사회적, 윤리적 관계에 고유한 영속성을 돌려주려는 시도였습니다. 어떤 이는 고유한 영속성을 자연적 필연성에 기초를 둠으로, 또 다른 이는 고유한 영속성을 자신의 고유한 사상들로 엮음으로 이를 시도했습니다. 이런 위험천만한 시도는 진실로 잠시 성공한 것처럼 보였으나, 그들은 무신론적으로 하나님을 그들의 체계에서 추방하는 대신에 범신론에서 구원을 추구했습니다. 그래서 그들은 프랑스인들처럼 자연 상태가 아니라 역사적 과정에서, 그리고 몇몇 사람들의 자동적인 의지가 아니라 전체의 의지에서, 무의식적인 '**궁극적 목적**'을 지향하는 '**전체 의지**'에서, 자신들의 사회적 아성을 위한 토대를 찾고자 길을 열었습니다. 그리고 사실상 이 철학은 반세기 이상 삶에 영속성을 **주었는데**, 이는 이 영속성이 이 체계들 안에 내재했기 때문이 아니라 전통적 법질서와 강력한 국가 행정이 건물의 벽을 전통적으로 그리고 간접적으로 지지했기 때문입니다. 그렇지 않았다면 이 벽은 즉시 무너졌을 것입니다. 독일에서 이것은 도덕적 이슈들로서 더욱 문제가 되었고, 도덕적 기초가 더 불안정하기 시작하여 실증법 외에 다른 권리는 권리로서 존중되지 못했습니다. 비록 독일의 발전이 프랑스의 발전과 다르다 할지라도, 이 양쪽 사람들은 똑같이 단호하게 전통적 기독교를 혐오하고 맹렬하게 비난했다는 사실을 부정할 수 없습니다. 니체(Nietzsche)는 이미 그리스도에 대해 조롱하듯이 글을 써서 "**악당을 타도하라**"(Ecrasez l'infâme)던 볼테르보다 더 나아갔습니다. 니체는 오늘날 현대 독일인들이 탐독하는 작품들의 저자임을 또한 잊지 말아야 합니다.

우리는 최소한 유럽에서 사람들이 **현대적 삶**이라고 부르는 것에 도달했습니다. 이 삶은 과거 유럽의 기독교적 전통과 근본적으로 단절하고, 인간의 기원을 "하나님의 형상으로 지음 받음"에서 찾지 않고 오랑우탄이나 침팬지로부터의 진화에서 찾은 데에서 가장 예리하게 드러납니다. 그럼에도 불구하고 여기에 두 가지 근본적 사상이 담겨있습니다. (1) 사람들이 자신의 출발점을 이상적인 것과 신적인 것이 아니라 물질적이고 저급한 것에서 취한다. (2) 사람들이 우리를 통치하시는 하나님의 주권을 부인하고, 끝없는 과정, **'무한 회귀'**(regressus in infinitum)라는 신비적 흐름에 자신을 내맡긴다. 이 두 가지 모체 사상의 뿌리에서 두 종류의 삶이 발전하고 있습니다. 한편으로 이것은 대학 집단과 몇몇 세련된 지성인에게서 발견되는 매력적이고 풍성하고 상당히 열중하는 삶이며, 다른 한편으로 그 옆에 혹은 오히려 그보다 훨씬 아래에 있는 물질주의적 삶입니다. 이 삶은 쾌락을 추구하고, **자신의** 방식대로 물질적인 것에서 출발점을 찾으며, **자신의 냉소적인 방식**으로 모든 고정된 규례들로부터 자신을 해방하는 일반 대중의 삶입니다. 특히 점점 더 팽창하는 우리의 대도시에서 이 후자의 삶은 발전을 꾀하고, 시골지역을 능가하며, 성장하는 각 새로운 세대에서 지나칠 정도로 노골적으로 자신의 불경건한 속성을 드러내면서 여론 전체에 영향을 미칩니다. 이러한 추구는 다름 아닌 돈, 쾌락, 그리고 사회적 권력만 지향하며, 그저 이런 삼중적 목적에 달려 있기에 자신이 취하는 수단들은 무엇이든지 더더욱 괘념치 않습니다. 이런 식으로 내면의 양심의 소리는 더 줄어들었고, 심지어 1789년에 그토록 열광적으로 이상(理想)을 향해 쳐다보았던 바로 그 영혼의 눈빛조차 더 어두워졌습니다. 단지 잿더미로 남아 있는 그 고상한 열정의 불꽃은 이제 더 이상 타오르지 않았습니다. 삶이 지치고 고달파 자살로 거기서 벗어나고자 한다면, 무엇으로 막을 수 있습니까? 사람들은 쉼이 주는 유익을 얻지 못해 지나친 자극과 긴장으로 정신병에 걸린 환자들을 위해 매번 더 많은 정신병원을 개원해야 했습니다. "소유는 도둑질이 아닌가?"라는 질문은 점점 더 심각하게 고려되는 물음입니다. 사랑은 자유로워야 하고, 결혼은 더 느슨해져야 한다는 생각이 더 당연하게 받아들여졌습니다. 반면에 사실상 일부다처제와 일처다부제가 사실주의(寫實主義) 학파의 모든 작품들에서 미화되는 바, 그런 곳에서 일부일처제를 위한 투쟁은 필요 없게 되었습니다. 종교도 더 이상 필요 없습니다. 삶을 우울하게 만들기 때문입니다. 하지만 예술, 특히 많은 예술은 필요할 겁니다. 예술적 이상(理想)을 위해서가 아니라, 감각들을 충족시키고 현혹하기 위해서입니다. 그래서 사람들은 시간 **속에서**, 현세적인 것을 **위해** 살고, 영원의 종소리가 울릴 때 귀를 막습니다.

인생관 전체는 구체적이고, 집중되고, 실제적이어야 합니다. 이 현대화된 시민 생활 전체에서는 의회주의가 약화되고, 독재자를 향한 요구는 점점 더 크게 들리고, 빈곤 상태와 자본주의는 전투 대형처럼 서로 대립하는 사회적 삶과 정치적 삶이 등장합니다. 재정적 파탄에 이르기까지 땅과 바다를 위해 머리부터 발끝까지 무장하는 것이 강대국들의 이상이 됩니다. 심지어 약소국들의 존재마저 위협하기까지 권력 확대를 향한 갈망이 점점 더 커졌습니다. 강자들과 약자들의 대립이 점차 삶을 지배하는 주된 대립입니다. 이 주된 대립은 **'생존 경쟁'**(*struggle for life*)을 통해 바로 이런 대립에서 자신의 원리적 모티브를 발견한 다윈주의(Darwinisme) 자체로부터 발생했습니다. 니체는 이미 모든 약한 것 위에 오만의 약병을 흔들어 부었으며, 오로지 강한 자들만 존중하기까지 멀리 나아갔습니다. 비스마르크(Bismarck)[5]의 등장 이후로 강자의 권리가 상류 정치에서 점점 더 보편적으로 수용되었습니다. 우리 시대의 학자들과 대가들은 더욱 무례하게

---

5 역자주: 오토 폰 비스마르크(Otto von Bismarck, 1815-1898)는 프로이센 수상(1862-71)이 되어 군비확장을 위한 '철과 혈'(Eisen und Blut)의 연설로 '철의 재상'이란 별명을 얻었으며, 연이은 전쟁들(프로이센-덴마크[1864], 프로이센-오스트리아[1866], 그리고 프로이센-프랑스[1870-71])을 통해 독일제국을 이루어 독일제국의 수상(1871-90)이 되었다.

보통 사람들이 자신들에게 복종할 것을 계속 요구합니다. 그래서 종국적으로 건전한 민주주의 원리가 또다시 문밖으로 추방되고, 더 고상한 근원이나 더 높은 의도를 지닌 새로운 귀족정치가 아니라 잔인성과 금권으로 모든 것을 혼란스럽게 만드는 천박한 크라티스토크라찌(kratistocratie)⁶를 위한 자리가 마련됩니다. 그래서 니체는 결코 예외가 아니며, 오히려 이 현대적 삶을 위한 미래의 전령사입니다. 이 현대적 삶은 그리스도가 다름 아닌 약자들을 신적 긍휼로 돌보시는 곳에서도 곧바로 그리스도를 대적합니다. 약자는 강자의 먹이가 되어야 합니다. 이것이 우리 자신이 등장한 [자연] **선택**(selectie)의 과정이었고, 이런 식으로 동일한 과정이 또한 우리들 가운데, 그리고 우리 다음에도 반드시 지속되고 있습니다.

한편, 제가 처음부터 지적했던 것처럼, 더 고상한 추억의 지류 역시 잔물결을 일으키며 현대적 삶의 들판을 통과하여 흘렀습니다. 고결한 사람들이 널리 등장했는데, 그들은 만연된 도덕적 냉담함에 몸서리치고, 잔인한 이기주의에 섬뜩하여 부분적

---

6 강자의 과도한 권력.

으로 이타주의로, 부분적으로 신비적 감정의 열정으로, 그리고 부분적으로 심지어는 기독교인의 이름으로 다시 삶에 대한 애착을 추구했습니다. 기독교 전통과 심각하게 단절되었다 할지라도, 그리고 프랑스 혁명 학파와 동질적인 '경험'과 '이성' 외에 다른 출발점이 없다는 것을 진지하게 인정한다 할지라도, 이 사람들은 칸트와 마찬가지로 강력한 이원론을 수용함으로 그 치명적 결과들에서 벗어나려고 시도했고, 이론들로 상세히 설명하고, 노래들을 부르고, 감동적인 소설들로 우리의 눈길을 사로잡고, 윤리적 연구들로 우리의 마음을 사로잡는 많은 고상한 것에 대한 모티브를 바로 이 이원론에서 차용했습니다. 그리고 결코 잊지 말아야 할 사실은, 이것들이 자주 진지한 삶의 추구 가운데 실현되었다는 것입니다. 그들에게 양심은 지성과 나란히 그 권위를 유지했고, 이제 이 인간의 양심은 하나님에 의해 아주 풍성하게 실행되었습니다. 이 사람들의 강력한 주도권 덕분에 수많은 고통을 진정시키고 완화하고, 이상적인 이타주의에 의해 많은 사람의 마음속에 있는 이기심을 부끄럽게 만들었던 수많은 사회학적 연구들과 법률들이 제정되었습니다. 그들 가운데 개인적으로 더 많은 신비적 성향을 가졌던 다른 사람들은 심지어 내면적 삶의 숨겨진 것들을 위해 비판의 고삐를 목에서 벗겨낼 권리까지 요청했습니다. 무한자 안에서 자신을 상실하고, 마음 속 가장 깊은 곳에서 무한자의 시내가 흐르는 것을 느끼는 것은 그들에게 바람직한 경건으로 비쳐졌습니다.

또 다른 사람들, 특히 신학자들은 출신, 직분 그리고 연구를 통해 기독교에서 덜 분리되었던 반면, 당시 그들은 그런 이타주의와 신비주의와 연계하여 그리스도가 현대화된 인간 마음의 이상(理想)으로 여전히 머물 수 있도록 그를 그렇게 변형하는 것이 부당한 것인지 진지하게 질문을 제기했습니다. 슐라이어마허 (F. D. E. Schleiermacher, 1768-1834)로부터 리츨(A. Ritschl, 1822-1889)까지 하나의 동일한, 정신을 활력 있게 만드는 시도를 경건하게 제기했습니다. 따라서 그런 사람들을 경시하는 자들은 또한 자기 자신을 비하하는 것입니다. 오히려 우리는 그들이 구원하려고 노력했던 것에 대해 그들에게 감사해야 합니다. 그리고 그에 못지않게 고상한 목적을 지닌, 특히 유사한 기독교적 정신으로 인물 소설들을 통해 수많은 천박한 것들을 반박하고, 수많은 고상한 많은 싹들에게 물을 준 많은 여성 작가들에게 감사해야 합니다. 심지어 오류가 많던 심령술조차, 비판이 풀어 헤쳤던 영원과의 유대가 환상을 통해 회복될 수 있다는 솔깃한 기대 속에 적지 않게 번성했습니다. 그러나 이것은 단지 그림자 속에만 머물렀습니다. 이 윤리적 열망이 아무리 대담하게 이원론적으로 지속되고, 이 신비적 열망이 아무리 강력하게 변형되어 지속되었을지라도, 지성이 고안했던 자연주의적, 합리주의적 사상 세계는 언제나 그 뒤에 숨어 있었습니다.

그들의 우주론인 정상주의(Normalisme)는 우리 비정상론자들에 대립하여 높이 들려졌으며, 필연적으로 그 현현과 근본 사상에서 엄격하게 비정상론적인 기독교는 정상주의로 인해 퇴각하지 않을 수 없었습니다. 그래서 많은 사람들은 기독교**보다** 심령술만 아니라 심지어 무함마드주의, 쇼펜하우어, 그리고 불교까지 선호했습니다. 그리고 슐라이어마허에서 플라이더러(O. Pfleiderer, 1839-1908)까지 등장한 일련의 전체 신학자 집단이 그리스도의 이름에 영광을 높이 돌렸던 것은 사실이지만, 이것이 가능하도록 점점 더 대담한 변형이 그리스도 자신과 기독교 고백에 적용되었던 것 역시 부인할 수 없습니다.

여러분이 잘 실감되지 않는다면, 오늘날 이런 집단들이 고백하는 것을 우리 선조들의 고백과 나란히 비교해 보십시오. 선조들의 사상 세계의 내용 전체가 오늘날 어떻게 부정되고 부인되는지 드러날 것입니다. 진실로 여러분이 심지어 천 년 이상 모든 그리스도인의 공동자산으로 여겨졌던 12신조[7]만 보아도, 오늘날 "하늘과 땅의 창조주"이신 하나님에 대한 고백은 폐지된 셈입니다. 왜냐하면 창조는 진화에 의해 대체되었기 때문입니다. 그리고 성령으로 잉태된 후 동정녀 마리아에게서 태어난 아들에

---

7   역자주: 사도신경을 의미한다.

대한 고백도 폐지되었습니다. 많은 사람들에게 심지어 그의 부활과 승천, 그의 하나님 우편에 앉으심과 심판하기 위해 다시 오심에 대한 고백도 폐지되었습니다. 마지막으로 심지어 죽은 자의 부활과 최소한 몸의 부활에 대한 교회의 고백도 폐지되었습니다. 그것은 여전히 기독교라 **불리지만**, 전적으로 다른 종류의 종교가 되고 말았습니다. 만일 사람들이 오히려 우리 교회의 기독교가 참된 예수에 대한 하나의 변형이며, 그들이 **참된 예수상** (像) 앞에 있는 바로 그 베일을 제거했다고 끊임없이 우리를 비난한다 해도, 언제나 변함없이 그대로 남아 있는 사실은 그들의 예수상(像)이 아니라 그리스도에 대한 교회적 고백이 세상을 정복했으며, 세기를 거쳐 인류의 가장 경건하고 가장 훌륭한 자들은 다름 아닌 그 **전통의 그리스도**를 환호했다는 사실입니다.

그러므로 비록 제가 이런 시도 속에 있는 고귀한 것을 진지하게 평가하는데 누구보다도 뒤지지 않지만, **상대방** 편에서는 아무런 도움도 주지 못한다는 제 확신은 논란의 여지 없이 확고합니다. 사실상 거룩한 책인 성경을 파괴하는 신학은 이런 식입니다. 죄를 다름 아닌 발전되지 못한 것으로 여기고, 그리스도를 단지 종교적으로 풍성한 재능을 지닌 핵심적 천재로만 여기고, 구원을 다름 아닌 우리 생각의 전환이라고 여깁니다. 그런 신학은 더 나아가 사상 세계와 이원론적으로 대립하는 신비주의에 함몰되고, 조류가 밀려들자마자 안쪽으로 구부러지는 댐이며, 커다란 대중을 포함하지 못하고 포함할 수도 없는 이론이며, 심지어 이리저리 흔들리는 우리의 도덕적 삶에 단지 일시적으로 자신의 상실된 확고함을 다시 주기에도 무능한 **유사** 종교입니다.

그렇다면 아마도 부인할 수 없는 로마의 힘에서 더 많은 구원을 기대할 수 있습니까? 이 질문을 너무 성급하게 지나치지 마십시오. 비록 종교개혁의 역사가 우리를 우리의 대적인 로마와 근본적으로 대립시키고, '교황권 반대'(no popery) 혹은 반교황주의(antipapisme)가 여전히 계속해서 크게 메아리칠지라도, 무신론과 범신론에 대한 로마의 저항에서 지금도 여전히 빛나는 본질적인 힘을 무시하는 것은 편협하고 근시안적입니다. 오직 로마교의 철학에 대해 철저히 모르고, 로마가 사회적 영역에서 성취한 것을 모르는 사람만 그런 피상적 판단의 잘못에 빠질 수 있습니다. 이미 칼뱅은 무저갱에서 나온 영에 대적하는 로마교 신자들을 동맹자들이라고 언급했습니다. 그리고 로마교와 우리 사이의 어떤 종교적, 도덕적 교리들이 논쟁점이 **아니라, 양편에서** 고백하는 것을 자신의 고백과 교리문답으로 지적하는 수고를 아끼지 않는 자는, 우리와 로마 사이의 공통점이 바로 오늘날 현대주의가 가장 극렬하게 투쟁하는 우리 기독교 고백의 요점들로 구성된다는 고백을 피할 수 없습니다. 의심의 여지없이 우리는 우리 선조들처럼 교회의 교직제도, 죄, 칭의, 미사, 성인숭배, 성상숭배, 연옥, 그리고 더 많은 것들에 관하여 마찬가지로 단호하게 로마와 대립합니다. 하지만 우리의 최근 문헌을 살펴보면, **오늘날 거기에 대해 영들의 투쟁이 벌어진다**고 우리 자신에게 말할 수 있습니까?

투쟁은 다음과 같이 전개되지 않습니까? 유신론과 범신론, 죄와 불완전, 그리스도는 하나님인가 단순한 인간인가, 십자가는 순교인가 속죄의 희생인가, 성경은 하나님의 영감으로 주신 것인가 단순한 인간 작품인가, 십계명은 역사적 문서인가 하나님이 우리에게 명령하신 것인가, 하나님의 규례들은 확립된 것인가 우리 자신의 마음이 고안한 법과 도덕성인가? 그래서 로마교는 우리와 함께 삼위일체 하나님, 하나님이신 그리스도, 구원하는 희생제사로서의 십자가, 하나님의 말씀으로서의 성경, 삶을 위한 신적 규례로서의 십계명을 인정하고 옹호하지 않습니까? 만일 로마교 신학자들이 여러분과 여러분 고백의 거룩한 조항들을 위해 동일한 방향에 대항하여 훌륭하게 다듬어진 무기들로 전쟁을 취한다면, 여러분은 누구와 더불어 생사를 건 전투를 치르겠습니까? 여러분은 그 도움을 거부하겠습니까? 칼뱅은 최소한 계속하여 토마스 아퀴나스에게 호소했습니다. 저 자신과 관련하여, 저는 로마교 신학자들의 많은 연구가 제 통찰력을 선명하게 밝혀주었다고 감사함으로 인정하는 것을 부끄러워하지 않습니다.

하지만 그렇기 때문에 로마교에게서 미래의 구원을 기대할 수 있다거나, 그래서 우리 자신이 가만히 앉아서 로마교의 승리를 기다릴 수 있다는 것은 전혀 다른 문제입니다. 그러므로 여러분은 선명하게 그 반대가 사실이라는 것만 단지 확신하면 됩니다. 아메리카로 시작하면, 남아메리카가 잠시나마 북아메리카와 비교될 수 있습니까? 현재 남아메리카와 중앙아메리카에서 로마 교회가 최고 주권자입니다. 로마 교회가 통치합니다. 오직 로마 교회만 있습니다. 개신교는 거기 존재하지 않습니다. 그래서 여기에 로마교가 우리 세대의 거듭남을 위해 발휘할 수 있는 사회적 힘과 정치적 힘을 평가하기 위한 무한한 영역이 있습니다. 로마교는 거기서 얼마 전에 등장한 것이 아니라 3세기가 지났습니다. 로마교는 거기 등장하는 사회들을 형성했고, 그 국가들이 스페인과 포르투갈로부터 해방된 이후에도 로마교는 여전히 정신적 지도자로 머물렀습니다. 또한 그 나라들의 국민은 로마교가 계속 그 권세를 휘둘렀던 유럽 국가들로부터 이곳으로 이주했습니다. 그래서 이 증거는 완전하고 순수합니다.

그 로마교 국가들 가운데 여러분을 북돋우고, 힘을 길러주고, 거룩한 영향력을 발산시켜주는 삶이 어디 있습니까? 재정적으로 이 나라들은 한결같이 취약하고, 사회적으로 진보가 없으며, 정치적으로 끝없는 내적 갈등의 암울한 장면을 보여줍니다. 여러분이 미래 세계에 대한 어떤 이상적인 이미지를 그리고자 한들, 확실히 남아메리카 같은 곳에서 그런 약속이 성취될 가능성은 없습니다. 이제 로마교를 변호하는 자는 이것이 특수한 환경에 처한 까닭이라고 말할 수 없습니다. 왜냐하면 일차적으로 이 정치적 비참은 단지 칠레만 아니라 페루에서도, 아르헨티나에서도, 브라질에서도 마찬가지입니다. 간단히 말해 이 모든 국가들이 겪고 있습니다. 하지만 신세계에서 구세계로 건너가면, 여러분은 자신도 모르게 다른 국가들도 마찬가지라는 동일한 결론에 이르게 됩니다.

개신교 국가들의 신용은 유럽에서도 논란이 되지 않았던 반면, 로마교인 남쪽 국가들은 기준에 훨씬 못 미칩니다. 스페인과 포르투갈, 그리고 마찬가지로 이탈리아의 사회적 형편과 정부는 지속적인 불평의 원인이 되고 있습니다. 이 국가들의 권세와 영향력은 명백하게 줄어들고 있습니다. 가장 고통스러운 것은 이 나라들에서 불신앙과 혁명적 정신상태가 충격적으로 진전되어 인구의 절반이 명목상 로마교인일뿐 내면적으로는 **모든** 종교와 결별했다는 것입니다. 거의 전체가 로마교인이라 일컬어지는 프랑스에서도 매번 투표에서 압도적인 다수로 종교 옹호자들을 반대하는 것을 볼 수 있습니다. 심지어 로마교도의 정력적인 측면과 고상한 측면을 이해하기 위해서는 그 측면들이 쇠퇴하는 로마교 나라들이 아니라 그것들이 번성하는 개신교 북부 독일의 중심, 개신교 네덜란드, 개신교 영국, 그리고 여러분의 개신교 미국과 같은 나라에서 관찰해야 한다고 말할 수 있습니다. 비록 그들 자신이 주도권을 갖지는 못하지만 다른 정치 조직에 적응하여 그 안에서 반대파로서 그 역량을 집중하는 마닝파(Mannings)와 와이즈만파(Wisemans), 폰 케틀러파(Von Kettelers)와 빈트홀스트파(Windhorsten)는 그들의 열정적인 주장으로 여러분을 사로잡습니다.

로마교 진영이 스스로 제공하는 이 **무능력의 증거**(testimonium paupertatis)는 무시하더라도, 남아메리카처럼 남유럽에서 주인으로 지배하는 곳에서도 로마교의 권세와 영향력은 권력 다툼에서 그 비율이 점점 감소하고 있습니다. 유럽에 대한 주도권은 이미 러시아, 독일, 그리고 영국에 더 많이 있는데, 이 나라들은 모두 로마교 국가들이 **아닙니다**. 여러분의 대륙에서는 개신교 북부가 결정적 주도권을 쥐고 있습니다. 오스트리아는 1866년 이후 상대적으로 계속 퇴보하여 현재의 황제가 죽을 때 해체와 분열의 위기를 겪을 것입니다. 이탈리아는 자신의 능력 이상으로 위대한 나라, 식민지를 지배하는 나라, 해상권을 지닌 나라가 되기 위해 노력했으나, 이제는 사회적으로 이미 멸망의 초기 단계에 이르렀습니다. 앗두아(Addua) 전투는 이탈리아의 식민지배 열망보다 멸망에 더 큰 타격을 주었습니다. 스페인과 포르투갈은 유럽 국가들의 삶에 더 이상 영향력을 발휘하지 못하고 있습니다. 50년 전만 해도 여전히 그 위협적인 칼 앞에서 온 유럽이 떨었는데[8], 오늘날 프랑스는 두려워 떨며 자신의 미래에 대한 '시빌의 신탁'[9]을 펼치고 있습니다. 심지어 인구통계에서도 로마교의 권세는 비율적으로 점점 더 퇴보하는 중입니다. 사회학적 침체로 인해 여러 로마교 나라에서 출생률이 감소했습니다. 러시아, 독일, 영국, 그리고 미국에서 인구가 상당히 증가한 반면, 많은 로마교 나라들의 인구증가는 정체되거나 훨씬 느리게 진행됩니다. 통계상 이미 로마교는 단지 기독교의 절반에도 못 미치고, 반세기가 지나기 전에 이 수치는 확실히 40% 훨씬 이하로 떨어질 것입니다. 거룩하고 최선을 다한 노력으로 이룬 많은 것을 인정하는 차원에서 로마교의 통일성과 그 연구에 담긴 본질적 능력을 제가 아무리 높이 평가한다 할지라도, 우리처럼 그들의 진영도 현대주의에 대항하여 유지될 수 있었다 할지라도, 로마교 국가들이 다시 주도권을 손에 잡을 전망은 전혀 없습니다. 게다가 그 나라들이 주도권을 손에 넣는다 할지라도, 모든 사람이 애

---

8   역자주: 프랑스 공화국 대통령(1848-1852)이자 프랑스의 황제(1852-1870)였던 나폴레옹 3세 (1808-1873)의 제 2제정 시대 프랑스의 대외팽창정책을 지칭한다.

9   역자주: 시빌(Sibyls)의 신탁은 미친 듯 흥분 상태에서 신적 계시를 전달한다는 고대 그리스 예언자들의 문헌집으로, 시적 운율을 따라 기록되었다.

석해하는 오늘날 남아메리카와 남유럽과 같은 환경의 보편화는 우리의 이상(理想)과 정반대입니다.

진실로 더 강력하게 표현하자면, 그것은 역사의 길에서 **뒤쪽으로** 한 걸음 퇴보하는 것입니다. 로마교의 세계관은 인류 역사에서 더 오래된, 따라서 더 낮은 발전 단계를 대표합니다. 개신교는 그 다음에 왔고, 그러므로 영적으로 더 높은 입장을 취합니다. 그러므로 후퇴하지 않고 더 높은 것을 잡고자 하는 자는 반드시 자신의 입장을 개신교가 열어 준 세계관에서 취하든지 아니면, 가능한 더 높은 입장을 제시해야 합니다. 그래서 현대 세계관은 진실로 후자를 제시할 수 있다고 생각합니다. 이 세계관은 루터를 당대의 위대한 인물로 생각하지만, 칸트와 다윈을 훨씬 풍성한 복음의 사도들로 여깁니다. 하지만 이것이 우리를 가로막지는 못합니다. 왜냐하면 우리 시대가 발명, 사유 능력과 적응 유연성의 발현에서 아무리 위대하다 할지라도, 원리들의 수립에서 우리를 한 걸음도 앞으로 나아가게 하지 못했으며, 그 어디에서도 더 높은 인생관을 제공하지 못했고, 종교적, 윤리적 존재, 즉 **인간** 존재를 위한 더 많은 영속성도, 더 완전한 복지도 주지 못했기 때문입니다. 우리 시대는 종교개혁 시대의 신앙을 위험한 가설로 대체했고, 그 범위에서 하나의 체계, 하나의 시스템, 논리적으로 견고한 하나의 세계관을 시도했지만, 앞으로 나아가지 못했고, 하나님이 십자가의 미련한 것으로 그들을 부끄럽게 하셨다고 바울이 증거했던 기독교 **이전의** 이교적 지혜로 돌아갔습니다. 그러므로 이렇게 말할 수 없습니다. "역사는 뒷걸음질 하지 않기 때문에 로마로 회귀하는 것을 거부하는 여러분은 스스로 개신교에 서 있을 권리가 없다. 왜냐하면 개신교 **다음에** 현대주의가 왔기 때문이다." 결국 금세기의 **물질적** 진보가 **원리들**의 문제에서 성취한 진보와 아무런 관련이 없고, 현대주의가 제공하는 것은 현대적인 것이 아니라 매우 **오래된 것**이며, 개신교를 초월하는 것이 아니라 개신교 이전의 이교적 고대로 돌아가는 것이라는 저의 주장이 반증되지 않는 한, 그런 이의를 제기할 권리는 계속 논쟁해야 합니다.

❖

그러므로 오직 **개신교** 노선에서 입장을 취할 수 있는데, 하지만 그것이 어떻게 가능할까요? 오늘날 사람들이 구원을 찾는 두 개의 옆길이 있는데, 이는 둘 다 쓰디쓴 실망에 이르고야 맙니다. 그 성격상 하나는 **실천적**이고, 다른 하나는 **신비적**입니다. 전자, 즉 **실천적** 경향은 성경 비평에 대해, 더더욱 교의(dogma) 비평에 대해 전혀 방어할 수 없습니다. 그리스도인들은 모든 종류의 "기독교 활동"으로 되돌아가는 것이 가장 안전하다고 생각합니다. 사람들은 성경으로 무엇을 해야 할지 모르고, 교의로부터 소외되었으나, 그 어떤 것도 박애주의, 복음전도 그리고 선교에 자신과 자신의 돈을 희생하는 것을 가로막지 못합니다. 어떤 것은 온갖 견해를 가진 그리스도인들을 연합하게 하고, 다양한 비참을 완화하고, 또한 비기독교적 세계를 우리와 화목케 하는 삼중적 이점을 제공합니다. 의심할 바 없이 이 "행동에 의한 선전"(宣傳, propaganda door de daad)은 감사와 동의로 받고 따라야 합니다. 지난 세기에 이 기독교적 활동은 참으로 너무 형편없었습니다. 실천이 빠진 기독교는 스콜라적 메마름과 헛된 박수로 끝나고 맙니다.

기독교가 실천적 행동 속에 함몰될 수 있다는 생각만 할 필요는 없습니다. 왜냐하면 분명히 여러분의 구주께서 환자들을 치료하셨고 배고픈 자들도 먹이셨기 때문입니다. 그럼에도 불구하고 예수님에게는 그가 옛 언약의 성경에 굳게 매여 꾸밈없이 자신의 고유한 신성(神性)과 메시아직, 자신의 피로 인한 속죄, 그리고 심판을 위해 오실 것을 선포하셨다는 사실이 더 주된 것이었습니다. 사실상 예수님께서 선포하신 것 외에 그리스도의 교회가 고백한 교의는 하나도 없습니다. 그는 병든 몸을 치료하셨으나 우리의 영적 상처들을 훨씬 더 많이 싸매셨습니다. 그는 우리를 이교와 유대교에서 건져 내시어 그분 자신이 중심점이 되는 전혀 다른 확신의 세계로 우리를 옮기셨습니다. 게다가 로마교와의 투쟁에 있어서, 기독교적 활동과 헌신에서 로마교가 항상 우리를 능가한다는 것을 잊지 말아야 합니다. 진실로 불신 세계도 이 점에서 여러분과 나란히 경쟁하기 시작하고, 박애의 행동으로 이미 더 가까이 여러분을 따라잡을 지경이라는 것을 솔직히 인정하십시오. 선교 사역에서 불신앙이 여러분처럼 행하지 않는다는 것은 확실합니다. 그렇지만 저는 여러분에게 간청합니다. 여러분이 선포해야 할 명확한 복음을 갖지 못한다면, 어떻게 여러분이 선교를 영구적으로 수행할 것입니까? 혹은 오직 인간애와 색 바랜 경건만 설교하고, 자신들의 개화된 영역에서 바로 이 현대 인본주의 외에 다른 어떤 것을 가르친 적도 믿은 적도 없었다는 이교 현자들의 답변을 듣는 소위 자유주의 선교사들보다 더 기형적인 것을 상상할 수 있습니까?

그렇다면 다른 경향, 즉 **신비적** 경향은 스스로를 지킬 힘을 갖고 있을까요? 역사를 알고 숙고하는 자라면 감히 그런 주장을 하겠습니까? 물론 신비주의로부터 여러분을 따뜻하게 만드는 열기가 나오기는 합니다. 그 열정을 놓치고 그 다정함을 느끼지 못하는 교의적 사람이나 실천적 영웅에게 화가 있을지어다! 하나님은 우리의 손, 머리, **그리고 마음**을 창조하셨는데, 손은 행동을 위해, 머리는 고백을 위해, 마음은 신비를 위해 창조하셨습니다. 인간은 하나님 앞에 자신의 삼중직으로, 즉 행동에는 왕같이, 확신에는 선지자처럼, 그리고 마음에는 제사장처럼 설 것이며, 신비적 요소를 무시하는 기독교는 차갑게 식고 얼어붙을 것입니다. 이런 이유로 저도 사람들에게 봄의 숨결을 들이 마시게 하는 신비적 분위기를 매우 자주 축복합니다. 신비적 분위기를 통해 삶은 더 친밀해지고, 더 깊어지고, 활기차게 됩니다. 하지만, 이 신비주의를 편파적으로 취해 시대정신의 전환을 초래할 수 있다고 생각하는 자는 심각하게 오해한 것입니다. 클레르보의 베르나르가 아니라 토마스 아퀴나스, 토마스 아 켐피스 (Thomas à Kempis, 1380-1471)가 아니라 루터가 사람의 정신을 지배했습니다. 신비주의는 밖으로 나서기보다 은둔적입니다. 신비주의는 정확한 구별이 없는 정서적 삶에 그 힘을 갖고 있으며, 이로 인해 어떤 태도를 취할 수 없습니다. 신비주의는 **밑바닥**의 흐름을 갖고 있기에 땅 **위에** 뚜렷한 선을 그을 수 없습니다. 설상가상으로 역사는, 모든 편파적 신비주의가 점점 더 병적인 경향으로 퇴화되어 종국에는 도덕적 추문으로 세상을 놀라게 한 "육신의 신비주의"로 끝나고 말았다고 증거합니다.

따라서 제가 아무리 이 실천적 요소와 신비적 요소의 부흥을 반긴다고 할지라도, 만일 여러분이 이로써 성경과 고백을 대충 포기해도 될 거라고 생각한다면, 그 둘은 모두 여러분에게 이득보다는 손해가 될 것입니다.[10] 신비주의는 달콤하고 기독교적

---

10 역자주: 카이퍼는 지·정·의를 포괄하는 전인적 신앙관에서 벗어난 세 가지 오류들, 즉 주지주의(intellectualisme), 신비주의(mysticisme), 실용주의(practicisme)를 『세 마리 작은 여우들』(Drie kleine vossen, Kampen: J. H. Kok, 1901)에서 상술한다.

행위는 값진 것이지만, 18세기 이전 그리고 종교개혁 시대에 교회의 씨앗은 순교자였으며[11], 우리의 거룩한 순교자들은 신비주의나 박애를 위해서가 아니라 **진리**를 수용하고 **오류**를 거부하는 **확신**을 위해 자신들의 피를 흘렸습니다. 우리가 **의식**을 갖고 사는 것은 거의 신적인 특권이며, 오직 선명하고 명확한 **의식**에서만, 시대를 뒤집고 세상의 정신을 변화시키는 강력한 **말씀**이 흘러나옵니다. 따라서 실천적이고 신비적인 그리스도인들이 고유한 세계관 **없이** 그렇게 할 수 있다고 생각하는 것은 자기기만(自己欺瞞) – 오로지 자기기만일 뿐입니다. 여기서 그 누구도 예외일 수 없습니다. 기독교적 교의를 옆으로 제쳐두고 종교개혁의 교리문답을 여러분에게서 빼앗고, 이것을 할 수 있다고 생각하는 모든 사람은 자신도 모르게 현대적 세계관의 가설에 귀를 기울이고, 자신이 얼마나 멀리 미끄러져 내려갔는지도 모른 채 시대정신의 교리문답 앞에 맹세하는 셈입니다.

그러므로 중도에서 멈추지 말아야 합니다. 모든 식물이 각자의 뿌리를 갖는 것이 마땅하듯, 모든 삶의 표현 아래 하나의 원리가 숨어 있습니다. 원리들은 서로 연관되어 있으며, 그들의 모

---

11   역자주: 3세기 기독교 변증가인 터툴리아누스(Tertullianus, 약 155-240)는 "순교자들의 피는 교회의 씨앗"이라고 말했다.

종자(母種子, moederkiem)는 하나의 **근본** 원리에서 발견됩니다. 이 근본 원리에서 사실상 우리 인생관과 세계관을 결정하는 지배적 개념과 이념 전체가 논리적이고 체계적으로 발전합니다. 현대주의는 그런 하나의 원리에 확고하게 기초한 논리적 세계관과 인생관을 갖고 오늘날 기독교에 맞서 등장했는데, 여러분은 이에 대항하여 여러분의 기독교를 방어할 수 없습니다. 그걸 방어하려면, 여러분은 동일하게 온전한 연관성과 동일하고 선명한 결과를 지닌 여러분의 인생관과 세계관을 역시 원리적으로 대립시켜야 합니다. 이 능력은 "기독교 활동"이나 "기독교 신비주의"에서 발견되는 것이 아니라, 오로지 스스로 신비주의적 온기를 갖고 개인적 신앙을 실천하면서 **개신교** 인류 발전이 출발한 역사의 전환점으로 되돌아감으로써 획득됩니다. 이제 이것은 칼빈주의로 돌아가는 것과 동일합니다. 여기서 선택은 없습니다. 소키누스주의는 수치스럽게 사멸되었습니다. 재세례파는 광기어린 혁명적 활동으로 가라앉았습니다. 루터는 자신의 근본 사상을 구현하지 못했습니다. 개신교는 더 자세한 구분 없이 내용 없는 순전히 부정적 개념이든지, 심지어 그리스도를 부인하는 자들조차 자신을 치장하는 카멜레온과 같은 명칭입니다. 오직 칼빈주의만이 종교개혁의 노선을 초지일관 논리적으로 따르고 교회들을 세웠고, 국가들을 수립했으며, 사회에 영향을 미쳤고, 따라서 말 그대로 인간 삶 전체를 위한 자신의 사유 세계를 열었다고 할 수 있습니다. 이제 여러분은 삼중적 딜레마에 직면해 있습니다. 여러분이 현대주의의 세계관과 함께 미끄러진다면, 기독교는 사라집니다. 혹은 지금까지 아무도 시도하지 않았던 칼빈주의를 초월하는 자신의 세계관을 여러분이 건설해야 할 겁니다. 그게 아니라면, 칼빈주의의 잊혀진 근본 노선을 다시 찾아야 하며, 오늘날 매우 풍부하게 발전된 우리 삶의 요구를 따라 그 노선을 그어야 합니다.

이 맥락에서 제가 루터주의를 과소평가하지 않는다는 것을 여러분은 알고 있습니다. 하지만 현재 독일의 황제는 이미 루터의 겉보기에 작았던 실수들이 지금도 여전히 얼마나 잘못된 방식으로 영향을 미치고 있는지 세 번이나 보여주었습니다. 루터는 군주를 국가교회의 머리로 인정하는 잘못을 저질렀습니다. 이와 관련해 우리는 이제 매우 천재적인 독일의 황제로부터 무엇을 듣게 되었습니까? 먼저 그는 기독교 민주주의자 슈퇴커(Stöcker)를 괘씸하게 여겨 자신의 궁정 밖으로 내쫓았는데, 왜냐하면 교회의 자유를 옹호하는 이 용감한 전사가, 황제는 자신의 주교직을 내려놓아야 한다고 감히 자기의 소원을 표현했기 때문이었습니다. 두 번째로, 독일 황제는 독일의 함대가 중국을 향해 출항할 때, 하인리히(Heinrich)[12] 왕자에게 극동으로 "황제의 복음"을 가져가라고 명령했습니다. 그러면서 최근에는 황제가 자신의 충신들에게 말하기를, 그들의 사후에 하나님과 그리스도가 아니라 하나님 **그리고 위대한 황제** 앞에서 서게 될 것이므로 그들의 의무를 이행하라고 촉구했습니다. 그렇게 함으로써 제국주의가 기독교 핵심에 지나칠 정도로 강하게 혼합되었습니다. 이것은 단편적인 사소한 것들이 아닙니다. 오히려 이것은 종교개혁 시대에 우리 개혁파 조상들이 투쟁했던 광범한 원리입니다. 저는 누구보다도 복고를 싫어합니다. 하지만 기독교를 옹호하기 위해 원리에 원리를, 그리고 세계관에 세계관을 대립시키는 것은 철저한 개신교 신자에게 건축할 수 있는 신뢰할 만한 기초로서 오직 칼빈주의적 토대에서만 가능합니다.

✤

그렇다면 칼빈주의로 이렇게 다시 돌아가는 것을 어떻게 이해해야 합니까? 모든 교회적 다양성이 개혁주의 교회의 통일성에 흡수되도록 모든 개신교 신자가 빠르면 빠를수록 개혁파 신

---

12 역자주: 프러시아의 알버트 빌헬름 하인리히(Albert Wilhelm Heinrich of Prussia, 1862-1929) 왕자는 독일 황제 빌헬름 2세이자 프러시아 왕자의 동생으로, 1899년 공식적으로 독일 해군의 동아시아 함대의 지휘관이 되었고, 1909년에 해군 최고 사령관으로 승진되었다.

앙문서들에 서명하는 것이 훨씬 더 낫다는 의미입니까? 저는 그토록 몰지각하고, 그토록 비인간적이고, 그토록 비역사적인 요구를 결코 생각하지 않습니다. 당연히 모든 확신과 모든 고백에는 무조건적 선전(宣傳)을 위한 하나의 동기가 있습니다. 바울이 아그립바에게 했던 말, 즉 "말이 적으나 많으나 당신뿐만 아니라 오늘 내 말을 듣는 모든 사람도 다 이렇게 결박된 것 외에는 나와 같이 되기를 하나님께 원하나이다"[행 26:29]라는 말은 단지 모든 선한 칼빈주의자만 아니라 흔들릴 수 없는 확고한 믿음을 자랑하려는 모든 사람의 간절한 소원입니다. 하지만 이 같은 이상적인 소원은 즉시로 또는 장차 실현될 수 없습니다. 무엇보다 개혁파 표준 문서들 가운데 가장 순수한 것조차도 바울의 말처럼 오류가 없는 것은 없기 때문입니다. 칼빈주의적 고백은 지극히 종교적이고 지극히 영적이어서 종교적 운동의 전성기를 제외하면 결코 커다란 대중에게 호응을 얻지 못하고 다만 비교적 작은 집단에게만 필요성을 깨닫게 할 것입니다. 게다가 우리의 자연적 편향성은 예수의 교회가 다양한 형태로 등장할 것을 점점 더 요청하고 있습니다.

그리고 **아주 중요한 것** 하나는, 교회가 다른 교회로 대거 이동하는 것은 오직 역사의 결정적 순간에만 발생할 수 있다는 것입니다. 일반적으로 기독교인의 90%가 자신이 태어나고 세례받은 교회에서 죽음을 맞이합니다. 하지만 무엇보다도 저의 프로그램을 교회적 이동에 그렇게 연계하는 것은 제 주장의 전체적인 경향과 모순될 것입니다. 저는 역사적 칼빈주의를 좁은 집단의 교회적 현상이 아니라 **보편적 의의**를 갖는 현상으로서 여러분에게 추천했습니다.

그러므로 제가 질문하는 것은 주로 다음의 네 가지로 요약됩니다. (1) 여러분은 현재 존재하는 칼빈주의를 더 이상 무시할 수 없고, 칼빈주의는 여전히 영향을 미치는 곳에서 강화되어야 합니다. (2) 외부 세계도 칼빈주의를 알도록 여러분은 칼빈주의를 다시 연구해야 합니다. (3) 여러분은 칼빈주의를 삶의 구별된 영역들에 다시 원리적으로 적용해야 합니다. (4) 여전히 칼빈주의를 고백한다고 일컬어지는 교회들은 자신의 영광스런 고백을 부끄러워하지 말아야 합니다.

첫 번째로, 여러분은 현재 존재하는 칼빈주의를 더 이상 무시할 수 없고, 칼빈주의는 여전히 영향을 미치는 곳에서 강화되어야 합니다. 칼빈주의가 모든 방면으로 사회 생활과 정치 생활, 학문적 삶과 심미적 삶에 남긴 흔적들을 어느 정도 충분히 그리고 구체적으로 지시하는 것은, 그 자체로 강연 한 번에 성급하게 주장하는 것에 담긴 것보다 훨씬 더 포괄적인 연구를 필요로 합니다. 저는 미국에서 강연하므로 단지 여러분의 정치적 삶 가운데 있는 하나의 현상만 지적하고자 합니다.

이미 세 번째 강연에서, 저는 어떻게 민주적 입장이 여러분의 여러 헌법 **전문**에 그렇게 단호하게 취해졌는지, 그러면서도 어떻게 프랑스 혁명의 무신론적 입장이 아닌 하나님의 최고 주권에 대한 칼빈주의적 고백이 그 토대에 놓였는지, 제가 지적했던 것처럼 때때로 표현조차 문자적으로 칼뱅의 말과 일치했다는 것을 살펴보았습니다. 여러분에게서는 혁명적 민주주의가 골수까지 배인 반(反)성직주의(anticlericalisme)에 대한 흔적은 찾아 볼 수 없습니다. 여러분의 대통령이 온 국민에게 기도의 날을 요청하거나 워싱턴에서 중요한 모임들이 기도로 개회 될 때, 필그림 파더즈의 칼빈주의로부터 우리 시대까지 영향을 미치는 맥이 미국의 민주주의를 통해 지금도 여전히 흐른다는 것은 매번 새롭게 드러납니다. 심지어 성경 읽기와 기도가 포함된 여러분의 공립학교 제도조차, 얼마나 더 약해졌든, 동일한 칼빈주의라는 기원에서 나왔습니다. 이것은 더 큰 다수와 상관없이 개인적 주도로 생겨난 여러분의 대학 생활의 등장에서, 여러분의 지방 정부의 탈중앙화와 자율적 특성에서, 여러분의 엄격하지만 비(非)율법주의적인 안식일 준수에서, 파리의 여성 신성화에 빠지지 않으면서도 여성에 대한 여러분의 존경에서, 여러분의 가정적인 의미에서, 친밀한 가족의 유대에서, 여러분의 언론의 자유에서, 그리고 여러분의 양심의 자유에 대한 무한한 존경에서 역시 다르지 않습니다. 이 모든 것에서 여러분의 **기독교적** 민주주의는 프랑스 혁명의 민주주의와 정면으로 배치됩니다. 여러분의 기독교적 민주주의가 칼빈주의에서 여러분에게 이르렀다는 것은 역사적으로도 입증 가능합니다.

그러나 보십시오. 한편으로 여러분이 칼빈주의의 이런 열매들을 즐기고, 여러분의 국경 밖에서도 입헌적 국가 생활이 열국의 존경을 높이 받고 있지만, 사람들은 이 모든 것이 다름 아닌 인문주의의 복으로 받은 것이라고 돌아다니며 속삭일지언정, 칼빈주의가 미친 영향을 존경스럽게 생각하는 사람은 이제 거의 없습니다. 칼빈주의는 결국 몇몇 교리적으로 화석화된 집단에서만 계속 번성한다고 생각하기 때문입니다. 그래서 제가 이렇게 역사적 권리를 갖고 요구하는 것은, 칼빈주의에 대해 그처럼 감사할 줄 모르는 부정은 종식되어야 한다는 것입니다. 칼빈주의의 흔적은 사실상 여전히 삶 속에서 영향을 미치는 곳에서 다시 인지되어야 하며, 전혀 다른 정신을 가진 사람들이 이 흔적을 아무도 모르게 프랑스 혁명적 의미나 독일 범신론적 의미로 대체하고자 할 때, 여러분은 미국에서 그리고 우리는 유럽에서 우리 삶의 원리들에 대한 이런 왜곡을 반대해야 할 것입니다.

이런 목적을 달성할 수 있도록 두 번째로 나는 **칼빈주의에 대한 역사적, 원리적 연구**를 요구합니다. 모르면 사랑하지 않습니다. 칼빈주의는 마음에서 **잊혀졌습니다**. 단지 신학적으로만, 그래서 그저 매우 편협하게 그리고 부차적으로 옹호될 뿐입니다. 이것에 대한 원인은 제가 지난 강연에서 여러분에게 설명했습니다. 칼빈주의는 추상적 체계가 아니라 삶에서 발생했기 때문에 그 전성기에 결코 통일체로서 체계적으로 제시되지 않았습니다. 나무가 번성하여 그 열매를 맺었지만, 그 나무의 속성과 성장에 대한 식물학적 연구는 여전히 이루어지지 않았습니다. 칼빈주의가 당시에는 추론하기보다는 더 많이 실천했습니다. 하지만 오늘날 이 연구는 더 이상 미루어질 수 없습니다. 이제 칼빈주의에 대한 전기(傳記)와 생명 활동을 **반드시** 탐구하고 숙고해야 합니다. 그렇지 않으면 우리는 자신에 대한 지식이 없기에, 우리도 모르게 우리의 기독교적 민주주의 삶의 속성에 일치되기보다는 저주하는 사상 세계로 넘어가, 한때 그렇게 강력하게 번성했던 뿌리로부터 단절되고 말 것입니다.

그래서 먼저 이런 연구를 통해 제가 세 번째 언급했던 것이 가능해질 것입니다. 원리로서의 칼빈주의를 학문의 모든 분야에 대한 출발점으로 선택함으로써 삶의 모든 영역에 원리적으로 칼빈주의를 적용하는 것입니다. 저는 여기서 신학을 배제하지 않는데, 왜냐하면 신학도 삶의 넓은 분야에 영향을 미치기 때문입니다. 개혁파 교회의 신학이 자주 그 모든 부분에서 이미 얼마나 전혀 낯선 영향의 지배를 받게 되었는지 보는 것보다 더 슬픈 일은 없습니다. 하지만 그럼에도 신학은 칼빈주의적 수고를 요구하는 많은 학문들 가운데 단지 하나일 뿐입니다. 법학, 사회 과학, 철학, 문학, 언어학, 심리학, 미학, 또한 의학과 자연과학도 모두 깊게 이해하려면 마찬가지로 원리들로 돌아가야 합니다. 우리 각 영역에서 이 학문들을 지배하는 논리적, 존재론적, 우주론적 그리고 인류학적 원리들이 칼빈주의 원리들과 일치하는지, 아니면 그 근본 토대와 상충하는지, 지금보다 더 진지하게 물어야 합니다.

따라서 저는 마지막으로 이 세 가지 요구에, 제가 생각하기에 역사적으로 정당한, **이것을** 네 번째 요구로 덧붙입니다. 즉, 여전히 개혁주의 신앙을 고백한다고 말하는 교회들은 이 고백을 부끄러워하지 말아야 합니다. 여러분은 교회적 삶에 있어서도 나의 개념이 얼마나 넓고 나의 관점이 얼마나 광범한지 들었습니다. 저는 교회적 삶을 위한 구원이 오직 자유로운 발전에서만 비롯된다고 생각합니다. 저는 다양성을 찬양하고, 그 다양성 안에서 더 높은 발전의 입장을 보고 있습니다. 심지어 가장 순수하게 고백하는 교회에 대해서조차 결코 부정할 수 없는 교회의 편협성이 보충되도록, 저는 다른 교회의 도움을 항상 요청할 것입니다. 하지만 저를 항상 화나게 만들고 몸서리치게 했던 것은, 신선한 색깔의 깃발을 당당하게 펼치는 대신에 그 깃발을 감아 옷 속에 숨겨둔 교회를 보거나 교회의 직분자를 만나는 것이었습니다. 사람은 자신이 **고백하는** 바를 반드시 자신의 말, 자신의 행동, 그리고 자신의 모든 삶에서 **자신 있게 드러내야** 합니다. 칼빈주의적 기원과 칼빈주의적 고백의 특성을 지니지만 용기를 잃은 교회는 – 다시 말하면 온 세상에 대해 용감하고 담대하게 이 고백을 변호하려는 영혼의 갈망을 더 이상 느끼지 않는 교회는 – 칼빈주의가 아니라 자신의 명예를 더럽히는 것입니다. 비록 골수까지 철저한 개혁파 교회들이 작고, 그 수가 적다 할지라도, 그 교회들은 교회로서 칼빈주의에 항상 필수불가결한 존재로 머물 것이며, 그 씨앗이 온전하고, 아주 튼튼하고, 생명이 약동한다면, 그 숫자가 적다고 우리를 해롭게 하지 않습니다.

저의 이 마지막 강연도 빠르게 끝에 이르렀습니다. 여러분이 저의 폭 넓은 주장을 인내하며 기꺼이 따르고자 하는 점에 감사를 드립니다. 하지만 강연을 끝내기 전에, 저는 하나의 질문이 계속 여러분에게 촉구되는 것을 느낍니다. 제가 대답하기를 회피하고 싶지 않은 그 질문은, 제가 마지막에 의도한 것입니다. "선택(Electie) 교리를 **폐기하는가 유지하는가?**" 그래서 저는 이 선택에 대해 단지 한 글자 차이가 나는 다른 단어를 대비시키겠습니다. 우리 세대는 **선택**(*Electie*)에 대해 귀를 닫지만, [자연] **선택**(*Selectie*)에 대해서는 지나치게 열광합니다. 이제 이 두 단어 뒤에 숨은 엄청난 문제는 어떤 것이며, 모든 것을 지배하는 이 문제에 대해 두 단어가 주는 해결책의 차이는 어디 있습니까?

이 문제는 근본적인 질문에 해당합니다. 그 차이들은 어디서 옵니까? 왜 모든 것이 같지 않습니까? 왜 하나는 이렇게 존재하고 다른 하나는 저렇게 존재합니까? 구별 없는 삶은 없고, 차이 없는 구별은 없습니다. 이 **존재의 차이**는 모든 의식의 모티브이며, 모든 존재하는 것과 성장하고 발전하는 것의 모티브, 모든 투쟁과 씨름의 모티브, 간단히 말하면, 모든 삶과 모든 사유의 원리적인 근본 모티브입니다. 제가 길게 말하지 않고 주장하는 바는, 결국 각각의 다른 문제는 이 하나의 문제로 귀착한다는 것입니다. **차이들은 어디서 옵니까?** 차이가 어디서 오며, 다른 종류의 존재, 생성, 의식은 어디서 옵니까? 이것을 구체적으로 표현하면, 여러분이 꽃이라면, 여러분은 버섯보다는 장미이기를 바라고, 곤충이라면 거미보다는 날벌레이기를 바라고, 새라면 부엉이보다는 독수리이기를 바라고, 동물이라면 하이에나보다는 사자이기를 바라고, 이와 같이 인간으로서 여러분은 가난하기보다는 부요하기를 바라고, 미련하기보다는 재능이 뛰어나기를 바라고, 호텐토트(Hottentot)나 카페르(Kaffer)보다는 아리안 족이 되기를 바랄 것입니다. 이 모든 것에서 차이는 천지 차이입니다. 게다가 많은 사람은 여전히 더 높아지는 것을 목표로 했고 **하나님**이 되길 원했습니다. 하지만 그는 **인간**이었고 인간으로 머물렀습니다. 그래서 어디서나 차이가 있고, 하나의 존재와 다른 존재 사이의 차이가 있고, 선호도를 가진 차이가 있습니다. 매가 비둘기를 잡아 찢을 때, 이 두 피조물이 이처럼 서로 대립하고, 이처럼 다른 것은 어찌 된 것입니까? 이것, 오직 이것만 식물계에서, 동물계에서, 사람들 사이에서, 사회적 생활 전체에서 모든 것을 지배하는 질문입니다.

여기서 우리 세대는 [자연] **선택**(Selectie) 이론을 통해 모든 문제들 가운데 이 문제에 답을 제공하려고 시도합니다. 사람들은 이미 세포 안에 **차이**를 가정하고, 더 약한 요소와 더 강한 요소를 언급합니다. 더 강한 것이 더 약한 것을 정복합니다. 이 승리는 더 높은 존재의 자산에 통합됩니다. 그럼에도 불구하고 더 약한 것이 생존을 유지한다 하더라도, 차이는 투쟁 자체에서 나타날 것입니다.

풀잎은 이런 것을 모르고, 거미는 거미줄에 걸린 파리를 계속 굴리고, 호랑이는 수사슴을 죽이고, 더 약한 것은 이것을 깨닫지도 못한 채 죽어갑니다. 그러나 **사람들 사이에서** 우리는 이 차이들을 선명하게 의식합니다. 우리는 이 [자연] **선택** 이론이 천성적으로 더 약하고, 더 적은 것을 자신의 존재와 화해시킬 수 있는 하나의 체계인지 묻는 질문을 억누를 수 없습니다. 여러분은 이 이론이 그 자체로 약자를 위해 '**모든 희망을 버리고**'(lasciate andare ogni speranza) 오로지 격렬한 투쟁만을 자극할 수 있다고 인정할 겁니다. 강자가 약자를 삼킨다는 운명에 대항해 싸울지라도, 자신의 투쟁은 아무 것도 이룰 수 없습니다. 여기서도 해결책은 반드시 **관념**에서 나와야 했습니다. 그렇다면 이 관념은 어떤 것입니까? 이 관념은 결국 이 차이들이 확립된 곳에서, 따라서 대립적 존재들이 나타나는 곳에서, 이것이 우연의 열매이거나 맹목적인 자연적 힘의 필연적 결과라는 것입니다. 여러분은 고난당하는 인간이 그런 해결책을 통해 자신의 고통과 화해하게 될 것이라고 참으로 믿습니까? 그럼에도 불구하고 저는 [자연] **선택** 이론의 등장에 환호를 보내고, 이 이론을 우리에게 추천한 사람들의 탐구적 재능과 사유 능력을 우러러 존경합니다. 당연히, 그 이론이 우리에게 진리로서 제공한 것 때문이 아니라, 가장 깊은 근본적 문제를 다시 취하여 사물의 깊은 지점에서 다시 칼빈주의와 동등한 바닥에 서게 했기 때문입니다. 이것이 바로 **선택**(Electie) 교리의 중요한 의의이기 때문입니다.

칼빈주의는 이미 3세기 전에 이 교리로 동일한 근본적 문제를 파악하여 해결했는데, 의식 없는 세포들에서 움직이는 맹목적인 [자연] 선택에 의해서가 아니라, 만물을 창조하신 그 분의 전능하신 선택에 의해 해결했습니다. 모든 존재에 대한 결정, 즉 무엇이 동백나무가 될지 미나리가 될지, 무엇이 나이팅게일이 될지 까마귀가 될지, 무엇이 수사슴이나 돼지가 될지, 이와 같이 사람 가운데서도 우리의 인격에 대한 결정, 즉 어떤 사람이 소녀나 소년으로, 부자나 가난한 자로, 미련한 사람이나 재능이 뛰어난 사람으로, 그래서 아벨이나 가인으로 태어나게 될지, 그 결정은 하늘에서나 땅에서 생각할 수 있는 가장 엄청난 결정입니다. 그런 결정이 매일 우리 눈앞에서 시행됩니다.

진실로 우리 자신들, 여러분과 제가, 우리의 인격 전체가 종속되고, 우리의 존재 전체, 우리의 속성 전체, 삶에서 우리의 신분 전체가 그것에 달려 있습니다. 이제 칼빈주의자는 이와 같은 포괄적 결정을 인간의 손이나 그보다 훨씬 못한 맹목적 자연의 힘의 손에 두지 아니하고, 전능하신 하나님, 주권적 창조주, 그리고 천지의 소유주의 손에 둡니다. 그리고 성경은 토기장이의 이미지로 이 포괄적 선택을 설명했습니다. 창조에서의 선택, 섭리에서의 선택, 그리고 이와 같이 은혜의 왕국에서의 영생에 이르는 선택도 그렇게 설명했습니다. 선택은 다름 아닌 자연의 모든 왕국 가운데 있습니다. 이렇게 제가 이 두 가지 [자연] **선택**(*Selectie*)과 **선택**(*Electie*)의 체계를 나란히 비교했습니다. 역사는 **선택**(*Electie*) 교리가 수세기에 걸쳐 진실로 만족과 화해를 제공했으며, 모든 그리스도인이 우리와 함께 창조와 섭리에서의 선택을 존중했으며, 같은 맥락에서 오직 칼빈주의만이 다른 기독교 신앙고백들을 초월하고, 하나됨을 추구하고, **만사**에 하나님께 영광을 돌리며, 또한 영생의 소망가운데 선택을 붙들었음을 잘 보여주었습니다.

칼뱅의 교리적 면밀함을 보십시오. 더 정확하게 말하면, 시대가 아이러니를 – 심지어 농담조차도 – 너무 심각하게 받아들이므로, 아직도 자신의 반론을 버릴 수 없는 모든 그리스도인은 최소한 모든 것을 지배하는 이 질문을 스스로에게 해야 합니다. "나는 사물들의 이 근본 문제에 대해 투쟁이 가장 격렬하게 일어날 때, 새 힘을 모아 매 시간 승리하며 등장하는 이교에 대항해 나의 기독교 신앙을 옹호할 수 있는 더 나은 약속을 지닌 다른 해결책을 알고 있는가?" 기독교의 근본적 대립은 언제나 **이교 속에** 있었고, 지금도 있으며, 끝까지 있으리라는 것을 잊지 마십시오. **우상들**과 **살아계신 하나님**과의 대립입니다. 독일 황제가 불교를 장차 우리에게 다가오는 원수로 가리켰을 때, 그의 가차 없는 표현 속에 깊은 깨달음의 진리가 놓여 있었습니다. 미래 앞에는 두꺼운 커튼이 쳐 있으나, 그리스도께서는 밧모섬에서 우리에게 다가오는 피비린내 나는 마지막 결전을 계시하셨습니다. 이제 일본은 이미 40년도 안 되는 기간에 거대한 발전을 이루어, 유럽 전체는 인류의 절반보다 훨씬 많은 인도와 더불어 '황인종'으로부터 우리에게 무슨 일이 벌어질지 두려움에 사로잡혔습니다. 그리고 고든(Gordon)은 태평천국 농민혁명 참가자들을 물리쳤던 자신의 중국 군인들이 잘 훈련받고, 무장되어 지휘를 받으면, 세계 최고의 군인들이 된다고 증거하지 않았습니까? 진실로 아시아의 문제는 매우 심각합니다. 세계의 문제는 아시아에서 시작되었고, 그 마지막도 아시아에서 발생할 것이며, 기술적, 물질적 발전의 결과는 이교 나라들이 각성해서 그 죽음의 잠으로부터 다시 깨는 순간, 눈 깜짝할 사이에 우리를 따라잡는다고 가르칩니다.

그럼에도 불구하고 이것은 기독교가 신세계와 구세계에서 십자가를 중심으로 연합하여 그 왕과 구세주를 찬송하며 십자군 시대처럼 마지막 세계 전쟁에 나선다면 아무것도 아닐 것입니다. 혹시 이교적 사상, 이교적 분투, 이교적 이상이 우리의 기반을 차지하고 다음 세대의 심장과 폐부까지 영향을 미친다면 어떻게 하시렵니까? 애석하게도 기독교적 일체감이 너무도 약화되었기에, 이제 사람들은 비겁하고 비열하게 아르메니아인들의 학살에 눈감아 버렸습니다. 그리스 사람은 투르크인에게 궤멸되었습니다. 뼛속 깊이 철저한 기독교 정치가이자 칼빈주의자로서 술탄을 '대 암살자'로 낙인찍을 용기를 가졌던 글래드스톤(Gladstone)은 우리에게서 떠나갔습니다. 그러므로 **과격한 단호함**이 반드시 있어야 합니다. 중간쯤 하는 것으로 우리는 아무것도 이루지 못하고, 겉치레는 우리를 강하게 만들지 못합니다. 원리는 원리로, 세계관은 세계관으로, 영은 영으로 맞서 증거해야 합니다. 여기서 더 잘 아는 사람은 말해 보십시오. 저로서는, 언제나 불굴의 칼빈주의보다 더 확고하고 더 견고한 보루는 없다고 봅니다.

제가 어떤 칼빈주의 연구들이 기독교인들의 세계관에 전환점을 가져오리라고 기대할 정도로 참으로 순진하지 않은가라고 반쯤 조롱하듯이 여러분이 제게 묻는다면, 여기에 저의 답변이 있습니다. 삶을 소생시키는 것은 사람에게서 나오지 않습니다. 그것은 하나님의 특권입니다. 종교적 삶의 조류가 한 세기에는 그 물결이 높아졌다가 다른 세기에는 거의 말라 토사에 빠져 허우적거리게 되는 것도 오로지 그의 전능하심에 달려있습니다. 도덕적 세계에서도 한 번은 모든 것이 싹트고 생명이 약동하는 봄이 있고, 다음 번에는 모든 종교적 삶이 뻣뻣해지고 화석화되는 차가운 겨울이 있습니다. 오늘날 우리가 살아가는 시대 역시 종교적으로 매우 낮은 상태이며 영웅적 열정을 상실했다는 데는 의심의 여지가 없습니다. 하나님이 자신의 영을 보내시지 않는다면, 방향 전환은 없을 것입니다. 시대의 물줄기는 두려울 정도로 빠르게 흘러가 버립니다. 하지만 여러분은 사람들이 창가에 놓아 바람을 통해 하늘의 멜로디가 연주되는 아이올루스의 하프(Aeolusharp)[13]를 알고 있습니다. 바람이 불지 않는 한, 이 하프는 어떤 소리도 내지 않습니다. 바람이 분다 할지라도 하프가 준비되어 있지 않는다면, 그 바람이 불고 바스락거리는 소리는 들을지라도 감미로운 음악은 들을 수 없습니다. 칼빈주의가 다름 아닌 그런 아이올루스 하프라고 칩시다. 칼빈주의 역시 주의

---

13 역자주: 그리스 신화에 나오는 바람의 신 아이올루스의 하프로서 바람이 불면 바람이 불면 저절로 소리가 나는 현악기를 가리킨다.

성령 없이는 전적으로 무력하다는 것을 고백합시다. 바로 여기에서 우리를 위한 이중적 소명이 흘러 나옵니다. 한편으로 우리는 성령의 바람이 불도록 우리 조상들의 하나님께 기도해야 합니다. 다른 한편으로 우리는, 그동안 우리의 하프가 완벽하게 조율되고, 하나님의 거룩한 시온의 창가에 구비되어, 성령의 바람이 다시 불기를 기다려야 합니다.

색인

인명 색인 / 주제 색인

색인

❖
인명 색인

색인

❖
주제어 색인